대한민국 영어 구문 학습의 표준

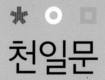

천일문

CEDU(쎄듀)는 A **C**omprehensive **E**nglish e**DU**cation(종합적 영어교육)의 약자입니다.

4단계 훈련으로 문장이 쉽게 통암기 되는 놀라운 경험!

Mobile & PC 동시 학습이 가능한

쎄듀런 온라인 구문 트레이닝 서비스

학생용

❶ 직독직해(끊어읽기+해석하기)

❷ 문장 구조분석

❸ 스크램블링

❹ 영작

천일문 기본 온라인 학습 50% 할인 쿠폰

할인 쿠폰 번호 **LF3SYBBVG2YA**
쿠폰 사용기간 **쿠폰 등록일로부터 90일**

PC 쿠폰 사용 방법

1 쎄듀런에 학생 아이디로 회원가입 후 로그인해 주세요.
2 [쿠폰 등록하기]를 클릭하여 쿠폰 번호를 입력해주세요.
3 쿠폰 등록 후 홈페이지 최상단의 [상품소개→(학생전용) 쎄듀캠퍼스]에서
  할인 쿠폰을 적용하여 상품을 결제해주세요.
4 [마이캠퍼스→쎄듀캠퍼스→천일문 기본 클래스]에서 학습을
  시작해주세요.

유의사항

- 본 할인 쿠폰과 이용권은 학생 아이디로만 사용 가능합니다.
- 쎄듀캠퍼스 상품은 PC에서만 결제할 수 있습니다.
- 해당 서비스는 내부 사정으로 인해 조기 종료되거나 내용이 변경될 수 있습니다.

천일문 기본 맛보기 클래스 무료 체험권 (챕터 1개)

무료 체험권 번호 **TGN6Z4ZCDRDQ**
클래스 이용기간 **체험권 등록일로부터 30일**

Mobile 쿠폰 등록 방법

1 쎄듀런 앱을 다운로드해 주세요.
2 쎄듀런에 학생 아이디로 회원가입 후 로그인해 주세요.
3 [쿠폰 등록하기]를 클릭하여 쿠폰 번호를 입력해주세요.
4 쿠폰 등록 후 [마이캠퍼스→쎄듀캠퍼스→<맛보기>천일문 기본 BASIC]에서
  학습을 바로 시작해주세요.

PC 쿠폰 등록 방법

1 쎄듀런에 학생 아이디로 회원가입 후 로그인해 주세요.
2 [쿠폰 등록하기]를 클릭하여 쿠폰 번호를 입력해주세요.
3 쿠폰 등록 후 [마이캠퍼스→쎄듀캠퍼스→<맛보기>천일문 기본 BASIC]에서
  학습을 바로 시작해주세요.

쎄듀런 모바일앱 설치

쎄듀런 홈페이지
www.cedulearn.com

쎄듀런 카페
cafe.naver.com/cedulearnteacher

1001 SENTENCES
BASIC

천일문 기본

저자
김기훈
現 ㈜쎄듀 대표이사
現 메가스터디 영어영역 대표강사
前 서울특별시 교육청 외국어 교육정책자문위원회 위원
저서 | 천일문 / 천일문 Training Book / 천일문 GRAMMAR
첫단추 BASIC / 어법끝 / 문법의 골든룰 101 / Grammar Q
어휘끝 / 쎄듀 본영어 / 절대평가 PLAN A / 독해가 된다
The 리딩플레이어 / 빈칸백서 / 오답백서 / 거침없이 Writing
첫단추 / 파워업 / ALL씀 서술형 / 수능영어 절대유형 / 수능실감 등

쎄듀 영어교육연구센터
쎄듀 영어교육센터는 영어 콘텐츠에 대한 전문지식과 경험을 바탕으로 최고의 교육 콘텐츠를 만들고자 최선의 노력을 다하는 전문가 집단입니다.
오혜정 수석연구원 · 장정문 선임연구원 · 이혜경 전임연구원

검토에 도움을 주신 분들
이선재 선생님(경기 용인 E-Clinic) · 한재혁 선생님(현수학영어학원) · 이헌승 선생님(스탠다드학원)
김지연 선생님(송도탑영어학원) · 김정원 선생님(MP영어) · 김지나 선생님(킴스영어)
심소미 선생님(봉담 쎈수학영어) · 황승휘 선생님(에버스쿨 영어학원) · 오보람 선생님(서울시 강서구 ASTE) · 아이린 선생님(광주광역시 서구) · 이홍복 선생님

마케팅	콘텐츠 마케팅 사업본부
영업	문병구
제작	정승호
인디자인 편집	올댓에디팅
디자인	유은아
영문교열	Stephen Daniel White

펴낸이	김기훈 김진희
펴낸곳	㈜쎄듀/서울시 강남구 논현로 305 (역삼동)
발행일	2021년 10월 18일 제4개정판 1쇄
내용 문의	www.cedubook.com
구입 문의	콘텐츠 마케팅 사업본부
	Tel. 02-6241-2007
	Fax. 02-2058-0209
등록번호	제22-2472호
ISBN	978-89-6806-228-5
	978-89-6806-227-8(세트)

FOREWORD

천일문 시리즈는 2004년 첫 발간된 이래 지금까지 베스트셀러를 기록하며 전체 시리즈의 누적 판매 부수가 어느덧 430만 부를 훌쩍 넘어섰습니다. 2014년 개정판이 나온 지도 7년이 지나, 쎄듀의 그동안 축적된 모든 역량을 한데 모아 더욱 진화된 내용과 구성으로 새로이 개정판을 내게 되었습니다.

진정한 영어 학습의 출발, 천일문

한문 공부의 입문서인 천자문(千字文)을 배우고 나면 웬만한 한문은 죽죽 읽는다는데, 영문을 공부할 때는 그런 책이 없을까? 천일문(千一文)은 이런 의문에서 출발했습니다. 영문의 기본 원리를 터득하여, 길고 복잡한 문장이 나오더라도 앞에서부터 차례대로 이해하는 올바른 해석 능력을 길러드리고자 하였습니다. 동시에, 삶의 모토로 삼고 싶은, 그래서 저절로 외우고 싶은 생각이 드는 좋은 글로 학습의 즐거움을 드리고자 하였습니다.

문장이 학습의 주가 되는 천일문

천일문은 우리말 설명보다는 문장이 학습의 주가 됩니다. 모든 문장은 원어민들이 실제로 사용하는가 (authenticity), 자주 쓸 수 있는 표현인가(real-life usability), 내용이 흥미롭고 참신한 정보나 삶의 지혜를 담고 있는가(educational values)의 기준으로 엄선하여 체계적으로 재구성한 것입니다. 이들 문장을 중요한 구문별로 집중학습할 수 있도록 설계했습니다.

무엇이 개정되었는가

1 문장 교체: 시대 흐름에 맞도록 문장의 참신성을 더하고 최신 기출을 포함시켰습니다.

2 종합학습서: 어법과 영작을 늘려 능동적으로 구문을 적용할 수 있는 기회를 제공함과 동시에, 독해와 내신을 아우르는 종합학습서로의 역할을 할 수 있도록 하였습니다.

3 전략적 구성: 입문-기본-핵심-완성이 기본적으로는 구문과 문장의 난이도가 점차적으로 높아지면서도 각기 고유한 학습 목표를 가지도록 하였습니다. 이는 독해의 기초부터 실전까지 단계별로 학습자들에게 필요한 능력을 효과적으로 기를 수 있도록 한 것입니다.

4 천일비급(별책해설집): 내용을 대폭 보강하여 자기주도적 학습과 복습이 더 수월해졌습니다.

5 학습 부담 경감: 예문의 집중성을 높여, 보다 적은 양으로 학습이 가능하도록 했습니다.

6 천일문 기본 문제집 Training Book: 구문 이해를 정착시키고 적용 훈련을 할 수 있는 충분한 양의 연습 문제를 담았습니다. (별도 판매)

7 무료 부가서비스(www.cedubook.com): 어휘리스트, 어휘테스트, 본문 해석/영작 연습지, MP3 파일, 딕테이션 sheet 등 막강한 부가서비스도 마련하였습니다.

천일문의 새로운 도약을 위해 '대한민국 영어교과서'라는 별칭이 부끄럽지 않도록 1년여간의 연구와 많은 토론으로 최대한의 노력을 기울였습니다. 이 교재와의 만남을 통해 대한민국의 많은 영어 학습자들이 영어를 영어답게 공부할 수 있기를 희망합니다.

저자

SERIES OVERVIEW

기본

입문

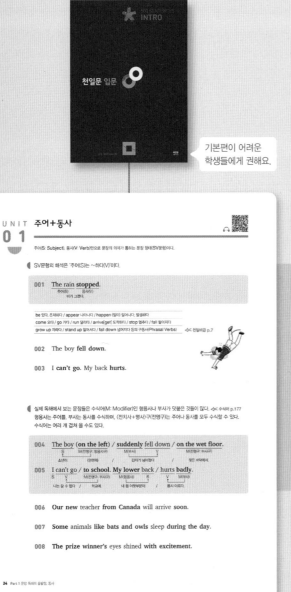

기본편이 어려운
학생들에게 권해요.

시작은 우선순위 빈출 구문으로

● 독해에 자주 등장하는 구문만 쏙쏙!
● 단시간 학습으로 최대 효과!
● 500개 알짜배기 예문으로 구문의 기초를 잡으세요!

3대(기본/빈출/중요) 구문 총망라

● 빈틈없이 탄탄한 구문 실력 완성!
● 1001개의 예문으로 영어 문장 구조와 규칙의 시스템을 완벽히 파악한다!
● 영문을 어구 단위로 끊어 앞에서부터 차례대로 이해하는 해결 능력이 생겨요!

완성

핵심

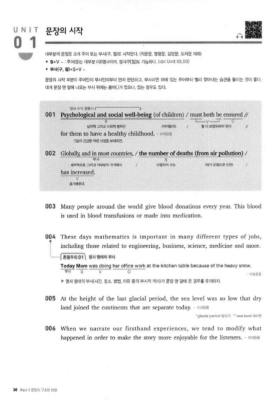

U N I T
01 문장의 시작

대부분의 문장은 크게 주어 또는 부사어구, 절로 시작한다. (의문문, 명령문, 감탄문, 도치문 제외)
• S+V ~ : 주어(S)는 대부분 (대)명사이며, 명사구(절)도 가능하다. (◁◁ Unit 02, 03)
• 부사어구, 절)+S+V ~

문장의 시작 부분이 주어인지 부사어구부터 먼저 판단하고, 부사어구 뒤에 있는 주어부터 빨리 찾아내는 습관을 들이는 것이 좋다.
대개 문장 맨 앞에 나오는 부사 뒤에는 콤마(,)가 있으나, 없는 경우도 있다.

```
                      명사 수식 형용사구
001  Psychological and social well-being (of children) / must both be ensured //
       실리적 그리고 사회적 행복은              (아이들의)          둘 다 보장되어야 한다
     for them to have a healthy childhood. - 모의응용
       그들이 건강한 어린 시절을 보내려면.
```

```
002  Globally, and in most countries, / the number of deaths (from air pollution) /
       세계적으로, 그리고 대부분의 국가에서       사망자의 수는             (대기 오염으로 인한)
       부사
     has increased.
       증가해왔다.
       동사구
```

003 Many people around the world give blood donations every year. This blood
     is used in blood transfusions or made into medication.

004 These days mathematics is important in many different types of jobs,
     including those related to engineering, business, science, medicine and more.

 ┌─ 혼동주의 01 명사 형태의 부사

 Today Mom was doing her office work at the kitchen table because of the heavy snow.
   부사   S   V
 ▶ 명사 형태의 부사(시간, 장소, 방법, 이유 등의 부사적 의미)가 문장 맨 앞에 온 경우를 유의하자. - 수능응용

005 At the height of the last glacial period, the sea level was so low that dry
     land joined the continents that are separate today. - 모의응용
     *glacial period 빙하기 **sea level 해수면

006 When we narrate our firsthand experiences, we tend to modify what
     happened in order to make the story more enjoyable for the listeners. - 모의응용

30 Part 1 문장의 구조와 변형

혼동 구문까지 완벽 해결

● 독해에 적용할 때 혼동, 혼란을 줄 수 있는 구문의 집중 해결!
● 비슷한 모양의 구문을 정확히 판별해내는 가장 쉬운 방법 제시!
● 기본편보다 길고 어려운 500개 예문으로 구문의 독해 적용력과 실전
  자신감 UP!

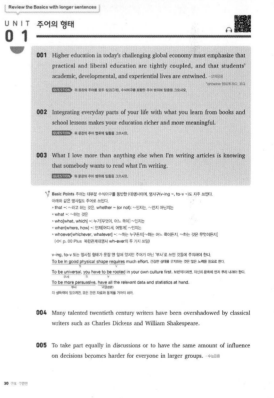

Review the Basics with longer sentences

U N I T
01 주어의 형태

001 Higher education in today's challenging global economy must emphasize that
     practical and liberal education are tightly coupled, and that students'
     academic, developmental, and experiential lives are entwined. - 모의응용
                                                          *entwine 밀접하게 관련, 얽다

 QUESTION 위 문장의 주어를 모두 찾고(3개), 수식어구를 포함한 주어 범위에 밑줄을 그으시오.

002 Integrating everyday parts of your life with what you learn from books and
     school lessons makes your education richer and more meaningful.

 QUESTION 위 문장의 주어 범위에 밑줄을 그으시오.

003 What I love more than anything else when I'm writing articles is knowing
     that somebody wants to read what I'm writing.

 QUESTION 위 문장의 주어 범위에 밑줄을 그으시오.

 Basic Points 주어는 대부분 수식어구를 동반한 (대)명사이며, 명사구(v-ing ~, to-v ~)도 자주 쓰인다.
 아래와 같은 명사절도 주어로 쓰인다.
 • that: ~라고 하는 것은, whether ~ (or not): ~인지는, ~인지 아닌지는
 • what ~: ~하는 것은
 • who[what, which] ~: 누가[무엇이, 어느 쪽이] ~인지는
 • when[where, how] ~: 언제[어디서, 어떻게] ~인지는
 • whoever[whichever, whatever] ~: ~하는 누구든지[~하는 어느 쪽이든지, ~하는 것은 무엇이든지]
   (◁◁ p. 00 Plus 복합관계대명사 wh-ever의 두 가지 쓰임)

 v-ing, to-v 또는 명사절 형태가 문장 맨 앞에 있지만 주어가 아닌 '부사'로 쓰인 것들에 주의해야 한다.
 To be in good physical shape requires much effort. 건강한 상태를 유지하는 것은 많은 노력을 필요로 한다.
 To be universal, you have to be rooted in your own culture first. 보편적이려면, 자신의 문화에 먼저 뿌리 내려야 한다.
   부사   S   V
 To be more persuasive, have all the relevant data and statistics at hand.
   부사   V(명령문)
 더 설득력이 있으려면, 모든 관련 자료와 통계를 가까이 하라.

004 Many talented twentieth century writers have been overshadowed by classical
     writers such as Charles Dickens and William Shakespeare.

005 To take part equally in discussions or to have the same amount of influence
     on decisions becomes harder for everyone in larger groups. - 수능응용

30 구조 구문편

실전 고난도 문장 뛰어넘기

● 구문의 단순한 적용으로는 해결이 안 되는 고난도 포인트와 오역 포인트
  집중 공략!
● 길고 복잡한 문장은 대부분 독해 문제 해결의 핵심 포인트! 이를 전략적
  으로 쉽고 빠르게 해결하는 대처법 총망라!
● 500개의 엄선된 예문으로 정확한 구문 분석력과 문장의 핵심을 간파하는,
  구문 학습의 궁극적인 목표를 완성해요!

ROAD MAP

STEP 1 구문 이해하고 적용해보기

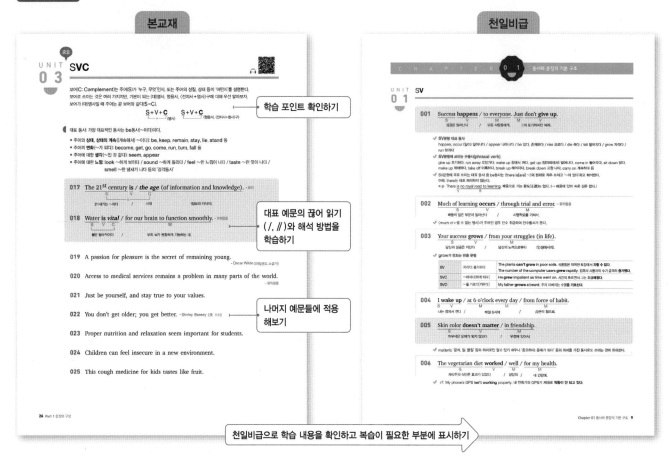

본교재

천일비급

학습 포인트 확인하기

대표 예문의 끊어 읽기 (/, //)와 해석 방법을 학습하기

나머지 예문들에 적용 해보기

천일비급으로 학습 내용을 확인하고 복습이 필요한 부분에 표시하기

복습과 반복 학습을 돕는 **부가서비스 (무료로 다운로드)** www.cedubook.com

본문 해석 연습지

영문에 /, // 등의 표시를 하고 해석한 뒤, 천일비급과 대조, 점검한다.

본문 영작 연습지

'빈칸 채우기, 순서 배열하기, 직독직해 뜻을 보며 영작하기'의 세 가지 버전으로 구성되어 있다. 이 중 적절한 것을 골라 우리말을 보고 영문으로 바꿔 써본다.

문장 암기하고 확인하기

천일문은 구문의 역할별로 문장이 모여 있기 때문에 구문을 체계적으로 집중 학습할 수 있다.
그러나 실전에서는 여러 구문들이 마구 섞여서 등장하기 때문에 학습한 개념들을 적용하여
올바로 해석해내기 위해서는 구문을 완전히 자기 것으로 만드는 과정이 필수적이다.
가장 좋은 방법은 문장을 통째로 암기하고 여러 다른 문장에 적용하는 것이다.

〈천일문〉은 이들 과정을 돕기 위해 다음과 같은 장치들이 마련되어 있다.

1 암기를 돕는 두 가지 버전의 MP3 파일

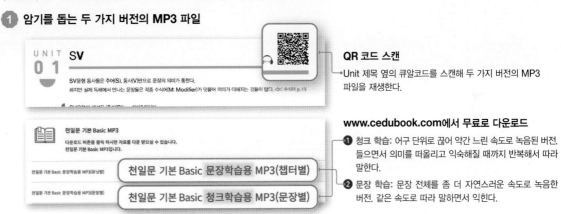

QR 코드 스캔
Unit 제목 옆의 큐알코드를 스캔해 두 가지 버전의 MP3
파일을 재생한다.

www.cedubook.com에서 무료로 다운로드

1 청크 학습: 어구 단위로 끊어 약간 느린 속도로 녹음된 버전.
들으면서 의미를 떠올리고 익숙해질 때까지 반복해서 따라
말한다.

2 문장 학습: 문장 전체를 좀 더 자연스러운 속도로 녹음한
버전. 같은 속도로 따라 말하면서 익힌다.

2 적용을 돕는 〈천일문 기본 문제집 Training Book〉 (별도 판매: 정가 13,000원)

〈기본편〉 본책과는 다른 문장으로 구성되어 있어 구문이 확실하게 학습이 되었는지를 확인/점검해볼 수 있다.
어법, 영작, 해석, 문장전환 등 다양한 유형으로 구성되어 있다. (자세한 정보는 책 뒷면을 참조하세요.)

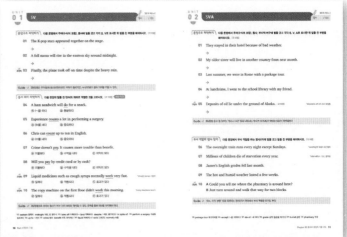

PREVIEW

1 본책

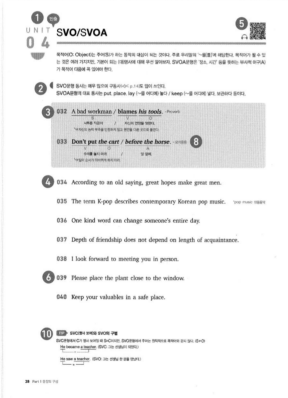

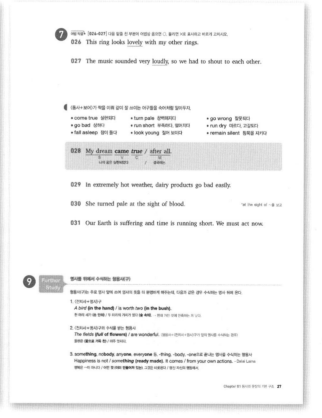

| Must-know Words&Lexical Phrases |

〈핵심 단어와 동·반의어, 숙어 등 정리〉

1단계 모르는 것에 표시하고 의미를 익힌다.

2단계 본문 예문을 보면서 의미를 다시 떠올려본다.
기억이 안 날 때는 의미를 확인하여 다시 익힌다.

3단계 부가서비스의 어휘테스트로 확인한다.
(부가서비스의 어휘리스트를 휴대하면서 틈틈이 익힌다.)

---

1 **중요** 시험에 직결되는 구문
  빈출 독해문장에 자주 보이는 구문

2 학습 포인트 설명

3 대표 예문 예시

4 본문 예문으로 적용 훈련

5 QR코드로 MP3 파일 바로 듣기

6 주요 학습 포인트가 포함된 중요 예문

7 학습 내용을 확인하는 직결 문제
  영작직결·어법직결·문장전환 등

8 〈수능〉, 〈모의〉 기출 문장들로 실전 감각 향상!

9 **Further Study** 심화 학습

10 **TIP** 구문 이해도를 높이는 보충 설명

2 천일비급

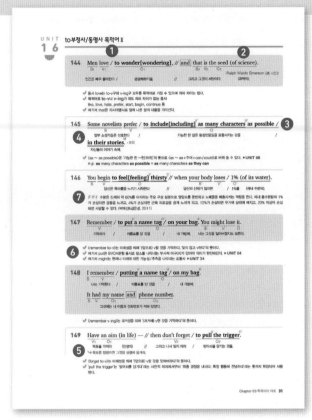

3 무료 부가 서비스

어휘리스트　　　　어휘테스트　　　　해석연습지

딕테이션 Sheet　　　영작연습지 3종

www.cedubook.com

❶ /, // – 끊어 읽기 표시　　❹ 우리말 직역　　❺ 필요시 의역
❷ ( ), [ ] – 수식어구[절] 표시　　❻ 추가 설명
❸ S, V, O, C, M, A 구조 분석　　❼ *F·Y·I* 내용에 대한 추가 정보

일러두기

000 기본 예문　000 중요 예문
= 동의어, 유의어　↔ 반의어　( ) 생략가능 어구　[ ] 대체 가능 어구
to-v to부정사　v-ing 동명사/현재분사　p.p. 과거분사　v 동사원형 · 원형부정사

〈문장 구조 분석 기호〉

S 주어　V 동사　O 목적어 (IO 간접목적어, DO 직접목적어)　C 보어　M 수식어

S′ 종속절의 주어/진주어　V′ 종속절 · 준동사구 내의 동사　O′ 종속절 · 준동사구 내의 목적어/진목적어/전치사의 목적어

C′ 종속절 · 준동사구 내의 보어　M′ 종속절 · 준동사구 내의 수식어　( ) 형용사구/생략어구　( ) 삽입어구　[ ] 형용사절

S₁ (아래첨자) 중복되는 문장 성분 구분

·······················

/, // 의미 단위 표시

● 문장 구조와 자연스러운 우리말을 고려하여 의미 단위(sense group)를 나타낸 것이다.
　원어민들이 실제로 끊어 읽는 breath group과는 차이가 있을 수 있다.

● 일반적인 어구의 끊어 읽기는 /로 표시하였고, 절과 절의 구별은 //로 표시하였다.
　다만, 더 큰 절 내의 부속절은 /로 표시하였다.

　　e.g. Kids get super-stressed, // but it isn't always easy to tell / what is bothering them / because they hide symptoms /
　　or explain them in vague ways.

〈천일문 기본〉이 책의 차례

CONTENTS

Question & Answer

Q1
구문 학습은
왜 해야 하는 건가요?

A 구문이란, 수많은 문법 규칙이 모여 이루어진 것 중에서도 특히 자주 나타나는, 영어 특유의 표현 방식을 뜻합니다. 예를 들어 영어는 주어가 길어지는 것을 되도록 피하려고 하지요. 그래서 주어가 길 경우 가주어 it으로 대신하고 진짜 주어는 뒤로 보내므로 〈it ~ that ...〉등과 같은 영어 특유의 표현 방식, 즉 구문이 나타납니다.

문법에는 수많은 규칙들이 있지만, 독해에는 도움이 되지 않거나 몰라도 크게 상관없는 것들이 많습니다. 위의 예를 든 〈it ~ that ...〉구문의 경우, 문법적으로 보자면 가주어 it과 접속사 that이지만, 이런 분석은 독해할 때 별 의미가 없지요. 이를 구문으로 학습하면 진짜 주어가 that 이하이므로 이를 주어로 하여 해석하고 이해하는 방법을 익히게 됩니다. 그러므로 독해를 위해서는 문법이 아니라 구문을 위주로 학습해야 합니다.

Q2
문장 위주의 학습이
왜 중요한가요?

A 우리말 설명이 아무리 자세해도 예문이 부족하면 이해가 쉽지 않기 때문입니다. 천일문은 간단하고 명료한 우리말 설명과 많은 예문으로 구문을 최대한 효과적으로 학습할 수 있도록 구성되었습니다.

Q3
차라리 독해 문제를 풀면서
구문을 학습하는 것이 좋지
않나요?

A 평범한 독해 지문은 학습자들이 반드시 학습해야만 하는 구문을 체계적으로 담고 있지 않아 집중 학습이 불가능하므로 비효율적입니다. 독해 문제를 푸는 것은 어느 정도 구문 집중 학습을 진행한 뒤에 확인하는 차원에서 진행하는 것이 좋습니다.

Q4
문장 암기를
꼭 해야 하나요?

A p.7에서 설명하였듯이 문장 암기는 실전영어를 위한 진정한 능력 향상에 많은 도움이 됩니다. 외운 문장 그대로를 접하거나 활용할 기회는 많지 않을지 모르지만 기본 구문을 담은 문장들을 암기하는 것은 어떤 문장도 스스로 해결해나갈 수 있는 능력을 갖추도록 해줍니다. 또한, 아무리 복잡하고 긴 문장이라 하더라도, 구문 자체가 어렵다기보다는 여러 기본 구문들이 얽혀 발전되어 나타난 것이기 때문에 기본 구문들은 반드시 자기 것으로 만드는 것이 중요합니다.

Q5
시리즈 중 어떤 교재를
선택해야 하나요?

A 입문-기본-핵심-완성은 점차 난도가 증가하는 동시에 각각의 학습목표가 있습니다. 중학교 내신 학습이 7, 80%가 된 상태라면 천일문 시리즈를 진행할 수 있습니다.

● **입문** 가장 빈출되는 구문을 쉬운 500개 문장에 담았으므로 빠른 학습이 가능합니다.
● **기본** 기본이 되는 구문을 빠짐없이 1001개 문장에 담아 탄탄한 기본기를 완성할 수 있습니다.
● **핵심** 실전에서 혼동을 주는 구문을 완벽하게 구별하여 정확한 독해를 가능하게 해줍니다.
● **완성** 복잡하고 긴 문장의 핵심을 요약 정리하는 훈련으로 독해 스피드와 정확성을 올려줍니다. 수능 고난도 문장과 유사한 수준의 문장을 문제없이 해결 가능합니다.

난도	입문	기본	핵심	완성
어휘	중학 수준	고1 수준	고2 수준	고3 수준 이상
예문 추상성	5%	20%	50%	80%
문장당 구문 개수	1~2개	1~3개	2~5개	3개 이상
문장 길이(평균)	10개 단어	15개 단어	20개 단어	30개 단어

시간에 쫓기는 상황이라면 시리즈 중 본인 수준보다 약간 높은 것을 한 권 택하여 이를 완벽히 소화할 정도로 반복하는 것이 좋습니다.

Q6

내가 끊어 읽은 것과 천일비급의 끊어 읽기가 똑같아야 하나요?

A 천일비급의 끊어 읽기는 의미 단위의 구분을 말하는데, 본인의 끊어 읽기가 천일비급과 다르더라도 해석이 서로 완전히 다르지만 않다면 상관없습니다.

The Sahara Desert kept Egypt isolated / from the rest of the world.
　　사하라 사막은 이집트를 고립된 상태로 있게 하였다　/　세계 나머지 나라들로부터. (○)

The Sahara Desert kept Egypt / isolated from the rest of the world.
　사하라 사막은 이집트를 ~인 채로 있게 하였다　/　세계 나머지 나라들로부터 고립된 상태로. (○)

그러나 아래와 같이 해석이 서로 크게 차이가 나는 것은 문장 전체의 구조 파악에 오류가 있는 것이므로 비급의 의미 단위 구분을 숙지하는 것이 좋겠습니다.

You cannot talk on the phone / in the library / except in designated areas.
　　당신은 통화를 할 수 없습니다　/　도서관에서　/　지정된 구역을 제외하고는. (○)

You cannot talk on the phone / in the library except / in designated areas.
　　당신은 통화를 할 수 없습니다　/　도서관을 제외하고　/　지정된 구역에서는. (×)

또한, 초보자는 3~4단어 정도로 의미 단위를 구분하고 고급자들은 그보다 훨씬 많은 단어 수로 의미 단위를 구분합니다. 그러므로 본인 수준에 따라 비급보다 더 자주 끊거나 덜 끊는 것은 문제가 되지 않습니다. 본인의 실력이 향상되어감에 따라 의도적으로 의미 단위를 이루는 단어의 수를 점점 늘리는 것이 바람직합니다.

초보자: The best way / to predict the future / is to create it.
중급자: The best way to predict the future / is to create it.

Background Knowledge

①

문장의 구성

문장이란 단어들이 일정한 규칙에 따라 배열되어 하나의 완전한 의미를 나타내는 것을 말한다. 문장은 대개 '…은 ~이다', 또는 '…가 ~하다'의 형태이다. 이때 '…은, …가'에 해당하는 부분을 주부(主部)라고 하고,' ~이다, ~하다'에 해당하는 부분을 술부(述部)라고 한다.

주부	술부
[1] The girl in the picture	is my sister.
[2] Romeo	loved Juliet at first sight.
[3] My boyfriend	gave me a red rose.
[4] I	found this book very useful.

②

문장의 요소

1 주어 (Subject) ⇐ Chapter 02

주부의 중심이 되는 말. 명사 및 명사 역할을 하는 구, 절이 주어가 된다.

The girl in the picture is my sister.
    S

2 (술어)동사 (Predicate Verb) ⇐ Chapter 05~08

술부의 중심이 되는 말. 주어의 동작 · 상태를 나타낸다. 조동사와 함께 동사구(*e.g.* can swim, have been watching 등)를 이루기도 한다.

Romeo **loved** Juliet at first sight.
     V

cf. 구동사: 〈동사+전치사〉, 〈동사+부사〉, 〈동사+부사+전치사〉 등의 형태로 하나의 동사 역할을 한다. '구동사'라고도 한다. *e.g.* look after 돌보다 / put off 연기하다 / look up to 존경하다 등

---

1 사진 속의 그 소녀는 내 여동생이다. **2** 로미오는 첫눈에 줄리엣을 사랑하게 되었다. **3** 내 남자 친구가 나에게 빨간 장미 한 송이를 주었다. **4** 나는 이 책이 매우 유용하다는 것을 알았다.

3 목적어 (Object) ← Chapter 03

동사가 나타내는 동작의 대상이 되는 말. 주어와 같이, 명사 및 명사 역할을 하는 구, 절이 목적어가 된다. '~을[를]'로 해석되는 직접목적어(DO)와 '~에게'로 해석되는 간접목적어(IO)로 구분하기도 한다.

Romeo loved **Juliet** at first sight.
           O

My boyfriend gave **me a red rose.**
                 IO   DO

4 보어 (Complement) ← Chapter 04

주어의 의미를 보충 설명하는 주격보어(SC)와 목적어의 의미를 보충 설명하는 목적격보어(OC)가 있다. 보어로는 명사나 형용사 또는 그 역할을 할 수 있는 어구나 절이 온다.

The girl in the picture is **my sister.**
    S ---------------= ------------- SC

I found this book **very useful.**
      O ----= --- OC

5 수식어 (Modifier) ← Chapter 09~10

문장의 주요소인 주어, 동사, 목적어, 보어를 수식한다. 수식의 의미는 표현을 화려하고 기교 있게 꾸며 준다기보다, 수식하는 요소의 의미를 제한시켜 좀 더 구체적으로 밝혀주는 것이라 할 수 있다. 수식어에는 명사를 수식하는 형용사적 수식어와 동사, 형용사, 다른 부사, 어구, 문장 전체를 수식하는 부사적 수식어가 있다.

The girl **in the picture** is my sister. 〈명사 수식〉
  S ---------- M

My *boyfriend* gave me a **red** *rose.* 〈명사 수식〉
M---------- S   M----O

Romeo *loved* Juliet **at first sight.** 〈동사 수식〉
        V ------------------------- M

I found this book **very** *useful.* 〈형용사 수식〉
                  M----- C

* 품사와 문장 요소의 관계

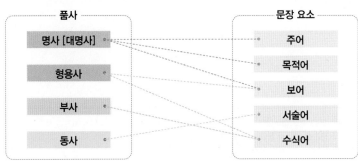

품사 | 문장 요소
명사 [대명사] / 형용사 / 부사 / 동사
주어 / 목적어 / 보어 / 서술어 / 수식어

구와 절

> **구(phrase)** 둘 이상의 단어들이 모여서 문장에서 명사, 형용사, 부사 등 하나의 품사 역할을 하는 것을 말한다. '주어 +동사'가 없는 것이 절과 다른 점이다.

1 명사구: 명사와 마찬가지로 주어, 목적어, 보어의 역할을 한다. 명사구로 잘 쓰이는 것은 to부정사와 동명사이다. ◁ Chapter 02, 03, 04

1 **To drive fast** is dangerous.
     S

2 I like **reading comic books**.
          O

3 My hobby is **to play sports**.
          C

2 형용사구: 형용사와 마찬가지로 명사를 수식하거나 보어가 된다. 주로 to부정사, 분사, 그리고 〈전치사+명사〉 구가 형용사구가 된다. ◁ Chapter 04, 09

4 Don't you have *anything* **to eat**?

5 *The boy* **standing over there** is my friend.

6 Look at *the girl* **with a cute puppy**.

7 She looked **surprised at receiving the letter**.
                C

8 My grandfather is **in great health**.
             C

3 부사구: 부사와 마찬가지로 동사, 형용사, 부사 또는 문장 전체를 수식한다. 주로 to부정사, 분사구문, 〈전치사+명사〉구가 부사구가 된다. ◁ Chapter 09, 10

9 She *studies* hard **to pass the exam**.

10 This water is *good* **to drink**.

11 **Feeling tired**, *he went to bed early*.

12 Don't *judge* a man **by his clothes**.

---

1 빠른 속도로 운전하는 것은 위험하다. 2 나는 만화책 읽는 것을 좋아한다. 3 내 취미는 스포츠이다. 4 먹을 게 있니? 5 저기에 서 있는 소년은 내 친구이다. 6 귀여운 강아지와 있는 저 소녀를 봐라. 7 그녀는 그 편지를 받고서 놀란 듯했다. 8 우리 할아버지는 건강 상태가 좋으시다. 9 그녀는 시험에 합격하기 위해 열심히 공부한다. 10 이 물은 마시기에 괜찮다. 11 피곤해서, 그는 일찍 자러 갔다. 12 사람을 그의 의복으로 판단하지 마라.

> **절(clause)** 단어가 모여 문장의 일부를 이루면서 〈주어+동사〉가 포함된 것을 말한다. 절은 등위절, 종속절, 주절로 나누며, 종속절은 다시 명사절, 형용사절, 부사절로 나눈다.

1 등위절: 등위접속사 and, but, or, for 등으로 연결되는 절을 말한다. ⇐ Chapter 11

¹ You are a student `and` I'm a teacher.

² Shall I call you, `or` will you call me?

2 명사절: 접속사(that, whether, if), 의문사, 관계대명사 what 등이 이끄는 절. 문장에서 주어, 목적어, 보어 등의 역할을 한다. ⇐ Chapter 02, 03, 04 UNIT 69, 70

³ **What I like most**^{S} is learning new things.
   종속절(주어 역할의 명사절)   주절

⁴ I don't know **when she will come**^{O}.
  주절   종속절(목적어 역할의 명사절)

⁵ The trouble is **that we are short of money**^{C}.
  주절   종속절(보어 역할의 명사절)

3 형용사절: 앞에 콤마가 없는 관계사가 이끄는 절. 앞의 선행사[명사]를 수식한다. ⇐ UNIT 64~68

⁶ A dictionary is *a book* **which gives you the meanings of words**.
  주절   종속절(명사를 수식하는 형용사절)

⁷ Can you tell me *the reason* **why you were so late**?
  주절   종속절(명사를 수식하는 형용사절)

4 부사절: 시간 · 원인 · 조건 · 양보 · 목적 · 결과 등의 의미로, 문장에서 부사의 역할을 한다. ⇐ Chapter 13

⁸ I had a great dream **when I was young**.
  주절   종속절(시간)

⁹ I was late **because my car broke down**.
  주절   종속절(원인)

¹⁰ **If you want to succeed in life**, work hard and play hard.
  종속절(조건)   주절

---

1 너는 학생이고, 나는 교사이다. 2 제가 전화를 드릴까요, 아니면 전화를 하실래요? 3 내가 가장 좋아하는 것은 새로운 것을 배우는 것이다. 4 나는 그녀가 언제 올지 모른다. 5 걱정거리는 우리가 돈이 부족하다는 것이다. 6 사전은 당신에게 단어의 의미를 제공하는 책이다. 7 나에게 네가 그렇게 늦은 이유를 말해 줄 수 있겠니? 8 나는 젊었을 때 큰 꿈이 있었다. 9 나는 차가 고장 나서 지각했다. 10 인생에서 성공하고 싶다면, 열심히 일하고 열심히 놀아라.

의미 단위(sense group) 독해를 잘하려면 문장을 단어 하나하나가 아니라 의미 단위별로 끊어 이해해야 한다. 의미 단위는 문장에서 다른 어구에 비해 상대적으로 의미가 긴밀한 단어끼리 모여 이루어진다.

아래 우리말 예문의 / 표시를 보자.

┌------ 의미 단위 ------┐   ┌------ 의미 단위 ------┐   ┌------ 의미 단위 ------┐
영문을 대하는 것이 / 즐거울 수 있는 책을 / 만들고자 했습니다. (○)

영문을 대하는 것이 즐거울 / 수 있는 책을 만들고자 / 했습니다. (×)

영어 독해를 할 때도 마찬가지이다. 의미가 긴밀한 단어끼리 묶어서 앞에서부터 차례대로 잘 끊어 읽어야 한다. 이를 직독직해라 한다.

┌------------ 의미 단위 ------------┐   ┌------------ 의미 단위 ------------┐
We want to create an English book / that is pleasurable to read.

We want to create an English / book that is pleasurable to read. (×)

영어는 우리말 어순과 다르기 때문에 자연스러운 우리말 순서대로 어구를 재배열하여 이해하기도 하는데, 이는 독해 속도도 느리게 될 뿐만 아니라 올바른 방법도 아니다. 원어민들이 영문을 앞에서부터 차례대로 이해하듯이, 우리도 똑같이 그런 식으로 이해하고 익혀야 한다.

1 주어가 긴 경우에는 주어가 하나의 의미 단위가 되므로 주어 부분이 끝난 뒤에 동사 앞에서 끊는다. 즉 주부와 술부 사이를 구분하여 각각을 큰 의미 단위로 한다.

Eating too much fast food / is not good for health.
　　　패스트푸드를 너무 많이 먹는 것은　　　/　　　건강에 좋지 않다.

2 구나 절의 형식을 한 긴 목적어나 보어의 앞에서 끊는다.

I didn't know / **what answer to give to him.**
　　나는 알지 못했다　　/　　그에게 어떤 대답을 해야 할지를.

The most important thing is // **whether you do your best in your job.**
　　　가장 중요한 것은 ～이다　　　//　　　네가 네 일에 최선을 다하는지 (안 하는지).

3 접속사 앞에서 끊는다.

I don't know // **whether he is at home or not.**
나는 모른다   //   그가 집에 있는지 없는지.

The fact is // **that our life is not long enough.**
사실은 ～이다   //   우리의 인생은 충분히 길지 않다는 것.

Did anyone call // **while I was away?**
누가 전화했는가   //   내가 없는 동안에?

4 전명구 등의 긴 부사구의 전후에서 끊는다.

Madame Curie was born / **in a poor family** / **in Poland** / **on November 7, 1867.**
퀴리 부인은 태어났다   /   가난한 가정에서   /   폴란드에서   /   1867년 11월 7일에.

5 반복어구가 생략된 곳에서 끊는다.

To err is human, to forgive / divine.
실수(하는 것)는 사람의 일이고, 용서(하는 것)는 / 신의 일이다.

PART

12345

문장의 구성

영어 문장을 이해하려면 문장의 기본적인 구조와 문장을 이루는
요소들이 어떤 것인지부터 잘 알아야 한다.
파트 1은 바로 이러한 것들을 체계적으로 학습하기 위한 것이다.
영문의 기본 구조 7가지와 이를 이루는 주어(S), 목적어(O), 보어(C)를 알아보자.
(동사(V)에 대한 본격적인 학습은 파트 2에서 이뤄진다.)

CHAPTER **01** 동사와 문장의 기본 구조

CHAPTER **02** 주어의 이해

CHAPTER **03** 목적어의 이해

CHAPTER **04** 보어의 이해

CHAPTER 01

동사와 문장의 기본 구조

Chapter Overview

영어 문장에는 다음과 같이 7가지의 기본 문장 구조가 있다.

문장 구조에 따라 해석이 달라지므로 이에 대한 이해가 있어야 직독직해가 가능하다.

문장 구조 / 문형	대표 해석	예문
1. SV	S는 V하다	The baby cried. 아기가 울었다.
2. SVA	S는 A에 V하다	She lives in Seoul. 그녀는 서울에 산다.
3. SVC	S는 C이다	He is an English teacher. 그는 영어 선생님이다.
4. SVO	S는 O를 V하다	I like pizza. 나는 피자를 좋아한다.
5. SVOA	S는 A에 O를 V하다	You can put the dish on the table. 탁자 위에 접시를 올려놔도 된다.
6. SVOO	S는 O에게 O를 V해주다	He gave me a present. 그는 나에게 선물을 주었다.
7. SVOC	S는 O가 C라고 V하다	I think her very smart. 나는 그녀가 아주 똑똑하다고 생각한다.

S(Subject): 주어 / V(Verb): 동사 / A(Adverbial): 부사적 어구 / C(Complement): 보어 / O(Object): 목적어
*SVA, SVOA: A가 없으면 의미가 완전하지 않으므로 이것도 하나의 문장 구조로 본다.

문장 구조가 다양한 이유는 주로 '동사'의 의미나 쓰임 때문이다. 그러므로 동사와 기본 문장 구조는 서로 아주 밀접한 관계가 있다.

Chapter Goals

1 S, V, O, C, A로 만들어지는 일곱 가지 문형을 말할 수 있다.
2 영어 문장을 보고 S, V, O, C, A, M(수식어)에 해당하는 어구를 구분하여 올바르게 해석할 수 있다.

Must-know
Words &
Lexical
Phrases

단어를 미리 알면, 구문 학습이 더 쉬워져요!

023 **proper** 적당한, 올바른 (↔ improper 부당한, 부적절한)

　　nutrition 영양(분)

　　cf. **nutritious** 영양가 있는

　　relaxation 휴식; 완화

024 **insecure** 불안한; 자신이 없는 (↔ secure 안심하는, 안전한)

　　environment 환경

025 **cough medicine** 기침약

028 **after all** (예상과는 달리) 결국에는; 어쨌든

029 **extremely** 극도로 (= uncommonly)

　　cf. **extreme** 극심한; 지나친, 심각한

　　dairy 유제품의

　　ⓘ **daily** 매일(의), 나날의

　　ⓘ **diary** 일기

031 **suffer** 고통 받다, 시달리다

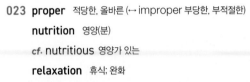

032 **blame** 탓하다, 비난하다; 책임, 탓

　　tool 연장, 도구

034 **according to A** A에 의하면

　　saying 말; 속담, 격언

035 **term** 용어; 학기

　　contemporary 현대의; 동시대의

037 **depth** 깊이

　　depend on A A에 달려 있다; A에 의존하다

　　length 기간; 길이

　　acquaintance 친분; 아는 사람, 지인

038 **in person** 직접, 몸소

U N I T **05**

042 **priceless** 값을 매길 수 없는, 대단히 귀중한 (= invaluable)

047 **librarian** (도서관의) 사서

048 **ask (A) a favor** (A에게) 부탁하다

049 **various** 다양한 (= diverse)

　　cf. **variety** 다양성; (식물 등의) 품종, 종류

　　dish 요리; 접시

U N I T **06**

050 **accept** 인정하다, 받아들이다; (입학을) 허가하다

　　imperfection 결점, 미비함 (↔ perfection 완벽, 완성)

051 **knowledgeable** 박식한, 아는 것이 많은

052 **out of control** 통제[제어]할 수 없는

053 **awake** 깨어 있는; (잠에서) 깨다; 깨우다

054 **documentary** 다큐멘터리, 기록물

　　cf. **document** 서류, 문서; 기록하다

　　educational 교육적인; 교육(상)의

056 **resource** 자원; 재료

059 **duty** 임무, 직무; 의무

U N I T **07**

060 **analyst** 분석가

　　cf. **analyze** 분석하다

　　cf. **analysis** 분석

　　cause 원인, 이유; 야기하다

　　air crash 비행기 사고

061 **coast** 해안

064 **wooden** 나무로 된, 목재의; 경직된, 뻣뻣한

066 **foundation** 기초, 기반

　　modern 근대의, 현대의; 최신의

067 **assistance** 도움, 보조

　　cf. **assistant** 조수, 보조원

068 **period** 기간, 시기; 시대

　　glacier 빙하

　　melt 녹다; 녹이다

UNIT 01 SV

SV문형 동사들은 주어(S), 동사(V)만으로 문장의 의미가 통한다.
하지만 실제 독해에서 만나는 문장들은 각종 수식어(M: Modifier)가 덧붙어 의미가 더해지는 것들이 많다. ≪ 수식어 p.15

◖ SV문형의 해석은 '주어(S)는 ~하다(V)'이다.

> **001** Success **happens** / to everyone. Just don't **give up.**
>   S   V   M   M   V
>   성공은 일어난다   /   모든 사람들에게.   그저 포기하지만 마라.

002 Much of learning occurs through trial and error. - 모의응용   *trial and error 시행착오

003 Your success grows from your struggles in life.

004 I wake up at 6 o'clock every day from force of habit.

◖ 다음과 같은 동사들은 SV문형에 쓰일 때 그 의미를 특히 잘 알아두어야 한다.

- matter 중요하다; 문제가 되다
- count 중요하다; (수를) 세다
- work 효과가 있다; (기계 등이) 작동되다
- do 충분하다, 적절하다
- pay 이익이 되다; 지불하다
- last 계속되다; 오래가다, 지속되다

> **005** Skin color **doesn't matter** / in friendship.
>   S   V   M
>   피부색은 문제가 되지 않는다   /   우정에 있어서.

006 The vegetarian diet worked well for my health.

007 Honesty will pay in the end.

008 Every vote counts in an election.

009 A glass of water will do for me.

010 The meeting lasted two hours.

UNIT 02 SVA

SV문형 동사들 중의 일부는 '장소나 시간' 등을 나타내는 부사적 어구(A: Adverbial)가 있어야 문장의 의미가 완전해지는 것들이 있다. 이런 문장 구조를 SVA문형이라 한다.

$$S + V + \mathbf{A}$$
in New York, at noon 등

SVM의 M은 없어도 문장의 의미가 통하지만 SVA의 A는 반드시 있어야 의미가 통하므로 M과 A는 다른 것이다.

◗ 대표 동사: be 있다 / stand, lie (위치해) 있다 / stay 계속 있다, 머무르다 / live 살다 / go 가다 등

---

011 The next flight **will be** / at 2:00 p.m.
　　　　　　S　　　　　V　　　　　　A
　　　　다음 항공편은 있을 것이다 　 / 　오후 2시에.

---

012 The castle stands on top of the mountain.

013 Dokdo lies in the East Sea between Korea and Japan.

014 I will stay in bed and get an extra 5 minutes' sleep.

015 We live in a rapidly changing information society.

016 My friends and I went to a museum last week.

Further Study

부사 역할을 하는 명사

주로 '장소, 시간, 방향' 등을 의미하는 것들이다. 특히 every, tomorrow, yesterday, this, last, next 등의 뒤에 시간을 나타내는 명사가 나오면 부사가 되는 경우가 많다.

e.g. It's time to go **home**. 집에[집으로] 갈 시간이다.
　　 The game lasted **a few minutes[two hours]**. 경기는 몇 분간[두 시간 동안] 계속되었다.
　　 We eat out **every Saturday**. 우리는 매주 토요일에 외식한다.
　　 What are you doing **this evening[tomorrow night]**? 오늘 저녁에[내일 밤에] 무엇을 할 거니?
　　 He died **last week[yesterday morning]**. 그는 지난주에[어제 아침에] 사망했다.
　　 Come **this way**. 이쪽으로 오세요.

보어(C: Complement)는 주어(S)가 '누구, 무엇'인지, 또는 주어의 성질, 상태 등이 '어떤지'를 설명한다.
보어로 쓰이는 것은 여러 가지지만, 기본이 되는 (대)명사, 형용사, 〈전치사+명사〉구에 대해 우선 알아보자.
보어가 (대)명사일 때 주어는 곧 보어와 같다(S=C).

$$S + V + \mathbf{C} \qquad S + V + \mathbf{C}$$
(명사) (형용사, 〈전치사+명사〉구)

◖ 대표 동사: 가장 대표적인 동사는 be동사(~이다)이다.

- 주어의 **상태, 상태의 계속**((계속해서) ~이다): be, keep, remain, stay, lie, stand 등
- 주어의 **변화**(~가 되다): become, get, go, come, run, turn, fall 등
- 주어에 대한 **생각**(~인 것 같다): seem, appear
- 주어에 대한 **느낌**: look ~하게 보이다 / sound ~하게 들리다 / feel ~한 느낌이 나다 / taste ~한 맛이 나다 / smell ~한 냄새가 나다 등의 '감각동사'

---

017 The 21st century **is** / ***the age*** (of information and knowledge). - 모의
S   V   C
21세기는 ~이다   =   시대   (정보와 지식의).

018 Water **is** ***vital*** / for our brain to function smoothly. - 모의응용
S   V   C   M
물은 필수적이다   /   우리 뇌가 원활하게 기능하는 데.

---

019 A passion for pleasure is the secret of remaining young.

- Oscar Wilde ((아일랜드 소설가))

020 Access to medical services remains a problem in many parts of the world.

- 모의응용

021 Just be yourself, and stay true to your values.

022 You don't get older; you get better. - Shirley Bassey ((英 가수))

023 Proper nutrition and relaxation seem important for students.

024 Children can feel insecure in a new environment.

025 This cough medicine for kids tastes like fruit.

026 This ring looks <u>lovely</u> with my other rings.

027 The music sounded very <u>loudly</u>, so we had to shout to each other.

〈동사＋보어〉가 짝을 이뤄 같이 잘 쓰이는 어구들을 숙어처럼 알아두자.

- come true 실현되다
- turn pale 창백해지다
- go wrong 잘못되다
- go bad 상하다
- run short 부족하다, 떨어지다
- run dry 마르다, 고갈되다
- fall asleep 잠이 들다
- look young 젊어 보이다
- remain silent 침묵을 지키다

028 <u>My dream</u> **came** *true* / <u>after all.</u>
S   V   C   /   M
나의 꿈은 실현되었다 / 결국에는.

029 In extremely hot weather, dairy products go bad easily.

030 She turned pale at the sight of blood.   *at the sight of ~을 보고

031 Our Earth is suffering and time is running short. We must act now.

Further Study

명사를 뒤에서 수식하는 형용사(구)

형용사(구)는 주로 명사 앞에 쓰여 명사의 뜻을 더 분명하게 해주는데, 다음과 같은 경우 수식하는 명사 뒤에 온다.

1. 〈전치사＋명사〉구
   A bird **(in the hand)** / *is worth two* **(in the bush).**
   한 마리 새가 **(손 안의)** / 두 마리의 가치가 있다 **(숲 속의)**. → 현재 가진 것에 만족하는 게 낫다.

2. 〈전치사＋명사〉구의 수식을 받는 형용사
   The fields **(*full* of flowers)** / *are wonderful.* 〈형용사＋〈전치사＋명사〉구가 앞의 명사를 수식하는 경우〉
   들판은 **(꽃으로 가득 찬)** / 아주 멋지다.

3. some**thing**, no**body**, any**one**, every**one** 등, -thing, -body, -one으로 끝나는 명사를 수식하는 형용사
   Happiness is not / *something* **(ready made).** *It comes* / *from your own actions.* - Dalai Lama
   행복은 ~이 아니다 / 어떤 **것 (이미 만들어져 있는)**. 그것은 비롯된다 / 당신 자신의 행동에서.

SVO/SVOA

목적어(O: Object)는 주어(S)가 하는 동작의 대상이 되는 것이다. 주로 우리말의 '~을[를]'에 해당한다. 목적어가 될 수 있는 것은 여러 가지이지만, 기본이 되는 (대)명사에 대해 우선 알아보자. SVOA문형은 '장소, 시간' 등을 뜻하는 부사적 어구(A)가 목적어 다음에 꼭 있어야 한다.

◀ SVO문형 동사는 매우 많으며 구동사(◀ p.14)도 많이 쓰인다.
SVOA문형의 대표 동사는 put, place, lay (~을 어디에) 놓다 / keep (~을 어디에) 넣다, 보관하다 등이다.

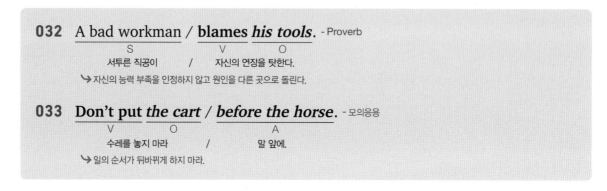

032 <u>A bad workman</u> / <u>blames</u> <u>*his tools*</u>. - Proverb
　　　　　S　　　　　　　V　　　　O
　　　서투른 직공이　　　/　　자신의 연장을 탓한다.
　　↘ 자신의 능력 부족을 인정하지 않고 원인을 다른 곳으로 돌린다.

033 <u>Don't put</u> <u>*the cart*</u> / <u>*before the horse*</u>. - 모의응용
　　　　　V　　　　　O　　　　　　　A
　　　수레를 놓지 마라　　/　　말 앞에.
　　↘ 일의 순서가 뒤바뀌게 하지 마라.

034 According to an old saying, great hopes make great men.

035 The term K-pop describes contemporary Korean pop music. *pop music 대중음악

036 One kind word can change someone's entire day.

037 Depth of friendship does not depend on length of acquaintance.

038 I look forward to meeting you in person.

039 Please place the plant close to the window.

040 Keep your valuables in a safe place.

TIP ▶ **SVC(명사 보어)와 SVO의 구별**

SVC문형에서 C가 명사 보어일 때 S=C이지만, SVO문형에서 주어는 원칙적으로 목적어와 같지 않다. (S≠O)

He became a teacher. (SVC: 그는 선생님이 되었다.)
　└──=──┘

He saw a teacher. (SVO: 그는 선생님 한 분을 만났다.)
　└──≠──┘

UNIT 05 SVOO

'(해)주다'란 의미를 포함하는 동사가 '~에게'와 '~을'이라는 목적어 두 개를 취하는 문형이다.
'~에게'는 간접목적어(IO: Indirect Object), '~을'은 직접목적어(DO: Direct Object)라고 한다.

SVOO문형을 만드는 동사에는 give, show, buy, wish 등이 있으며, '(해)주다'란 의미이므로 '수여동사'라고도 한다.
이 동사들은 〈동사+목적어+to[for/of] …〉의 SVO문형을 만들 수도 있다. SVO문형에서 간접목적어 앞에 어떤 전치사를
취하느냐에 따라 다음과 같이 구분한다.

- to ~: give, teach, bring, show, lend, send, hand, pay, offer, tell, promise 등
- for ~: buy, get, bring, make, find, call, cook, order, choose, prepare 등
- of ~: ask

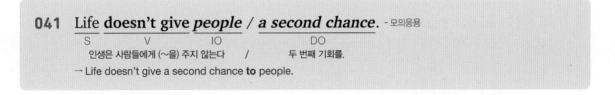

041 Life **doesn't give** *people* / *a second chance*. - 모의응용
   S   V   IO   DO
  인생은 사람들에게 (~을) 주지 않는다 / 두 번째 기회를.
 → Life doesn't give a second chance **to** people.

042 Time and experience will teach you priceless lessons.

043 Nobody can bring you peace but yourself. - Ralph Waldo Emerson ((美 사상가이자 시인))

044 Imagination offers us feelings of happiness.

045 I wish you a Merry Christmas and a Happy New Year.

046 Money can't buy us good health.

047 The friendly librarian found the student the book about Roman history.

048 Can I ask you a favor?

영작 직결 ▶ 다음 우리말과 일치하도록 괄호 안에 주어진 어구를 순서대로 배열하시오.
아빠는 <u>우리 가족에게</u> 감자로 만든 다양한 요리를 때때로 <u>만들어주신다</u>.
(our family, with potatoes, various dishes, makes)

049 My dad sometimes _____.

중요

SVOC

목적격보어(C)는 목적어(O)가 '누구, 무엇'인지, 또는 목적어의 성질, 상태 등이 '어떤지'를 설명한다. O와 C는 의미상 '주어–술어 관계'라서 'O는 C이다, O가 C하다' 등으로 해석된다. 보어로 쓰이는 것은 여러 가지만, 기본이 되는 (대)명사, 형용사, 〈전치사＋명사〉구에 대해 우선 알아보자. 보어가 (대)명사일 때 목적어는 곧 보어와 같다(O＝C).

$$S+V+\underset{\substack{\text{└─＝─┘}}}{\underset{O\quad C}{}}\text{(명사)} \qquad S+V+\underset{O\quad C}{}\text{(형용사, 〈전치사＋명사〉구)}$$

SVOC문형을 만들 수 있는 동사들은 다음과 같다.

- make O를 C로 만들다[되게 하다]
- get, drive O를 C의 상태로 만들다[되게 하다]
- keep, leave O를 C인 상태로 두다
- think, consider, feel, believe O가 C라고 생각하다
- find O가 C임을 알게 되다[깨닫다]
- call O를 C라고 부르다 / name O에게 C라는 이름을 지어주다

---

050 <u>Accepting our imperfections</u> / **can make** / *us better people*.
　　　　　　S　　　　　　　　　　　　　V　　　　　O　　　C(명사)
　　　　우리의 결점을 인정하는 것이　　　 /　 만들 수 있다　/　 우리를 더 나은 사람들로.

051 <u>Studying history</u> / **can make** / *you more knowledgeable*. - 모의응용
　　　　　　S　　　　　　　　V　　　　O　　　　C(형용사)
　　　역사를 공부하는 것은　 /　만들 수 있다　/　　여러분을 더 박식하게.

---

052 The uncommonly dry weather drove the fire out of control.

053 The noise from outside kept me awake all night.

054 I think some documentaries on TV very educational.

055 Sports commentators considered him this year's best player.

　　　　　　　　　　　　　　　　　　　　　　*commentator (신문·방송의) 해설가

056 I found the information very useful to our work.

　　cf. I found a great resource for environmentally friendly products.

　　　　　　　　　　　　　　　　　　　　*environmentally friendly 환경 친화적인

057 Some people call the brain a living computer.

영작 직결 **[058-059]** 다음 우리말과 일치하도록 괄호 안의 어구를 활용하여 영작하시오. (필요하면 어형 변화 가능, 단어 추가 불가)

많은 독자들은 이 책이 영어를 배우는 데 도움이 된다는 것을 알게 되었다.

(help, this book, in learning English, find)

058 Many readers _____.

우리는 그가 자신의 임무 수행에 있어 정직하다고 생각한다.

(he, of his duties, honest, in the performance, believe)

059 We _____.

TIP ▶ **SVOO와 SVOC(명사 보어)의 구별**

SVOC문형에서 명사 보어는 O=C이지만, SVOO문형에서 원칙적으로 목적어는 서로 다른 대상(IO≠DO)이다.

My mom made me a cake. (SVOO: 엄마는 나에게 케이크를 만들어주셨다.)

My mom made me a good person. (SVOC: 엄마는 나를 좋은 사람으로 만들어 주셨다.)

UNIT 07 주의해야 할 동사와 문형

동사의 우리말 의미 때문에 그 동사가 만드는 문형을 착각할 수 있으므로 주의해야 한다.

SVO문형 중 일부는 목적어가 '~을[를]'이 아니라 '~에(게), ~와' 등으로 해석된다. 이 때문에 전치사를 목적어 앞에 덧붙이기 쉬우므로 동사와 목적어를 함께 묶어 '어구'로 외워둘 것을 권한다.

- **discuss** ~~about~~ **the matter** 문제에 대해 논의하다
- **answer** ~~to~~ **the question** 질문에 답하다
- **enter** ~~into~~ **the room** 방에 들어가다
- **attend** ~~at~~ **the meeting** 회의에 참석하다
- **approach** ~~to~~ **the moon** 달에 접근하다
- **reach** ~~to~~ **London** 런던에 도착하다
- **mention** ~~about~~ **his book** 그의 책에 **관해** 언급하다
- **resemble** ~~with~~ **my father** 우리 아버지**와** 닮다
- **marry** ~~with~~ **Jane** 제인**과** 결혼하다
- **suit** ~~with~~ **you** 너에게 어울리다

060 Analysts **are discussing** / *possible causes* (of the air crash).

S / V discuss ~~about~~ O

분석가들은 논의 중이다 / 가능한 원인들에 대해 (그 비행기 사고의).

061 After two hours' walk, we finally reached the coast.

062 He answered my text message about an hour later.

cf. I didn't get an answer to my text message last night.

063 The job would suit someone with computer knowledge.

아래 동사들은 형태와 의미가 비슷하여 문형을 혼동할 수 있으므로 주의해야 한다. 역시 어구로 외워두도록 하고, 각 동사의 변화형도 함께 기억해두자.

- **lie** on the ground 땅에 **놓여 있다[눕다]**
  (lie-lay-lain-lying)
  lie dirty 더러운 **채로 있다**
  lie to me 내게 **거짓말하다** (lie-lied-lied-lying)
- **lay** it on the floor 바닥에 그것을 **놓다** (lay-laid-laid)
  lay an egg 알을 **낳다**

- **rise** slowly 서서히 **(떠)오르다** (rise-rose-risen)
- **raise** a hand 손을 **들다** (raise-raised-raised)
  raise prices 가격을 **올리다**
  raise a child 아이를 **기르다**

---

064 The dog **was lying** / on a wooden table.
S   V   M
그 개는 누워 있었다   /   나무로 된 탁자 위에.

어법 직결 [065-068] 다음 문장의 네모 안에서 어법상 알맞은 것을 고르시오.

065 I lied / lay awake last night. I was not able to sleep.

066 Galileo Galilei lied / laid the foundation of modern science.

067 Please rise / raise your hand when you need assistance.

068 During warm periods, glaciers melt and the sea level rises / raises .

*sea level 해수면

우리말로 '~해주다'란 해석이 자연스럽지만 SVOO문형을 만들 수 없고 SVO문형으로만 쓰이는 동사들에도 주의하자.

- **explain** A to B A를 B에게 설명하다[설명해주다]
- **introduce** A to B A를 B에게 소개하다[소개해주다]
- **suggest[propose]** A to B A를 B에게 제안하다

---

069 She **explained** *the situation* / clearly *to me*.
S   V   O   M   M
그녀는 그 상황을 설명해줬다   /   나에게 명확하게.
(She explained me the situation clearly. (×))

---

070 Travel can introduce to us new people, experiences, and foods.

071 He suggested a different idea to us.

CHAPTER 02

주어의 이해

Chapter Overview

문장에서 주어, 동사만 잘 찾아도 독해의 반은 해결된다는 말이 있을 정도로 주어 찾기는 문장 이해의 기본이다.

주어를 잘 찾으려면, 주어가 될 수 있는 다양한 형태를 우선 알아두어야 한다. 주어가 될 수 있는 것은 대표적으로 명사가 있지만 명사구(to-v구, v-ing구)나 명사절(that[whether, what] ~)도 주어가 될 수 있다. 또한 진짜 주어가 문장 앞에 위치하지 않는 구문을 이해하는 것도 중요하다.

문장의 주어 외에도, to부정사/동명사의 '의미상의 주어'에 대해서도 함께 알아보자.

Chapter Goals

1 문장에서 주어가 될 수 있는 다양한 형태를 말할 수 있다.
2 it ~ to-v 구문이 포함된 문장을 해석할 수 있다.
3 to부정사/동명사가 쓰인 문장에서 의미상의 주어를 찾을 수 있다.
4 it이 별다른 뜻 없이 '주어' 자리에 쓰인 문장을 해석할 수 있다.

Must-know
Words &
Lexical
Phrases

UNIT 08 •

072 **be good for** ~에 좋다

mental 정신의, 마음의

keep journals 일기를 쓰다

cf. journal 일기; 잡지; 신문

073 **cram** 벼락공부를 하다

seem like ~인 것 같다

074 **help O (to-)v** O가 v하도록 돕다

076 **try to-v** v하려고 노력하다[애쓰다]

point of view 관점 (= viewpoint, perspective)

077 **search for** ~을 찾다[탐구하다]

possibility 가능성 (= likelihood); 기회 (= opportunity, chance)

inquisitive 탐구심이 많은

cf. inquire 질문을 하다, 묻다

essential 필수적인 (↔ inessential 꼭 필요한 것은 아닌); 본질적인

078 **common** 일반적인; 공통적인; 흔한 (↔ uncommon 보기 드문)

UNIT 09 •

081 **will** 의지; 유언(장)

082 **go extinct** 멸종되다

cf. extinct 멸종된; 활동을 멈춘

cf. extinction 멸종, 소멸

academic 학문의, 학업의

084 **affect** 영향을 미치다

085 **in v-ing** v할 때, v함에 있어서

make a proposal 제안하다

cf. proposal 제안; 청혼

logical 논리적인; 타당한 (↔ illogical 비논리적인; 터무니없는)

cf. logic 논리(학); 타당성

086 **climate** 기후

be vital to-v v하는 데에 필수적이다

assess 가늠하다; 평가하다

current 현재의; 통용되는; 해류

ⓘ currency 화폐, 통화

단어를 미리 알면, 구문 학습이 더 쉬워져요!

명사구 주어

주어가 될 수 있는 명사구는 to-v구, v-ing(동명사)구이며, 'v하는 것은, v하기는'으로 해석한다.
명사구 주어는 단수로 생각하여 단수동사로 받는다.

주어(v하는 것은, v하기는)	단수동사
To-v ~ v-ing ~	V~

---

072 To express feelings / is good / for your mental health.
　　　　S　　　　　V　C　　　　　　M
감정을 표현하는 것은　/　좋다　/　당신의 정신 건강에.

(= **It** is good for your mental health **to express feelings**.)
• to부정사는 주어로 쓰일 수 있지만 대부분 가주어 it을 사용하여 표현한다. ◀ UNIT 11

cf. **To express feelings, / we can keep journals.**
　　　　부사구　　　　　　S　　V　　　O
감정을 표현하기 위해,　/　우리는 일기를 쓸 수 있다.

073 Cramming for an important exam / seems like a bad idea!
　　　　　　　　S　　　　　　　　　V　　　　　C
중요한 시험을 위해 벼락공부를 하는 것은　/　나쁜 생각인 것 같다!

---

074 To read your own essay aloud can help you find the errors. - 모의응용

075 Not to know is bad. Not to wish to know is worse. - Proverb

076 Trying to see the other person's point of view is a good rule in life.

077 Searching for new possibilities with an inquisitive mind is essential to be successful. - 모의응용

078 Not getting enough sleep is a common cause of dark circles under the eyes.
　　　　　　　　　　　　　　　　　　　　　　　　　　　　　　　- 모의응용

영작 직결 ▶ 다음 우리말에서 주어에 해당하는 부분에 밑줄 긋고, 괄호 안의 어구를 활용하여 영작하시오. (필요하면 어형 변화 가능)

사람들의 이름을 기억하는 것은 관계 형성을 향한 첫 번째 단계이다.　　　*relationship building 관계 형성

(the first step, people's names, be, towards, remember, relationship building)

079 _____

UNIT 09 명사절 주어 I

명사절을 이끄는 접속사는 매우 다양하다. 우선, 아래와 같은 명사절이 주어가 되는 경우에 대해 먼저 알아보자.
명사절 주어도 단수동사로 받는다.

- 접속사 that+S′+V′ ~: S′가 V′하는 것은
- 접속사 whether+S′+V′ ~ (or not): S′가 V′인지(아닌지)는
- 의문부사 when[where, how, why]+S′+V′ ~: 언제[어디서, 어떻게, 왜] S′가 V′하는지는

---

080 <u>That we are curious about others</u> // is natural.

우리가 다른 사람들에 대해 궁금해하는 것은 // 자연스러운 일이다.

(= **It** is natural **that we are curious about others**.)

· that절은 주어로 쓰이는 일이 매우 드물며 대부분 가주어 it을 사용하여 표현한다. ◀ UNIT 11

081 <u>Whether you will succeed or not</u> // depends on your will.

네가 성공할 것인지 아닌지는 // 너의 의지에 달려 있다.

(= **It** depends on your will **whether[if] you will succeed or not**.)

---

082 When Neanderthals went extinct is discussed in this academic journal.

*Neanderthal 네안데르탈인(의)

083 Where you come from is less important than where you're going.

084 How you control and use your imagination affects the quality of your life.

- Dr. T. P. Chia ((싱가포르 정치운동가))

085 In making a proposal, why you want to achieve your purpose should be clear and logical.

영작 직결 ▶ [086-087] 다음 우리말에서 주어에 해당하는 부분에 밑줄 긋고, 괄호 안의 어구를 활용하여 영작하시오. (필요하면 단어 추가 및 어형 변화 가능)

기후가 어떻게 변해 왔는지는 현재의 지구온난화 추세를 가늠하는 데 매우 중요하다. (have changed, climate)

086 _____ is vital to assess current global warming trends.

- 모의응용

당신이 부유한지 가난한지는 우리 우정에 영향을 미치지 않는다.

(do, rich or poor, not, our friendship, be, you, affect)

087 _____

명사절 주어 Ⅱ

의문대명사인 who, what, which도 주어가 되는 명사절을 이끌 수 있다.
의문대명사가 명사절에서 주어 역할을 할 때는 동사가 뒤따르고, 목적어 역할을 할 때는 명사절의 주어와 동사가 뒤따른다.
whose, what, which는 뒤의 명사를 수식하는 형용사로도 쓰일 수 있다.

주절의 동사(V)와 명사절의 동사(V′)를 잘 구별하도록 한다.

- who[what, which]+V′ ~ // V ~: 누가[무엇이, 어느 쪽이] V′하는지는 ~
  명사절 S
- who(m)[what, which]+S′+V′ ~ // V ~: S′가 누구를[무엇을, 어느 쪽을] V′하는지는 ~
  명사절 S

---

088 <u>Who will be the next president</u> // is determined / by voters.
S   V   M
누가 다음 대통령이 될지는   //   결정된다   /   유권자들에 의해.

089 <u>Whose idea will be adopted</u> // remains confidential.
S   V   C
누구의 아이디어가 채택될지는   //   기밀로 유지된다.

---

090 What causes Alzheimer's Disease is not exactly known yet.

*Alzheimer's Disease 알츠하이머병 ((노인성 치매의 가장 흔한 원인질환))

091 What is considered a status symbol will differ among cultures. - 수능응용

*status symbol 높은 사회적 신분의 상징

092 What we see depends mainly on what we look for. - John Lubbock ((英 고고학자))

093 In the movie, whom the main character marries interests the audience.

094 What great thing will happen in our life is anybody's guess.

*anybody's guess 모두 짐작만 할 뿐인 것, 누구도 확실히 모르는 것

095 Which city will host the next Olympic Games will be announced today.

영작 직결❯ 다음 우리말에서 주어에 해당하는 부분에 밑줄 긋고, 괄호 안의 어구를 활용하여 영작하시오. (필요하면 어형 변화 가능)
어느 친구들을 당신이 선택하는지는 당신의 인생에 중요한 영향을 미친다.
(you, on your life, major, friends, have, choose, which, a, influence)

096 _____

UNIT 11 가주어 it

'to-v구'나 '명사절'이 주어인 경우, 대부분 it을 주어 자리에 쓰고 진짜 주어(진주어)는 뒤로 보낸다. 이때의 it을 '가주어' 또는 '형식주어'라고 한다. it은 해석하지 않고 진주어를 주어로 하여 해석한다.

$$\begin{matrix} \text{To-v} \sim \\ \text{That / Whether} \sim \\ \text{의문사} \sim \end{matrix} \Big] + \text{V} \sim \Rightarrow \underset{\text{(가주어)}}{\underline{\text{It}}} + \text{V} \sim \Big[\begin{matrix} \text{to-v} \sim \\ \text{that / whether} \sim \\ \underset{\text{(진주어)}}{\underline{\text{의문사}} \sim} \end{matrix}$$

동명사구는 대부분 주어 자리에 그대로 쓰며 가주어 it을 사용하는 것은 몇몇 관용표현뿐이다.

• **it** is no use **v-ing** v해도 소용없다   • **it** is worth **v-ing** v하는 것은 가치가 있다

---

097 **It's a delight** / **to trust somebody so completely.** - Jeff Goldblum ((美 배우))
S(가주어) V　C　　　　　　　　　　S'(진주어)
(~은) 기쁨이다　/　　　　　누군가를 완전히 믿는 것은.

098 **It is true** // **that health is above wealth.**
S(가주어) V　C　　　　　　　S'(진주어)
(~은) 진실이다　//　　건강이 재산보다 위에 있다는 것은.
↳ 건강이 재산보다 중요하다는 것은 진실이다.

---

099 It is not good to use the same reading speed to handle different types of books. - 모의응용

100 It's important to remember that good decisions can still lead to bad outcomes. - 모의

101 It's no wonder that too much fast food can contribute to obesity.

102 At this time, it is not certain whether there are aliens out there.

103 It can be explained by physics how an airplane flies.

104 It is a mystery why he left his seat all of a sudden.

105 It is no use crying over spilt milk. - Proverb

106 It is worth challenging our thinking to create a new attitude.

UNIT 12 to부정사의 의미상의 주어

to-v의 v를 행하는 주체를 문장의 주어와 구별하여 '의미상의 주어'라 한다. 의미상의 주어와 to-v는 '주어-술어' 관계 (nexus)이므로 'A가 v하다'로 해석한다.
의미상의 주어가 문장의 주어, 목적어 등과 일치하면 문장에 별도로 표시하지 않는다. ◁ Further Study p.41

의미상의 주어를 〈for A〉의 형태로 to-v 앞에 둔다.

107 It is important / ***for students*** to keep up with / modern digital trends.
　　　S(가주어) V　　C　　　　의미상의 주어　　　　　　　　　　　　　　　S′(진주어)
　　　(~은) 중요하다　/　　　학생들이 따라가는 것은　　　/　　　현대 디지털 트렌드에.

108 Real leaders make space (***for others*** to shine).
　　　　　　S　　　V　　O　　의미상의 주어　　　M
　　　진정한 리더들은 공간을 만들어 준다　　(다른 사람들이 빛날).
　　↘ 진정한 리더는 다른 사람들이 능력을 발휘할 기회를 만들어 준다.

109 It is natural for words to change their meaning over time. - 모의응용

110 The pedestrians are waiting for the lights to change from red to green.

영작 직결 ▶ 다음 우리말과 일치하도록 괄호 안에 주어진 어구를 순서대로 배열하시오.

우리 신입 사원들이 모든 부서에서 경험을 쌓는 것이 권고됩니다.

(to, our new employees, is, experience, it, gain, recommended, for)

111 ＿＿＿＿＿＿＿＿＿＿＿＿＿＿＿＿＿＿＿＿＿＿＿＿＿＿＿

in all departments. - 모의응용

아래와 같은 일부 형용사가 be동사의 보어인 경우 의미상의 주어를 〈of A〉로 나타낸다. 주로 사람의 행동(to-v의 내용)에 대해 '칭찬'이나 '비난'하는 내용이다.

- 칭찬: good, kind, nice, wise, generous, polite, clever, considerate 등
- 비난: careless, rude, foolish, stupid, cruel 등

112 It was careless ***of you*** / to lose your umbrella again.
　　　S(가주어) V　　C　　의미상의 주어　　　　　　S′(진주어)
　　　네가 조심성이 없었구나　　/　　우산을 또 잃어버리다니.

113 It is wise of you not to open e-mail attachments from an unknown source.
　　　　　　　　　　　　　　　　　　　　　　　　　　　　　- 모의응용

UNIT 13 동명사의 의미상의 주어

동명사의 의미상의 주어를 나타낼 때는 '소유격(my, your, his 등)'을 쓰는데, 구어체에서는 '목적격(me, you, him 등)'을 많이 쓴다. 소유격으로 나타내기 어려운 사물 명사도 '목적격'을 쓴다.

---

114 I really appreciate / *your* helping me with my homework.
　　　문장의 주어 M　　　V　　　의미상의 주어　　　　　　　　　　O
　　　　　　　　　　　　　(v-ing를 행하는 주체=소유격)
　　　　　　나는 정말 고맙다　　　/　　　네가 내가 숙제하는 것을 도와줘서.

115 In spite of *the sun* shining through the window, / the air was chilly.
　　　　전　　　의미상의 주어　　　　전치사의 목적어　　　　문장의 주어　V　C
　　　　　(v-ing를 행하는 주체(사물 명사)=목적격)
　　　　　　창문으로 햇빛이 들었음에도 불구하고　　　　　/　　　공기는 차가웠다.

---

116 Making a small request to people can increase the chances of their accepting a bigger request afterwards. - 모의응용

117 There is very little likelihood of my getting the scholarship this semester.

118 Peter's complaining about others will only make his situation worse.

119 Policymakers should keep in mind the possibility of well-made plans going wrong. - 모의응용

Further Study

의미상의 주어를 별도로 나타내지 않는 경우

1. 의미상의 주어 = 문장의 주어
   I have no money **to spend**. 나는 쓸 돈이 없다.

2. 의미상의 주어 = 문장의 목적어
   He wants *his dog* **to be healthy**. 그는 자신의 개가 건강하기를 원한다.

3. 의미상의 주어 = 주어 앞의 소유격 또는 수식 받는 명사 앞의 소유격
   My hobby is **going fishing**. 내 취미는 낚시 가는 것이다.
   Her wish **to become a model** came true. 모델이 되겠다는 그녀의 소원이 이루어졌다.

4. 의미상의 주어 = 일반인
   It's recommended **not to eat too much salt**. 너무 많은 소금을 먹지 않는 것이 권장된다.
   Teaching is **learning**. 가르치는 것은 배우는 것이다.

it을 주어로 하는 구문

it은 대명사나 가주어 외에도 다양한 구문에 쓰인다.

◗ 시간, 날씨, 거리, 명암, 요일, 막연한 상황 등을 나타내는 문장은 주어로 쓸 것이 마땅치 않으므로 it(비인칭 주어)을 사용한다.
가주어 it과 마찬가지로 해석하지 않는다.

---

120 **It snowed** / **in the Sahara desert** / **for 30 minutes** / **on Feb. 18, 1979.**
S   V   M   M   M
눈이 내렸다   /   사하라 사막에   /   30분 동안   /   1979년 2월 18일에. 〈날씨〉

---

121 How far is it from here to the nearest subway station?

122 It's Monday morning, and there's a long week ahead of us.

123 It's really noisy in here, so speak a little louder.

◗ 다음과 같은 구문에서도 it을 주어로 쓴다. 숙어처럼 알아두자.

- It takes + 사람 + 시간 + to-v: ～가 v하는 데 (시간이) 걸리다
- It seems[appears] that ~: ～인 것 같다, ～인 듯하다
- It happens that ~: 우연히[공교롭게도] ～하다

---

124 **It took me a long time** / not to judge myself / through someone else's eyes.
S V IO(사람) DO(시간)
                                - Sally Field ((美 배우))
내게 긴 시간이 걸렸다   /   내 자신을 판단하지 않는 데   /   다른 사람의 시선을 통해.

125 **It seems** // **that the medicine has helped him recover.**
S   V   C
～인 것 같다 //   그 약이 그가 회복하는 데 도움이 된 것.

(= *The medicine* seems to have helped him recover.)

---

126 It didn't seem that they were close friends.

127 It appears that we are lost. I don't know where we are.

128 To my surprise, it happened that I got an A in math.

CHAPTER

0 3

목적어의 이해

Chapter Overview

목적어로는 대부분 명사나 대명사가 쓰인다. 이때 대명사는 주격이 올 수 없고 목적격(me, you, them 등)만 가능하며, 명사구(to-v구, v-ing구)나 명사절이 목적어로 쓰일 수도 있다.
목적어는 동사의 목적어와 전치사의 목적어가 있다.

● **동사의 목적어**: ~을[를], ~에게

동사의 '동작이 가해지는 대상'으로서, 주로 우리말의 '~을, 를'에 해당한다.
동사 중에는 '~에게'에 해당하는 간접목적어를 가질 수 있는 것도 있다. ← UNIT 05
He hit **the ball** and ran. 그는 공을 치고 뛰었다.
　　　　O

He brought **me the ball**. 그는 내게 공을 가져다주었다.
　　　　　IO　DO

to-v, v-ing도 원래 동사에서 나온 것이므로 목적어를 가질 수 있다.
My mom wants *to visit* **Europe** someday. 우리 엄마는 언젠가 유럽을 방문하길 원하신다.
　　　　　　　　　V　　O

● **전치사의 목적어**

전명구는 〈전치사+(대)명사〉의 형태로 문장 안에서 '형용사구'나 '부사구' 역할을 한다. 이때 전치사 뒤에 나오는 (대)명사를 '전치사의 목적어'라 한다.
The book *on* **the table** is mine. 탁자 위의 책은 내 것이다.
　　　　전치사　전치사의
　　　　　　　목적어

Chapter Goals

1 to-v구를 목적어로 가지는 동사와 v-ing구를 목적어로 가지는 동사를 말할 수 있다.
2 to-v구를 목적어로 할 때와 v-ing구를 목적어로 할 때 의미가 달라지는 동사를 알맞게 해석할
　수 있다.
3 목적어 역할을 하는 명사절을 알맞게 해석하고 어순을 바르게 나열할 수 있다.
4 재귀대명사 목적어가 쓰이는 상황을 말할 수 있다.
5 전치사의 목적어로 가능한 명사구 형태와 명사절을 이끄는 접속사를 말할 수 있다.
6 가목적어 it이 포함된 문장의 형태를 알고 알맞게 해석할 수 있다.

Must-know
Words &
Lexical
Phrases

UNIT 15 •

129 **emotional** 감정의; 감정적인
　　state 상태; 국가; 말하다
130 **expectation** 기대, 예상
　　cf. **expect** 기대[예상]하다
133 **unfulfilling** 성취감이 없는, 만족스럽지 못한
　　cf. **fulfill** 만족시키다; 달성하다; 완료하다
　　the unknown 미지의 것(들) [세계]
135 **storyteller** 작가, 이야기꾼
　　grab the attention of ~의 관심을 끌다
137 **local** 지역의, 현지의; ((주로 복수형)) 현지인
　　politician 정치인, 정치가
138 **take responsibility for** ~을 책임지다
　　cf. **responsibility** 책임감, 의무
　　cf. **responsible** 책임(감)이 있는
140 **treatment** 치료; 대우
　　cf. **treat** 치료하다; 대하다, 취급하다
143 **injury** 상처, 부상

UNIT 16 •

144 **seed** 씨앗
145 **novelist** 소설가
　　cf. **novel** 소설; 새로운, 신기한
　　as ~ as possible 가능한 한 ~한[하게]
149 **aim** 목표(하다); 겨냥(하다)
　　trigger 방아쇠; (사건을 유발한) 계기; (일을) 촉발시키다
151 **be unable to-v** v할 수 없다 (↔ be able to-v v할 수 있다)
152 **make a decision** 결정하다 (= decide)
　　move on (잠시 멈췄던 길을) 계속 나아가다
　　look back (과거를) 되돌아보다
153 **value** 가치; ((복수형)) 가치관; 중요성; 소중히 여기다
155 **roadside** 길가의, 대로변의
　　stand 가판대; 서다; 견디다
　　direction 방향; 지시; 감독
158 **sufficiently** 충분히
　　cf. **sufficient** 충분한 (↔ insufficient 불충분한); 알맞은
　　at least 최소한, 적어도
159 **electric** 전기의, 전기를 이용하는

UNIT 17

160 journey (특히 멀리 가는) 여정, 여행

ⓘ **trip** (짧은) 여행; 이동

destination 도착지, 목적지

161 path 길; 방향; 진로, 경로

162 impact 영향[충격]을 주다; 영향; 충돌

perceive 인식하다, 감지하다; 여기다

cf. **perception** 인식; 지각, 자각

163 duty (도덕적 · 법적) 의무; 직무

justice 정의, 정당(성) (↔ injustice 불평등, 부당성)

164 neurologist 신경학자

remind O that O에게 ~을 상기시키다

warm-blooded 온혈의; 열렬한 (↔ cold-blooded 냉혈의; 냉혹한)

mammal 포유류

165 pay off 성공하다, 성과를 올리다

170 identify 찾다, 발견하다; (신원을) 확인하다; 동일시하다

cf. **identity** 신원; 정체성; 유대감

172 fault 잘못, 실수; 단점

cf. **faulty** 결함이 있는; 잘못된

173 announce 발표하다, 공고하다

crime 범죄

UNIT 18

180 superior 우수한; 상급자 (↔ inferior 열등한; 하급자)

181 regenerate (생물체의 일부분이) 재생되다[시키다]; 재건하다

182 protect A from B A를 B로부터 보호하다

worsen 악화되다[악화시키다] (= deteriorate)

184 compare A to B A를 B에 비교[비유]하다

cf. **comparison** 비교; 비유

self-esteem 자존감, 자부심

cf. **esteem** 존경(하다); 생각하다, 여기다

185 disguise 변장시키다[하다]; 변장

in place of ~을 대신해서 (= on behalf of)

187 to the end 끝까지, 최후까지

193 report 보도하다; 보고서

journalist 기자, 저널리스트

international 국제적인

conflict 갈등; 분쟁; 충돌[대립]하다

UNIT 19

194 still 가만히 있는, 정지한; 아직(도)

195 depend on A A에 달려 있다; A에 의존하다

196 cosmetic 화장품; 미용의

198 be busy (in) v-ing V하느라 바쁘다

balance 균형을 유지하다; 균형

199 have difficulty (in) v-ing V하는 데 어려움을 겪다

200 attitude 태도, 자세

make all the difference to[in] ~에 중요한 영향을 미치다

201 significant 중요한 (↔ insignificant 대수롭지 않은, 하찮은); (양 · 정도가) 상당한

202 repetitive 반복적인

cf. **repeat** 반복하다; 따라 하다

security 안정성, 안도감; 보안

UNIT 20

204 defeat 쳐부수다, 패배시키다; 좌절시키다; 패배

barrier 장벽; 장애물

205 evident 분명한, 눈에 띄는 (= obvious)

207 emphasize 강조하다

cf. **emphasis** 강조

211 look after A A를 돌보다 (= take care of A)

212 infant 유아; 유아용의

safeguard 보호하다

supplementary 보충의, 추가의

cf. **supplement** 보충[추가](하다)

UNIT 15

to부정사/동명사 목적어 Ⅰ

동사가 명사구를 목적어로 가질 때 어떤 동사는 to-v구만 가능하고 어떤 동사는 v-ing(동명사)구만 가능하다. 동사에 따라 목적어로 나올 수 있는 명사구의 형태를 잘 구분해서 알아둬야 한다.
대개 아래와 같이 to-v나 v-ing가 가지는 고유 의미와 동사의 의미가 서로 어울리는 것끼리 짝을 이룬다.

- **to-v**: 미래성(앞으로 할 일, 아직 하지 않은 일)
- **v-ing**: 현재성(지금 하고 있는 일) 또는 과거성(이미 끝나버린 일, 해본 일)

to-v구: v할 것을	v-ing구: v하는 것을, v한 것을
희망·기대: want, hope, wish, expect	종료: finish, stop, quit, give up
결심·계획: decide, determine, choose, plan	시인·부인: admit, deny
동의·거절·약속: agree, refuse, promise	감정: enjoy / **mind** ~하는 것을 꺼리다
기타: afford / need / learn / pretend ~하는 척하다	연기: **put off, postpone** ~할 것을 미루다
arrange ~하도록 마련하다 / fail ~하지 못하다[않다] 등	기타: practice 등
***manage** 간신히[용케] ~해내다	***consider** ~할 것을 고려하다 / **suggest** ~할 것을 제안하다 /
	avoid ~하는 것을 피하다 / **recommend** ~할 것을 추천하다

*굵은 글씨의 동사들은 to-v, v-ing의 고유 의미와 잘 맞지 않으므로 특히 주의해서 알아두자.

---

129 People want / to follow leaders (with positive emotional states). - 모의응용
        S   V   O
사람들은 원한다 / 지도자를 따르는 것을 (긍정적인 감정 상태를 지닌).

130 For a happier life, / quit / living according to others' expectations.
          M   V   O
더 행복한 삶을 위해서, / 그만두어라 / 다른 이들의 기대에 따라 사는 것을.

---

131 People in good health at the age of 60 can expect to live close to thirty more years. - 모의응용

132 Van Gogh decided to become an artist when he was 27 years old.

133 Some people choose not to leave an unfulfilling job because they fear the unknown.

134 People never plan to be failures; they simply fail to plan to be successful.

135 Great storytellers manage to grab the attention of readers from page one.

136 The UK stopped being a member of the EU in 2020.   *EU(European Union) 유럽연합

137 He didn't admit giving money to local politicians.

138 Do not avoid taking responsibility for your actions in any situation.

어법 직결 **[139-140]** 다음 문장의 네모 안에서 어법상 알맞은 것을 고르시오.

139 You should consider to change / changing your old passwords regularly.

140 Many people put off to go / going to the dentist because of their fear of treatment.

의문사 중에 what, where, how, when, which는 〈의문사+to-v〉 형태의 명사구로 쓰인다.
명사구이므로 주어, 목적어, 보어가 다 가능하지만 목적어로 가장 많이 쓰인다.

• what to-v 무엇을 v할지를
• where to-v 어디서 v할지를
• how to-v 어떻게 v할지를
• when to-v 언제 v할지를
• which to-v 어떤 것을 v할지를

141 I don't know / **what to choose as a profile picture**.
S   V   O
    나는 모르겠다   /   프로필 사진으로 무엇을 선택할지를.

142 He told me where to go, but not how to get there.

143 I asked when to use ice or heat on an injury.

to부정사/동명사 목적어 Ⅱ

to-v구와 v-ing구 모두를 목적어로 가질 수 있는 동사들이 있다. 어느 것이 목적어로 와도 별 의미 차이가 없는 것들도 있지만, 의미 차이가 있는 것들은 독해할 때 주의해야 한다.

◗ 의미 차이가 없는 동사들은 주로 '좋다, 싫다, 시작하다, 계속하다'의 의미를 가지는 것이다.

• like, love, hate, prefer, start, begin, continue 등

---

144 Men love / to wonder[wondering], // and that is the seed (of science).
　　　 S₁　V₁　　　　　　O₁　　　　　　　　　　　S₂　V₂　　C₂

　　　　　　　　　　　　　　　　　　　　　　　　　　　　- Ralph Waldo Emerson ((美 시인))

　　　 인간은 매우 좋아한다 /　　　 궁금해하기를,　　 //　　 그리고 그것이 씨앗이다　　 (과학의).

---

145 Some novelists prefer to include[including] as many characters as possible in their stories. - 모의

146 You begin to feel[feeling] thirsty when your body loses 1% of its water.

◗ 의미 차이가 있는 동사들은 to-v, v-ing가 가진 고유 의미에 주목하여 알아두자.

to-v (미래성: 하지 않은/못한 일)		v-ing (과거성, 현재성: 했거나 하고 있는 일)	
remember to-v	(앞으로) v할 것을 기억하다, 잊지 않고 v하다	remember v-ing	(과거에) v한 것을 기억하다
forget to-v	(앞으로) v할 것을 잊어버리다	forget v-ing	(과거에) v한 것을 잊어버리다
regret to-v	(앞으로) v하게 되어 유감이다	regret v-ing	(과거에) v한 것을 후회하다
try to-v	v하려고 노력하다[애쓰다]	try v-ing	시험 삼아[그냥] 한번 v해 보다
		*stop v-ing	v하는 것을 멈추다

*stop은 v-ing만 목적어로 취하는 동사이다. stop to-v는 'v하려고 멈추다'를 의미하므로 to-v는 목적어가 아니라 부사 역할이다. ◁── UNIT 54

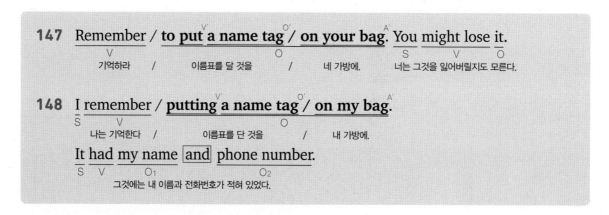

147 Remember / to put a name tag / on your bag. You might lose it.
　　　　　　V　　　　　　O'　　　　A'　　　　 S　　V　　O
　　　 기억하라 /　　 이름표를 달 것을 /　　 네 가방에.　　 너는 그것을 잃어버릴지도 모른다.

148 I remember / putting a name tag / on my bag.
　　　 S　　V　　　　　　O'　　　　　 A'
　　　 나는 기억한다 /　　 이름표를 단 것을 /　　 내 가방에.

　　　 It had my name and phone number.
　　　 S　V　　O₁　　　　　　O₂
　　　 그것에는 내 이름과 전화번호가 적혀 있었다.

149 Have an aim in life — then don't forget to pull the trigger.

150 I'll never forget hearing this song for the first time.

151 We regret to say that we are unable to help you.

152 Don't regret making a wrong decision. Learn from it, move on, and don't look back!

153 Don't try to become a man of success but rather try to become a man of value.

154 The company provides a free play version of the game so that everyone can try playing it online.

155 Winners never stop learning. - 모의

    cf. At a roadside stand, we stopped to ask for directions.

<u>어법 직결</u>▸ [156-157] 다음 문장의 네모 안에서 어법상 알맞은 것을 고르시오.

156 We couldn't stop to laugh / laughing because the comedy show was so funny.

157 Don't forget to turn / turning off your cell phone before the play starts.
- 모의

<u>어법 직결</u>▸ [158-159] 다음 글에서 밑줄 친 부분이 어법상 옳으면 ○, 틀리면 ✕로 표시하고 바르게 고치시오.

158 To sufficiently clean your teeth, you should brush for at least two minutes at least twice a day. Remember <u>brushing</u> your tongue, too. - 모의

159 A: The electric toy car stopped working.
    B: Try <u>to change</u> the battery. That will fix the problem.

UNIT 17 명사절 목적어

'접속사' that, whether, if(if는 주어절을 이끌지는 못한다)와 '의문사'가 이끄는 명사절이 목적어 역할을 할 수 있다.
의문사 명사절은 주어 역할(◁ UNIT 09, 10)을 하는 경우와 마찬가지로 의문문에서의 어순과 다른 것에 주의해야 한다.
특히 how절의 어순은 시험에 자주 출제된다. 또한, 주절이 do you think[believe, say 등]일 때는 의문사가 문장 맨 앞에
온다.

목적어절을 이끄는 that은 흔히 생략된다. whether/if절을 목적어로 많이 취하는 동사로는 ask, tell, know, wonder,
question 등이 있다.

- (that+) S′+V′ ~: S′가 V′하는 것을, S′가 V′라고
- whether/if+S′+V′ ~: S′가 V′인지(아닌지)를
- when[where, how, why]+S′+V′ ~: 언제[어디서, 어떻게, 왜] S′가 V′하는지를

*how+형용사[부사] S′+V′ ~: 얼마나 S′가 V′하는지를 /
 how+much/many+명사(S′+)V′ ~: 얼마나 많은 ~을 S′가 V′하는지를, 얼마나 많은 S′가 V′하는지를

---

160 I believe // (that) success is a journey, / not a destination. - 수능
나는 믿는다 // 성공은 여정이라고, / 도착지가 아니라.

161 I wonder // whether[if] I am on the right path in life.
나는 궁금하다 // 내가 인생에서 올바른 길로 가고 있는지 (아닌지).

162 Color can impact // how you perceive weight.
색상은 영향을 줄 수 있다 // 어떻게 여러분이 무게를 인식하는지에.
Dark colors look heavy, // and bright colors look less so. - 모의응용
어두운 색은 무거워 보인다. // 그리고 밝은 색은 덜 그렇게 보인다.

---

163 I think the first duty of society is justice. - Alexander Hamilton ((美 정치인))

164 Neurologists remind us that all warm-blooded mammals dream every night.

165 Only time will tell you whether your hard efforts will pay off.

166 Early humans wondered why the moon looked different every night. - 모의응용

167 Explore often. You will know how small you are and how big the world is.

168 We must show people we love how much they mean to us.

169 I wonder how many wishes a star can give. - Winnie the Pooh ((곰돌이 푸))

의문대명사인 who, what, which도 목적어가 되는 명사절을 이끌 수 있다. 의문대명사는 명사절에서 주어, 목적어, 보어로 쓰이며, whose, what, which는 뒤의 명사를 수식하는 형용사로도 쓰인다.

- who[what, which]+V′ ~: 누가[무엇이, 어느 쪽이] V′하는지를
- who(m)[what, which]+S′+V′ ~: 누구를[무엇을, 어느 쪽을] S′가 V′하는지를
- who(m)[what, which]+S′+V′ ~: S′가 누구[무엇, 어느 것]인지를

170 Find out / **what gives you joy** // and do it. It will identify your values. - 모의응용
V₁   O₁   V₂ O₂ S   V   O
찾아내라 / 무엇이 너에게 기쁨을 주는지를 // 그리고 그것을 해라. 그것이 너의 가치관을 찾아줄 것이다.

171 I haven't decided // **what I should buy** / for Parents' Day.
S   V   O (= what to buy ~)
나는 정하지 못했다 // 무엇을 사야 할지 / 어버이날에.

172 Never mind // **whose fault it is**. Instead, fix the problem.
V   O   V   O
신경 쓰지 마라 // 그것이 누구의 잘못인지를. 대신에, 문제를 해결하라.

173 The police will announce who is responsible for the crime.

174 The past doesn't decide who we are. The present does.

175 Tell me which color you like better. Pink or blue?

176 What do you believe makes life worth living?

영작 직결 ▶ 다음 우리말과 일치하도록 괄호 안에 주어진 단어를 순서대로 배열하시오.
그 스릴러 영화에서, 주인공은 자신이 누구를 믿을 수 있을지를 알지 못했다.
(could, didn't know, trust, whom, he, the main character)

177 In the thriller movie, _____.

UNIT 18 재귀대명사 목적어

목적어는 주어가 하는 동작의 대상이므로 원칙상 주어와 목적어는 서로 다른 것(S≠O)이다. 그러나 동작이 주어 자신에게 행해져서 S=O인 경우에는 목적어로 재귀대명사를 사용하고 '자신을', '자신에게'라고 해석한다. 재귀대명사는 준동사구 (to-v구, v-ing구, 분사구)의 목적어가 의미상의 주어와 일치하는 경우에도 사용된다. *재귀대명사의 '강조' 역할 ◁ UNIT 95

178 Children like talking about **themselves**. (Children = themselves)
S　V　　　　　　O
아이들은 자신들에 대해 이야기하는 것을 좋아한다.

cf. Children like talking about *them*. (Children ≠ them)
S　V　　　　　　O
아이들은 그들에 대해 이야기하는 것을 좋아한다.

179 Put **yourself** / in another person's shoes / to understand their perspective.
V　O　　　　　　A　　　　　　　　M
너 자신을 놓아라 / 다른 사람의 입장에 / 그들의 관점을 이해하기 위해.

180 The superior man blames himself. The inferior man blames others.
- Don Shula ((美 풋볼 코치))

181 The body can repair itself: the liver regenerates and bones grow back.

182 We protect ourselves from the worsening air quality by wearing masks.

183 To make myself mentally stronger, I try to forget about the past and focus on the now.

184 Comparing ourselves to others can have a negative impact on our self-esteem.

어법 직결 ▶ 다음 밑줄 친 부분이 어법상 옳으면 ○, 틀리면 ×로 표시하고 바르게 고치시오.

185 In the movie *Mulan*, the main character disguises <u>her</u> as a man to enlist in the army in place of her father.　*enlist 입대하다; (협조를) 요청하다

재귀대명사는 다음과 같은 관용표현에서도 자주 쓰인다.

● 타동사+목적어

devote *oneself* to 명사/v-ing ～에 전념하다[몰두하다]	commit *oneself* to 명사/v-ing ～에 전념하다[헌신하다]
dedicate *oneself* to 명사/v-ing ～에 전념하다[헌신하다]	apply *oneself* to 명사/v-ing ～에 전념하다
help *oneself* (to) 명사 (～을) 마음껏 먹다	absent *oneself* (from) (～에) 결석하다
avail *oneself* of ～을 이용하다	make *oneself* at home (스스럼없이) 편히 지내다
enjoy *oneself* 즐기다, 즐겁게 보내다	behave *oneself* 예의 바르게 행동하다

● 전치사+목적어

by *oneself* 홀로 (= alone); 혼자 힘으로 (= for *oneself*)	of *itself* / of *themselves* 저절로, 자연히
in *itself* / in *themselves* 원래, 그 자체로는	between *ourselves* 우리끼리 얘긴데
beside *oneself* 제정신이 아닌	come to *oneself* 제정신이 들다

---

186 I will **devote myself** / **to** something [that makes my life more interesting].
S V O 전 O′
=
나는 전념할 것이다 / 무언가에 [나의 인생을 더욱 재미있게 만드는].

187 Doing your best to the end / is great **in itself.**
S V C
끝까지 최선을 다하는 것은 / 그 자체로 훌륭하다.

---

188 Guests of our hotel can avail themselves of various indoor sports.

189 We should enjoy ourselves while we can. Life is too short.

190 Commit yourself to something you have passion for. - Bill Walsh ((美 풋볼 코치))

191 I learn much more by traveling by myself. - Roberto Cavalli ((이탈리아 패션디자이너))

192 If I do my full duty, the rest will take care of itself.

영작 직결▶ 다음 우리말과 일치하도록 괄호 안의 어구를 활용하여 빈칸을 완성하시오. (필요하면 단어 추가 및 어형 변화 가능)

그 기자들은 국제 갈등을 <u>보도하는 데 전념했다</u>. (dedicate, report, them)

193 The journalists _____ _____ _____ _____
international conflicts.

UNIT 19 전치사의 목적어

전치사의 목적어로는 대부분 (대)명사가 쓰이는데, 여기서는 주로 명사구[절]가 쓰이는 경우를 알아보자.

- 명사구: v-ing(동명사)구 (to-v는 쓸 수 없다.)
- 명사절: 의문사 ~ / 접속사 whether ~

*that절은 원칙적으로 전치사의 목적어로 쓸 수 없지만 in that(~라는 점에서), except that(~라는 것 외에는)은 가능하다.

---

194 Don't be afraid *of* growing slowly; // be afraid only *of* standing still.
 V₁ C₁ 전 O′(전치사의 목적어) V₂ C₂ 전 O′(전치사의 목적어)
 더디게 성장하는 것을 두려워하지 마라, // 가만히 멈춰 서 있는 것만 두려워해라.

195 The future depends *on* / what we do in the present. - Mahatma Gandhi
 S V 전 O′
 미래는 (~에) 달렸다 / 우리가 현재 무엇을 하느냐에.

---

196 We object to using animals for the testing of cosmetics.

197 Forgive yourself for making mistakes. You need to learn from them.

198 Working parents are busy in balancing their work and home responsibilities.

199 Even highly skilled workers had difficulty in finding work during the Great Depression of the 1930s.   *the Great Depression ((경제)) 대공황

200 Your attitude makes all the difference to how your day will begin and end.

201 Be certain of your decision regardless of whether it is small or significant.

202 A repetitive schedule gives us a sense of security, in that we know what is coming next. - 모의응용

203 The food was awesome, except that we had to wait for an hour.

주의해야 할 전치사의 목적어

1. 〈전치사 to+v-ing〉
   - object to v-ing: v하는 것에 반대하다
   - be opposed to v-ing: v하는 것에 반대하다
   - be used[accustomed] to v-ing: v하는 데 익숙하다
     cf. be used to-v: v하는 데 쓰이다
   - look forward to v-ing: v하기를 고대하다
   - be dedicated[committed, devoted] to v-ing: v하는 데 헌신하다
   - adjust to v-ing: v하는 것에 적응하다
   - when it comes to v-ing: v하는 것에 관한 한

2. 〈전치사+명사〉 vs. 〈전치사+동명사〉
   - 전치사 뒤에는 명사와 동명사 모두 가능하지만, 뒤에 목적어가 바로 올 수 있는 것은 동명사이다.
   You can't cross the sea merely by **observing** the water. - Rabindranath Tagore ((인도 시인 겸 철학자))
   observation (×)
   당신은 단지 물을 **지켜보는 것**만으로는 바다를 건널 수 없다.

   - 적절한 전치사를 이용하여 동명사를 명사로 바꿔 표현할 수도 있다.
   e.g. knowing the theory → knowledge **of** the theory
   　　　 이론을 아는 것　　　　　　이론에 대한 지식
   　　　 analyzing the causes → analysis **of** the causes
   　　　 원인을 분석하는 것　　　　원인에 대한 분석

가목적어 it

to-v구나 명사절 목적어 뒤에 짧은 보어나 수식어구가 오면 문장 전체 구조의 이해가 어려워진다. 이때는 목적어를 간단히 it(가목적어)으로 표시하고 진짜 목적어(진목적어)는 문장 뒤로 보낸다. 주로 SVOC문형에서 동사가 make, find, think, believe, keep, consider 등일 때 자주 나타난다.

$$S+V+O+C \Rightarrow S+V+\underset{\text{(가목적어)}}{\textbf{it}}+C+\begin{bmatrix} \text{to-v ...} \\ \text{that}+S'+V'... \end{bmatrix}$$
(진목적어)

가목적어 it은 아래와 같은 관용표현에서도 쓰인다.

• make **it** a rule to-v v하는 것을 규칙으로 하다   • take **it** for granted (that) ~을 당연하게 여기다

---

204 Education makes **it** possible / **to defeat all barriers**.
   S   V   O(가목적어) C   O'(진목적어)
         교육은 (~을) 가능하게 한다   /   모든 장벽을 부수는 것을.

205 The research made **it** evident // **that good sleep is key / to good health**.
   S   V   O(가목적어) C   O'(진목적어)
         그 연구는 (~을) 분명하게 했다   //   충분한 수면이 중요하다는 것을   /   건강에.

---

206 I found it difficult to finish the task in two hours.

207 Educators believe it wise to emphasize self-directed learning.

*self-directed learning 자기 주도 학습

208 You should keep it in mind that time waits for no one.

209 I make it a rule to plan for each day's work in the morning.

210 I take it for granted that opportunities don't always last.

어법 직결▶ 다음 문장의 네모 안에서 어법상 알맞은 것을 고르시오.

211 Governments are finding │it / that│ hard to look after the increasing number of old people. - 모의응용

영작 직결▶ 다음 우리말과 일치하도록 괄호 안의 어구를 활용하여 영작하시오. (필요하면 어형 변화 가능)

의사들은 보조비타민을 제공함으로써 유아들을 보호하는 것을 중요하다고 생각한다.

(it, infants, important, give, to safeguard, by, consider, supplementary vitamins)

212 Doctors _____ .

CHAPTER 04

보어의 이해

Chapter Overview

보어(C: Complement)는 〈SV〉, 〈SVO〉만으로는 문장의 의미가 불완전할 때 주어나 목적어를 보충 설명하여 문장의 의미를 완전하게 해준다. 주어를 보충 설명하면 주격보어, 목적어를 보충 설명하면 목적 격보어라 한다.

Life is.
삶은 이다. (의미가 불완전)

→ Life is **a miracle**. 〈주격보어〉
삶은 **기적**이다. (의미가 완전)

I'll make her.
나는 그녀를 만들겠다. (의미가 불완전)

→ I'll make her **happy**. 〈목적격보어〉
나는 그녀를 **행복하게** 해줄 것이다. (의미가 완전)

보어가 될 수 있는 것은 (대)명사, 형용사, 〈전치사+명사〉구인데, 이 챕터에서는 그 외에도 보어가 될 수 있는 다양한 형태의 어구나 절에 대해 알아본다.

Chapter Goals

1 주격보어가 될 수 있는 다양한 형태를 말하고 알맞게 해석할 수 있다.
2 목적격보어가 될 수 있는 다양한 형태를 말하고 알맞게 해석할 수 있다.
3 문장의 동사나 목적어와의 의미 관계에 따라 알맞은 형태의 목적격보어를 사용할 수 있다.
4 〈have+목적어+p.p.〉의 다양한 의미를 알고 문장에서 어떤 의미로 쓰였는지 알맞게 해석할 수 있다.

Must-know Words & Lexical Phrases

241 **continuous** 계속되는, 지속적인
cf. continue 계속되다
sharply 급격히; 날카롭게
243 **replace** 교체하다; (제자리에) 다시 놓다
toothbrush 칫솔
244 **go wrong** (일이) 잘못되다
245 **citizen** 국민; (특정 지역의) 시민
be likely to-v v할 것 같다, v할 가능성이 있다
246 **moderate** 적당한, 보통의; 완화하다
at one's best 가장 좋은 상태에서

UNIT 23 •

247 **count** (수를) 세다; 중요하다
249 **summarize** 요약하다
cf. summary 요약
250 **overpower** 압도하다, 제압하다
intelligence 지성, 지능
cf. intelligent 똑똑한; 지능이 있는
253 **temperature** 기온, 온도

UNIT 24 •

257 **earthquake** 지진
260 **guilt** 죄책감; 유죄 (↔ innocence 결백)
cf. guilty 죄책감을 느끼는; 유죄의
on the right[wrong] track 올바른[잘못된] 방향으로
261 **take action** 행동에 옮기다; 조치를 취하다
262 **go through** 경험하다, 겪다
263 **greasy** 기름기 많은 (= oily)
digestion 소화
cf. digest 소화시키다
264 **for no reason** 이유 없이, 공연히

UNIT 25 •

269 **examine** 점검하다, 조사하다
be filled with ~로 가득 차다 (= be full of)
270 **appropriate** 적절한 (↔ inappropriate 부적절한)
motivate 동기부여하다
272 **struggle** 노력(하다); 투쟁(하다)
273 **hatch** 부화시키다; 부화하다
275 **security** 보안, 경비
expose 노출시키다; 폭로하다

UNIT 26 •

276 **complete** 완성하다; 완벽한
277 **steal(-stole-stolen)** 훔치다
279 **deliver** 배달하다; (연설 등을) 하다
280 **intense** 집중적인; 강렬한, 극심한
ankle 발목
282 **contract** 계약(서); 수축하다
283 **all at once** 동시에, 한꺼번에; 갑자기
prioritize 우선순위를 정하다; 우선적으로 처리하다
cf. priority 우선 사항, 우선순위

다양한 주격보어

주격보어로는 (대)명사, 형용사, 〈전치사+명사〉구 외에도 부정사, 동명사, 분사, 명사절이 올 수 있다. 보어 명사절은 접속사 that, whether 또는 의문사 등이 이끈다. 주격보어가 필요한 동사는 be동사를 비롯하여 주어의 상태나 변화, 주어에 대한 생각이나 느낌 등을 의미하는 동사들이다. ◁ UNIT 03

부정사, 동명사, 명사절 주격보어는 주어가 '무엇'인지를 보충 설명하고, 분사 주격보어는 주어의 동작이나 상태를 보충 설명한다. 현재분사는 '능동(v하면서)'의 의미이고 과거분사는 '수동(v되어)'의 의미이다.

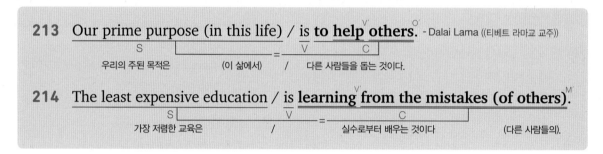

213 Our prime purpose (in this life) / is **to help others**. - Dalai Lama ((티베트 라마교 교주))
S · = V · C
우리의 주된 목적은 (이 삶에서) / 다른 사람들을 돕는 것이다.

214 The least expensive education / is **learning from the mistakes (of others)**.
S · V = C · M
가장 저렴한 교육은 / 실수로부터 배우는 것이다 (다른 사람들의).

215 The duty of the court system is to protect the rights of the people. - 수능응용

216 All you have to do is (to) vary your routine a little.

217 Forgiving someone is trying to look at things from their perspective.

218 Set your goal and keep moving forward. - Georges St-Pierre ((캐 격투기 선수))

219 You should stay focused on the daily tasks.

220 The mysteries surrounding Stonehenge remain unsolved.

*Stonehenge 스톤헨지 ((영국의 선사시대 유적))

> **TIP** **원형부정사 보어**
>
> 보어로 to부정사 대신 원형부정사를 사용할 수 있는 구문에 주의하자. 앞의 주어를 that이 생략된 관계대명사절이 수식하고 있는 구조에서 관계대명사절 내에 do동사가 쓰인 경우 등이다.
>
> *e.g.* All [(that) you have to do] is (to) **vary your routine a little**. 당신이 해야 할 모든 일은 **당신의 틀에 박힌 일상에 조금 변화를 주는 것**이다.
> S V C
> What we want to do is (to) **improve further**. 우리가 하고 싶은 것은 **한층 더 향상되는 것**이다.
> S V C

221 My point is that we're spending too much time on details.

222 The question is not whether we will die, but how we will live.
- Joan Borysenko ((美 심리학자))

223 The hot topic among students is who is going to be their homeroom teacher.

224 One of the hardest choices in life is which bridge we should cross.

225 The first lesson in driving is how you start the car.

주격보어로 to-v를 취하는 동사들은 숙어처럼 알아두자.
- seem[appear] to-v: v인 것 같다
- prove[turn out] to-v: v로 판명되다
- come[get, grow] to-v: v하게 되다
- happen to-v: 우연히[마침, 공교롭게도] v하게 되다

226 We **seem to learn** life's best lessons / at the worst times.
S   V   C
우리는 인생의 가장 좋은 교훈을 배우는 것 같다   /   가장 힘든 때에.

227 He didn't appear (to be) nervous, even before the big match.

228 Solving the climate problem has proved to be a challenge.

229 In a film, sometimes the least-expected person turns out to be the villain.
*villain (소설 · 영화 등의) 악당

230 We don't get to know people when they come to us; we must go to them to find out what they are like. - Goethe ((괴테. 독일 작가))

231 We happened to discover we had a few things in common.

Chapter 04 보어의 이해 **61**

UNIT 22 to부정사 목적격보어

목적격보어는 목적어를 보충 설명하는 것이다. 명사와 형용사(◀ UNIT 06)외에 to부정사(to-v)도 목적격보어로 쓰이는데, to-v 목적격보어는 목적어의 동작 · 상태를 서술한다.
즉, 〈목적어+to-v(목적격보어)〉는 O가 v하는 '주어–술어' 관계이다. ◀ Further Study p.63

to-v를 목적격보어로 취하는 동사들은 기본적으로 'S는 **O가 v하도록** 바라다, 요청하다, 설득하다' 등의 의미이다.

---

232 I *want* / my life **to have** a positive influence / on others.
S   V   O   C   M
나는 원한다 /   내 삶이 긍정적인 영향을 미치기를   /   다른 사람들에게.

cf. I want your advice / to learn this software.
      S   V   O   M
      저는 당신의 조언을 원합니다 /   이 소프트웨어를 배우기 위해.

---

233 Parents often expect their children to do better than they did.

234 A true friend never asks you to act like an angel. Instead, he becomes your angel.

235 The judge can order you to pay a maximum fine amount of $1,000.

236 Allow your passion to become your purpose and it will become your profession one day.

237 Experience enables you to recognize a mistake when you make it again.

238 Alone time forces you to take a break from everyday responsibilities.
- 모의응용

239 He persuaded me to eat less meat or try going vegetarian.

240 Strong leaders encourage you to do things for your own benefit, not just theirs. - Tim Tebow ((美 야구선수))

241 The continuous heavy rain causes the price of vegetables to rise sharply.

242 The review led me to believe that the hotel had an overbooking problem.

*overbooking 초과예약 ((비행기·호텔 등에서 한도 이상으로 예약을 받는 것))

243 Dentists advise us to replace our toothbrushes every three months.

244 Remind yourself to trust your own judgments when things go wrong.

245 The Foreign Minister warns citizens not to travel to countries that are likely to have terrorist attacks.

*Foreign Minister 외무부 장관

어법 직결 ▶ 다음 밑줄 친 부분이 어법상 옳으면 ○, 틀리면 X로 표시하고 바르게 고치시오.

246 A moderate amount of stress gets us <u>perform</u> at our best.

Further Study

목적어와 목적격보어 to-v, v, v-ing, p.p.

목적어와 목적격보어는 'O가 v하다'라는 '주어-술어'의 관계이다. 이를 줄여서 '주술관계'라고도 한다.

목적격보어로는 to-v가 가장 많이 쓰이지만 그 외에 v, v-ing, p.p.도 쓰인다. 목적격보어의 형태를 결정하는 것은 크게 다음과 같다.
1. 문장의 동사: 어떤 동사는 to-v를, 어떤 동사는 v를 목적격보어로 취한다.
2. 목적어와 목적격보어의 의미 관계: 능동이면 to-v, v, v-ing이고, 수동이면 p.p.이다.

이를 더 쉽게 이해하기 위해 SVOC문형을 두 개의 문장이 합쳐진 것이라고 생각해보자.
❶ I want you **to come** here.
   ⬅ I want you. + <u>You **will come**</u> here.
❷ I saw her **sing** the song.
   ⬅ I saw her. + <u>She **sang**</u> the song.
❸ I saw her **singing** the song.
   ⬅ I saw her. + <u>She **was singing**</u> the song.
❹ I found the seat **taken**.
   ⬅ I found the seat. + <u>The seat **was taken**</u>.

❶~❸은 목적어와 목적격보어의 관계가 '능동'이고, ❹는 '수동'이다. 또한, ❷는 노래를 부르는 것을 끝까지 본 것이고, ❸은 노래를 부르고 있는 것을 중간에 일부 본 것을 의미한다.

UNIT 23 원형부정사(v) 목적격보어

목적격보어로 원형부정사(v)를 취하는 동사는 사역동사(make, have, let)와 지각동사(see, hear, feel 등)이다.

- 사역동사 make / have / let: S는 **O가 v하도록[v하게] 만들다/시키다/허락[허용]하다**
- 지각동사 see, watch, look at, notice, observe: S는 **O가 v하는 것을 보다**
  hear, listen to / feel 등: S는 **O가 v하는 것을 듣다/느끼다**
- help: S는 **O가 v하는 것을 돕다** (목적격보어로 to-v, v 모두 취할 수 있다.)

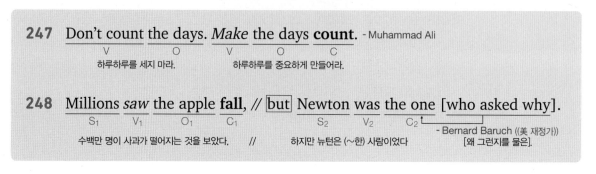

247 Don't count the days. *Make* the days **count.** - Muhammad Ali
 　　　　V　　　　　O　　　　　　V　　　　O　　　C
하루하루를 세지 마라. 　　　　하루하루를 중요하게 만들어라.

248 Millions *saw* the apple **fall,** // but Newton was the one [who asked why].
　　　　S₁　　V₁　　　O₁　　C₁　　　　　　S₂　　V₂　　C₂
수백만 명이 사과가 떨어지는 것을 보았다. 　　//　　하지만 뉴턴은 (~한) 사람이었다
　　　　　　　　　　　　　　　　　　　　　　　　　　- Bernard Baruch ((美 재정가))
　　　　　　　　　　　　　　　　　　　　　　　　　　[왜 그런지를 물은].

249 The teacher had students summarize the story in less than 200 words.

250 Never let your emotions overpower your intelligence.

251 You can easily observe people use their cell phones in the subway.

252 I've never heard my parents say a bad word about anybody.

253 In spring, you can feel the temperature change a lot from night to day.

254 Help others (to) achieve their dreams, and you will achieve yours.
　　　　　　　　　　　　　　　　　　　　　- Les Brown ((美 동기부여 전문가))

어법 직결▶ 다음 문장의 네모 안에서 어법상 알맞은 것을 고르고 문장을 해석하시오.

255 I watched a man on the Metro try / to try to get off the train and fail. - 수능
→
　　　　　　　　　　　　　　　　　　　　　　　　　　*Metro (파리 등의) 지하철

UNIT 24 현재분사(v-ing) 목적격보어

to-v나 v가 목적격보어로 쓰일 때에 비해 현재분사(v-ing)는 동작이 계속 진행 중이거나 아직 끝나지 않았음을 강조한다. v-ing를 목적격보어로 취할 수 있는 동사들과 해석은 다음과 같다.

- 지각동사: S는 **O**가 **v**하고 있는 것을 보다[듣다, 느끼다] 등
- get: S는 **O**가 **v**하기를 시작하게 하다
- keep, have 등: S는 **O**가 계속 **v**하게 하다[해두다]
- leave: S는 **O**가 **v**하고 있는 채로 두다
- find, catch: S는 **O**가 **v**하고 있는 것을 발견하다[알아차리다]

---

256 We *watched* / the sun **rising** over the sea.
S V O C
우리는 지켜보았다 / 태양이 바다 위로 떠오르고 있는 것을.

cf. We *watched* / the sun **rise** over the sea.
S V O C
우리는 지켜보았다 / 태양이 바다 위로 뜨는 것을.

---

257 Right before the large earthquake, she saw the walls shaking.

258 I felt my heart beating faster when I noticed someone following me.

259 When we hear someone laughing, it is almost impossible not to begin laughing too. - 모의응용

260 Sometimes fear and guilt gets us walking on the right track.

261 Reading keeps you thinking fast and taking actions faster than others.

262 A wonderful book will have you going through every possible emotion.

263 Greasy foods can slow digestion and leave you feeling uncomfortable.

264 When I'm in love, I find myself smiling for no reason at all.

265 I walk my own path; you will never catch me following in another's footsteps.

*follow in one's footsteps ~의 선례를 따르다

과거분사(p.p.) 목적격보어

O가 C의 동작을 받는 '수동'의 의미일 때는 C의 자리에 p.p.가 온다. p.p.를 목적격보어로 취할 수 있는 동사들은 사역동사, 지각동사, keep, get, leave, find, want 등이다. 단, let은 목적격보어로 be p.p.를 쓴다.

266 I can't *make* my voice **heard** / because of the noise.

           S   V   O   C   M

           나는 내 목소리가 들리게 할 수 없다 / 소음 때문에.

           ↘ 소음이 심해서 내 목소리가 들리지 않는다.

267 We *heard* / our national anthem / **played** proudly / at the Olympics.

           S   V   O   C   M

           우리는 들었다 / 우리 국가가 / 자랑스럽게 연주되는 것을 /   *national anthem 국가(國歌)

                                                           올림픽에서.

268 People are likely to be more honest when they feel themselves observed.

                                                                    - 모의응용

269 Examine your thoughts, and you will notice them filled with the past or the future. - 수능응용

270 When it's hard to focus at work, listening to the appropriate music could keep you motivated.

271 I'll give you some tips for a better essay that will get you noticed.

272 Someday, you may find yourself improved by all your struggles.

273 If you want your eggs hatched, sit on them yourself. - Proverb

274 Don't let yourself be controlled by three things: people, money, or past experiences.

어법 직결 ▸ 다음 밑줄 친 부분이 어법상 옳으면 ○, 틀리면 ✕로 표시하고 바르게 고치시오.

275 The weak security systems of some websites left users' personal information easily <u>exposed</u> to hackers.

UNIT 2 6

have+목적어+p.p.

목적격보어로 p.p.가 쓰인 문장의 동사가 have일 때에는 여러 의미로 해석되므로 주의해야 한다.

- 사역: S는 (O가) ~되도록 (누군가를) 시키다   *have* my hair **cut**
- (좋지 않은) 경험: S는 (O가) ~당하는 것을 경험하다[겪다]   *have* my bike **stolen**
- 상태: S는 (O가) ~된 상태이다   *have* no money **left**

---

276 When you complete your essay, // *have* it **reviewed by someone else**.
S'   V'   O'   V   O   C
당신이 에세이를 완성할 때,   //   그것이 다른 사람에 의해 검토되게 하라. 〈사역〉

277 Have you ever *had* / something **stolen** from your house?
S   V   O   C   M
(~한) 일이 있나요 / 집에서 무언가를 도난당한? 〈경험〉

278 I myself already *have* / my bags **packed** / for the trip tomorrow.
S   V   O   C   M
나는 이미 스스로 (~한) 상태이다 / 내 가방들을 싸 둔 / 내일 여행을 위해. 〈상태〉

---

279 We had no time to cook, so we had some food delivered.

280 During the intense training, the runner had his ankle broken.

281 Be careful not to have your pocket picked in a big crowd.

282 The soccer player has one year left on his contract.

영작 직결 ▶ 다음 우리말과 일치하도록 괄호 안의 어구를 활용하여 영작하시오. (필요하면 어형 변화 가능)

우리는 모든 것들이 동시에 완료되도록 할 수 없기 때문에, 우선순위를 정해야 한다.

(everything, we, have, complete, cannot, because)

283 _____ all at once,
we have to prioritize. - 모의응용

1 2 3 4 5

서술어의 이해

앞선 파트에서는 동사의 의미나 쓰임에 따라
문장 구조가 어떻게 만들어지는지에 대해 학습했다.
파트 2에서는 동사가 자체 내에 담고 있는
여러 중요한 정보들에 대해 알아본다.

CHAPTER

05

동사의 시제

Chapter Overview

● 아래와 같은 동사의 형태 변화를 시제(時制)라고 한다.

현재시제	write, writes
과거시제	wrote
미래시제	will write

*will write의 경우, 동사의 형태가 변화한 것이 아니라 will이 덧붙은 것이므로 엄격히 말하면 시제가 아니지만, 편의상 미래시제라 부른다.

● '시제'는 기본적으로 동사의 동작이나 상태가 일어난 때(시)에 대한 정보를 제공한다.

그러나 '시제'와 그것이 나타내는 '실제 때'가 반드시 일치하는 것은 아니므로 주의해야 한다.

The winter vacation begins tomorrow. 겨울 방학이 내일 시작될 것이다.

현재시제지만 '미래'를 나타낸다.

Chapter Goals

1 문장 내에서 동사의 시제가 나타내는 때와 의미를 알 수 있다.

2 문맥을 보고 어떤 시제를 써야 적절한지를 판단할 수 있다.

Must-know
Words &
Lexical
Phrases

UNIT 27 •

284 constant 끊임없는, 계속되는 (= continuous); 변함없는

  interaction 상호작용

  cf. **interact with** ~와 상호작용을 하다

285 go v-ing v하러 가다

286 planet 행성

  rotate ((천문)) 자전하다; 회전하다; 교대 근무를 하다

  anticlockwise 반시계방향의[으로] (= counterclockwise)

    (↔ clockwise 시계방향의[으로])

  direction 방향; 지시; 명령

287 stay away from ~을 피하다; ~에 결석하다

289 common 평범한, 흔한 (↔ uncommon 흔하지 않은); 공통의

  attention 주목, 주의 (집중)

290 go through ~을 겪다; 조사하다, 검토하다

  hardship 역경, 고난

291 pursue (원하는 것을) 쫓다, 추구하다

  cf. **pursuit** 쫓음, 추구

UNIT 28 •

292 respect 존중(하다); 존경(하다)

293 profit 이익을 얻다; 이익, 수익

294 concentrate on A A에 집중하다

  catch up (on) A A를 따라잡다[만회하다]

296 give up 포기하다

  achieve (일 · 목적 등을) 달성하다, 이루다 (= accomplish)

298 take off 이륙하다 (↔ land 착륙하다); 옷을 벗다 (↔ put on 옷을 입다)

299 duration (지속) 기간

UNIT 29

303 habitat 서식지

   cf. inhabit 서식[거주]하다

   ① inhibit 억제하다

304 present 현재의; 참석한; 선물

   location 위치, 장소, 소재지

   cf. locate (특정 위치에) 두다; 위치를 찾아내다

305 lifelong 일생의, 평생 동안의

308 worldwide 세계적인; 전 세계에

   fame 명성 (= reputation)

309 estimated 추정의, 추측의

   cf. estimate 추정하다, 추산하다

311 shade 그늘

   plant (나무 등을) 심다; 식물; 공장

312 symbol 상징

   the public 대중, 일반 사람들

314 look for A A를 찾다

315 try to-v v하기 위해 노력하다[애쓰다]

316 take place 개최되다, 일어나다

UNIT 30

317 take part in ~에 참가하다 (= participate in)

318 recognize 알아보다, 인식하다; 인정하다

   at once 즉시 (= immediately)

319 enter O O에 들어가다

320 go by (시간이) 지나가다, 흐르다

   stop v-ing v하는 것을 멈추다

   challenge 이의를 제기하다; 도전(하다)

   referee (스포츠 경기의) 심판

321 sacrifice 희생하다[희생시키다]; 희생(물)

322 graduate from ~을 졸업하다

325 overcome(-overcame-overcome) 극복하다, 이겨내다

   difference 차이, 다른 점

UNIT 31

326 satisfied 만족하는

   cf. satisfy 만족시키다

   cf. satisfaction 만족

327 deny v-ing v한 것을 부인하다[부정하다]

   cf. denial 부인, 부정; 거절

328 claim 주장하다; 요구[청구]하다 (= demand)

329 attend O O에 참석하다

331 be proud of ~을 자랑으로 생각하다

   cf. pride 자랑스러움, 자부심; 자존심

   complete 완료하다, 끝마치다; 완벽한 (↔ incomplete 불완전한)

332 receive 받다, 받아들이다

   physics 물리학

UNIT 27 현재시제의 다양한 의미

현재시제는 아래와 같은 의미나 때를 나타낸다.

- 현재의 상태
- 반복적 행동 (현재 습관, 일상 등)
- 진리, 언제나 사실인 것 (과학적 현상, 속담 등)
- 가까운 미래의 확정된 일 (계획, 일정 등)
- 미래 (시간/조건을 나타내는 부사절) ≪ UNIT 73, 74, 76

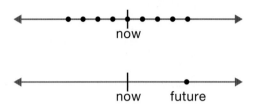

---

284 We **live** / in an age (of constant interaction). - 모의응용
　　　S　V　　　　　A
　　우리는 (~에) 살고 있다 / 시대에　　　(끊임없는 상호작용의).

---

285 He goes hiking every Saturday.

286 Most planets rotate in an anticlockwise direction.

287 Vegetarians stay away from meat, including chicken and fish.

288 The new subway line opens next month.

289 When you do common things in an uncommon way, you will get the attention of the world.

290 If you don't go through hardships, you won't know how strong you are.

어법 직결 다음 문장의 네모 안에서 어법상 알맞은 것을 고르시오.

291 As soon as you start / will start to pursue a dream, everything in your life will have meaning.

> **TIP** **현재시제와 현재진행형**
>
> 현재시제의 기본 개념은 '현재, 과거, 미래'를 모두 포함하는데, 현재진행형은 '일시적인 일'을 의미한다. 즉, 현재시제는 상당히 긴 기간 동안 변하지 않는 일이지만 현재진행형은 곧 변할 것으로 예상되는 일이다.
>
> I usually **live** alone, but I **am living** with my brother these days. 나는 대개 혼자 **살지**만, 요새는 남동생과 같이 **살고 있다**.

UNIT 28 미래를 나타내는 표현

현재시제 외에도 미래를 나타내는 표현에는 다음과 같은 것들이 있다. 뉘앙스나 쓰임에 차이는 있지만 서로 바꿔 쓸 수 있는 경우도 있으며, 독해할 때는 모두 'v할 것이다'라는 미래 의미로 이해하면 된다.

- will+동사원형
- be going to-v v하려고 한다
- be v-ing
- be about to-v 막 v하려는 참이다 (= be on the point of v-ing)
- be to-v
- be due to-v   v하기로 되어 있다

---

292 Respect yourself // and others will respect you. - Confucius ((공자: 유교 창시자))
V₁   O₁   S₂   V₂   O₂

너 자신을 존중해라   //   그러면 다른 사람들도 너를 존중할 것이다.

---

293 The successful man will profit from his mistakes and try again in a different way. - Dale Carnegie

294 This week I'm going to concentrate on schoolwork that I need to catch up on.

295 We are moving to a new place tomorrow.

296 A lot of people give up just before they're about to achieve success.

297 She was on the point of leaving when he finally arrived.

298 The plane for Toronto is to take off within 30 minutes.

299 The project is due to start on Monday and the duration will be three weeks.

UNIT 29 현재완료형/현재완료 진행형

현재완료(have p.p.)는 과거 행동이 '현재'와 연결되거나 '현재'에 영향을 주는 표현이다. 우리말에는 없는 개념이므로 해석을 '과거'로 많이 하지만, '현재시제'에 해당한다. 따라서 과거를 나타내는 yesterday (morning) / last week / ~ ago / in+특정 과거 연도 / when ~ 등과는 같이 쓸 수 없다. ◁ Further Study p.75

문맥상 다음 네 가지로 해석되는데, 문맥이 불충분하면 '계속이나 경험', '완료나 결과' 등 두 가지 해석이 다 가능할 때도 있다. 의미별로 같이 잘 쓰이는 부사를 알아두면 구별이 좀 더 쉬워질 수 있다.

계속	(지금까지) 죽 ~해왔다	for ~ 동안 / since ~이래로, ~부터 / how long ~? 얼마 동안~? / all day 온종일 / always 늘 / so far 지금까지
경험	~한 일이 있다	ever 언젠가 / never 한 번도 ~않다 / before 전에 / once 한 번 / ~ times ~ 번
완료	막 ~했다	just 막, 방금 / now 지금 / recently 최근에 / already 이미, 벌써 / yet 아직; 벌써
결과	~했다 (그 결과 지금 …인 상태이다)	*특별히 같이 자주 쓰이는 부사는 없으므로 문맥에 따라 판단한다.

---

300 People **have wondered** / *for centuries* / about life after death.
　　　　S　　　　V　　　　　　　　　　M　　　　　　　　　　M
　　　　사람들은 궁금해했다　　　 /　수 세기 동안　 /　사후 세계에 대해. 〈계속〉

301 We **have been** to Jeju Island / *many times*.
　　　S　　　V　　　　A　　　　　　　M
　　　우리는 제주도에 가본 일이 있다　 /　여러 번. 〈경험〉

302 We **have** *just* **been** to Jeju Island / for summer vacation.
　　　S　　　　V　　　　　　A　　　　　　　　M
　　　우리는 막 제주도에 다녀왔다　　 /　여름휴가로. 〈완료〉
• have been to는 함께 쓰이는 부사(구)에 따라 〈경험〉, 〈완료〉 둘 다로 해석될 수 있다.

303 South Africa **has lost** / many natural habitats / due to deforestation.
　　　　S　　　　　V　　　　　　　O　　　　　　　　　M　　*deforestation 삼림 벌채
　　　　남아프리카는 잃어버렸다　 /　많은 자연 서식지를　 /　삼림 벌채로 인해. 〈결과〉

---

304 Since 1985, the company has been in its present location.

305 It has been my lifelong dream to visit this beautiful city. - 모의응용

306 Have you ever imagined your future?

307 The baseball team has never won a game so far this season.

308 She's only twenty, but she's already achieved worldwide fame.

309 He has just become a member of Mensa, with an estimated IQ of 156.

310 My sister has gone to the bank. She should be back soon.

어법 직결 **[311-312]** 다음 문장의 네모 안에서 어법상 알맞은 것을 고르시오.

311 Someone is sitting in the shade today because someone planted / has planted a tree a long time ago. - Warren Buffett ((美 기업인))

312 N Seoul Tower was / has been a symbol of Seoul since it first opened to the public in 1980.

Further Study

현재완료의 이해

현재완료는 우리말에 없는 개념이기 때문에 의미에 따라 적절히 '과거'나 '현재'로 해석된다. 이 때문에 He has come here. (그는 여기에 왔다.)와 같은 예문을 He came here. (그는 여기에 왔다.)와 바꿔 쓸 수 있는 것으로 오해할 수 있다. 하지만 이 두 예문은 분명한 의미 차이가 있다.

He **came** here. + He **is** here now. → He **has come** here.

즉, 현재완료는 과거(여기에 온 것)와 현재(여기에 있는 것)에 해당하는 두 가지 일을 '현재'를 기준으로 표현한 것이다. 그가 여기에 왔다는 '과거' 사실이 아니라, 그가 와서 지금 여기에 있다는 '현재' 사실에 더 초점이 있다.

마찬가지로 다음 예문들을 보자.
❶ I **have lived** in this house for five years. 나는 5년 동안 죽 이 집에 **살고 있다.**
❷ I **lived** in this house for five years. 나는 5년 동안 이 집에 **살았다.**
예문 ❶은 '지금도 이 집에 살고 있다'라는 현재 사실에 더 초점이 있다.
예문 ❷는 과거의 어떤 시기에 5년 동안 이 집에 살았음을 나타내며, 지금은 살고 있지 않음을 나타낸다.

그러므로 현재완료는 명백한 과거를 나타내는 표현(yesterday / last week[month, year, etc.] / ~ ago / in+특정 과거 연도 / when ~ 등)과는 함께 쓸 수 없는 것이다.
The Olympic Games have been(×) → **were**(○) held in Seoul **in 1988**.
올림픽 경기는 서울에서 **1988년에 개최되었다.** 〈in 1988은 명백한 과거를 나타내는 부사구〉
When I was in high school, I have joined(×) → **joined**(○) a rock band.
나는 고등학교 **때** 록밴드에 **가입했다.** 〈when 이하는 '고등학교 때'라는 과거의 특정 시점을 의미〉

현재완료 진행형(have been v-ing)은 과거의 동작이 현재까지 계속 진행됨을 나타낸다. 현재완료보다 동작이 계속됨을 좀 더 강조한다.

> **313** <u>The baby</u> <u>**has been crying**</u> // <u>*since*</u> *we* *got* *here*.
>   S   V   S′ V′ A′
>   그 아기는 (계속) 울고 있다   //   우리가 여기에 온 이후로.

314 How long have you been looking for a job?

315 I have been trying to solve this problem all afternoon. It's time for a break.

316 The event has been taking place in the city on the first Saturday of May each year.

UNIT 30 과거완료형/미래완료형

과거완료(had p.p.)는 과거 특정한 때를 기준으로 그때까지의 '계속, 경험, 완료, 결과'를 나타낸다.

● 계속: (그때까지) 죽 ~하고 있었다   ● 완료: (그때) 막 ~했다
● 경험: (그때까지) ~한 일이 있었다   ● 결과: ~했다 (그 결과 그때 …인 상태였다)
과거에 일어난 두 가지 일 중 '먼저 일어난 일'을 과거완료(대과거)로 나타내기도 한다.

> **317** <u>The pianist</u> <u>**had been**</u> <u>sick</u> / <u>*for two weeks*</u>, // <u>so she</u> <u>couldn't take part in</u>
>   S   V   C   M   S′   V′
>   그 피아니스트는 아팠다   /   2주 동안.   //   그래서 그녀는 참가할 수 없었다
> <u>/ the concert.</u>
>   O′
>   /   연주회에. 〈계속〉

318 I recognized him at once because I had seen him before.

319 When I entered the classroom, the lesson had already finished.

320 Almost 11 minutes had gone by when the players finally stopped challenging the referee over his decision.

321 Carol prepared a gift for her mom, who had sacrificed all her life for her family. - 모의응용

미래완료(will have p.p.)는 미래 특정한 때를 기준으로 그때까지의 '계속, 경험, 완료, 결과'를 나타낸다.

- 계속: (그때까지) 죽 ~한 것이 된다
- 경험: (그때까지 몇 번, 많이 등) ~하는 것이 될 것이다
- 완료: (그때까지는) ~하게 될 것이다
- 결과: ~하게 될 것이다 (그 결과 그때는 …인 상태일 것이다)

322 She **will have graduated** from college / by next month.

   S   V   M   M

그녀는 대학을 졸업하게 될 것이다 / 다음 달에는. 〈완료〉

323 She will have taught English for ten years by next year.

324 If I see this film once more, I will have seen it three times.

325 We will have overcome differences if we respect them.

TIP **과거완료 진행형(had been v-ing)**

과거의 어떤 때를 기준으로 그 이전에 시작한 동작이 그때까지 계속되었음을 강조한다.

e.g. The movie **had been playing** for about ten minutes when we arrived at the theater.

우리가 영화관에 도착했을 때 영화가 10분 정도 **상영되고 있었다.** (영화가 10분 정도 상영되었을 때 우리는 영화관에 도착했다.)

to부정사/동명사의 완료형

to부정사, 동명사가 기본 형태인 to-v, v-ing가 아니라 완료형인 to have p.p., having p.p.로 표현될 때는 문장의
동사가 가리키는 때보다 이전의 일임을 나타낸다. (분사의 완료형 ⟪ UNIT 58)

	기본형	완료형
to부정사	to-v	to have p.p.
동명사	v-ing	having p.p.

---

326 I am very satisfied / **to have tried** many kinds of sports last year.
　　　 S　V　　　　C　　　　　　　　　　　　　　　　　　　　　　M
　　　 나는 매우 만족스럽다 〈현재〉　 /　　　　　작년에 많은 종류의 스포츠를 시도해서. 〈과거〉
　　　 (= I *am* very satisfied that I ***tried*** many kinds of sports last year.)

327 He denied / **having made** a serious mistake.
　　　 S　　V　　　　　　　　　　　　　O
　　　 그는 부인했다　 /　　　　　심각한 실수를 저질렀음을.
　　　 (= He *denied* that he ***had made*** a serious mistake.)

[328-332] 다음 두 문장이 같은 의미가 되도록 빈칸을 완성하시오.

328 A farmer claimed to have seen a UFO in the sky.

= A farmer claimed that he _____ a UFO in the sky.

329 It was helpful to have reviewed the book before I attended the class.

= It was helpful that I _____ the book before I attended the class.

330 Having failed once doesn't mean that you're going to fail at everything.

= The fact that you _____ once doesn't mean that you're going to fail at everything.

331 I'm pretty proud of having completed a marathon myself.

= I'm pretty proud that I _____ a marathon myself.

332 John Bardeen is the only scientist to have received two Nobel Prizes in the Physics category.

= John Bardeen is the only scientist who _____ two Nobel Prizes in the Physics category.

CHAPTER 06

동사에 의미를 더하는 조동사

Chapter Overview

● 조동사는 시제를 표현하는 데에도 쓰이고 의문문, 부정문을 만드는 데에도 쓰이는 등 여러 종류와
  역할이 있지만 이 챕터에서는 동사에 의미를 더해주는 조동사의 쓰임과 의미를 학습한다. 이는 조동사
  can, may, should, must 등인데, '능력, 허가, 충고, 의무, 가능성, 추측' 등의 의미를 가진다.
  하나의 조동사가 여러 가지 의미를 가지므로 문맥에 맞게 해석하는 것이 중요하다.
  *조동사의 도움을 받는 동사는 본동사(main verb)라 한다.

● can, may 등의 조동사의 특징
  1. 주어가 3인칭 단수 현재시제라도 -(e)s를 붙이지 않는다. He **cans** swim. (×)
  2. 조동사 두 개를 겹쳐 쓸 수 없다. He **will can** swim. (×)
  3. 부정문을 만들 때 do의 도움을 받지 않고 바로 not을 쓴다.
     I went to the gym. → I **didn't** go to the gym.
       나는 체육관에 갔다.   나는 체육관에 가지 **않았다.**
     I can lift 15 kilos. → I **can not** lift 15 kilos.
   나는 15킬로를 들어 올릴 수 있다.   나는 15킬로를 들어 올릴 **수 없다.**

Chapter Goals

1 조동사가 쓰인 문장을 알맞게 해석할 수 있다.
2 '과거의 일에 대한 가능성/추측/후회' 등을 나타내는 조동사 표현을 구별하여 알맞게 해석할 수
  있다.

Must-know
Words &
Lexical
Phrases

UNIT 34 •

351 worthwhile 가치 있는 (= valuable)

fruitless 성과[결실] 없는 (↔ fruitful 생산적인)

labor 노력; 노동; 일하다

353 flaw 결점, 결함 (= defect, fault)

lead to A A로 이어지다; A를 초래하다
(= result in, cause, bring about, contribute to)

354 blessing 축복(의 말) (↔ curse 저주); (신의) 은총

in disguise 변장[가장]한

cf. **disguise** 변장(하다), 가장(하다)

356 in full bloom 만개한, 꽃이 활짝 핀

cf. **bloom** 개화(기); 꽃; 꽃이 피다

359 make exceptions 예외를 만들다[허락하다]

UNIT 35 •

362 go off (경보기 등이) 울리다; (전기 등이) 나가다; 자리를 뜨다

363 comet 혜성

extinction 멸종, 소멸

cf. **extinct** 멸종한, 사라진

authentic 확실한, 정확한; 진짜의, 진품의 (= genuine)

proof 증거 (= evidence)

cf. **prove** 증명하다, 입증하다; 드러나다

364 sudden 갑작스러운

366 feather 깃털

367 application 지원(서); 적용; 도포; (전자기기의) 앱(프로그램)

cf. **apply** 지원[신청]하다; 적용하다; (크림 등을) 바르다

submit 제출하다 (= hand in); 항복하다 (= give in)

368 in advance 미리, 사전에

370 slip ((비유)) (말이) 무심코 나오다; 미끄러지다

372 spend[waste] 시간[돈] (in) v-ing V하는 데 시간[돈]을 쓰다[낭비하다]

valuable 귀중한 (↔ valueless 가치 없는); 값비싼; ((복수형)) 귀중품

cf. **invaluable** (가치를 평가할 수 없을 만큼) 매우 귀중한

UNIT 36 •

373 justice 정의; 정당(성); 사법 (↔ injustice 불의, 불평등; 부당함)

discrimination 차별; 식별, 구별

cf. **discriminate** 차별하다; 식별[구별]하다

375 unnecessary 불필요한 (↔ necessary 필요한)

be guilty of ~의 죄가 있다

misconduct 위법 행위; 비행

376 provide A with B A에게 B를 공급하다 (= provide B for A)

379 regulate 규제하다, 통제하다 (= control)

fake 가짜(의); 날조[조작]하다

380 regularly 정기적으로, 규칙적으로 (↔ irregularly 불규칙적으로)

protein 단백질

mineral 무기질; 광물

381 physical 신체적인, 육체의; 물질적인

symptom 증상; (불길한) 징후

UNIT 37 •

383 vegetarian 채식주의자(의)

384 put on weight 살찌다 (= gain weight)
(↔ lose weight 살이 빠지다)

start v-ing V하는 것을 시작하다

386 introduce 도입하다; 소개하다

employee 직원, 종업원 (↔ employer 고용주)

wellness 건강; 만족스러움

387 attempt to-v V하려고 시도하다[애쓰다]

389 be inspired by ~에 의해 영감을 받다

cf. **inspire** 영감을 주다; 고무[격려]하다

392 by halves ((부정문)) 어중간[불완전]하게; 마지못해

393 feel sorry for ~을 안쓰럽게 여기다

394 efficiently 효율적으로

능력(Ability)/허가(Permission)

can은 '능력'을 나타내며 be able to로 바꿔 쓸 수 있다. 주로 대화 상황에서 can, may는 '허가, 허락'을 의미하기도 하며, '금지'를 나타낼 때는 can't, cannot을 사용한다.

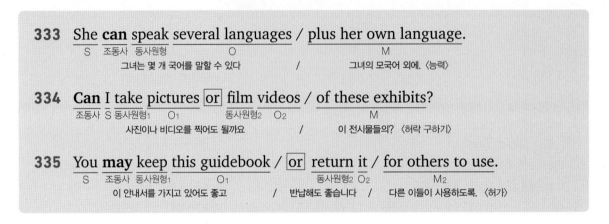

333 She **can** speak several languages / plus her own language.
S 조동사 동사원형 O M
그녀는 몇 개 국어를 말할 수 있다 / 그녀의 모국어 외에. 〈능력〉

334 **Can** I take pictures or film videos / of these exhibits?
조동사 S 동사원형1 O1 동사원형2 O2 M
사진이나 비디오를 찍어도 될까요 / 이 전시물들의? 〈허락 구하기〉

335 You **may** keep this guidebook / or return it / for others to use.
S 조동사 동사원형1 O1 동사원형2 O2 M2
이 안내서를 가지고 있어도 좋고 / 반납해도 좋습니다 / 다른 이들이 사용하도록. 〈허가〉

336 Our love is the wind. I can't see it, but I can feel it. - 영화 *A Walk to Remember* 中

337 I couldn't find the sports car of my dreams, so I built it myself.
- Ferdinand Porsche ((포르쉐 자동차 회사 설립자))

338 With faith, you will be able to handle any challenges in life.

339 Visitors may use the swimming pool between 5:30 p.m. and 7:30 p.m.

340 You cannot make or take phone calls in the library except in designated areas.

어법 직결 ▶ 다음 문장의 네모 안에서 문맥상 알맞은 것을 고르시오.

341 I cannot / may not relax in my apartment. The noise from the park at night is so loud. - 수능응용

UNIT 33 충고(Advisability)/의무(Necessity)

should가 가벼운 조언·권고로서 가장 약한 표현이고, must는 피할 수 없는 의무로서 가장 강한 표현이다.

should	ought to	had better	need	must(= have to)
└───────	~하는 것이 좋을 것이다, ~해야 한다	───────┘	~할 필요가 있다	(반드시) ~해야 한다

advisability ←─────────────────────────────→ necessity

이들 조동사에 not이 붙으면 기본적으로 '금지(~해서는 안 된다)'를 의미한다. 반면, 다음과 같은 표현들은 '불필요'를 나타내므로 주의하자.

• don't have to = don't need to = need not: ~할 필요가 없다

---

342 Your mistakes **should** be your motivation, / not your excuses.
   S   조동사 동사원형   C₁   C₂
   당신의 실수는 당신의 동기 부여가 되어야 한다,   /   변명이 아니라.
   ↳ 당신이 실수를 저질렀을 때, 변명에 그치지 않고 발전할 기회로 삼아야 한다.

343 To live a creative life, / we **must** lose / our fear (of being wrong).
   M   S 조동사 동사원형   O   - Joseph Pearce ((美 작가))
   창의적인 삶을 살기 위해,   /   우리는 없애야 한다 / 두려움을   (틀리는 것에 대한).

---

344 We should not judge people's merits by their qualifications.

345 You ought to expect better of people. It encourages you to be a better person yourself. - Jeph Jacques ((美 만화가))

346 Life is like fireworks. You had better seize the moment!

347 You had better not force your opinion on others.

348 You need not do great things to show great love for your neighbors.

349 We have to try to see the positives in life even while we are stuck in the middle of trouble. - 모의응용

어법 직결 ▶ 다음 문장의 네모 안에서 문맥상 가장 알맞은 것을 고르시오.

350 Adults must pay an entrance fee, but children must not / don't have to pay anything.

UNIT 34 현재나 미래에 대한 가능성/추측

현재나 미래에 대한 가능성/추측을 의미하는 조동사는 여러 가지이며 그 확신의 정도에 차이가 있다.
이때 might, could, would는 형태는 과거형이지만 의미는 '현재나 미래'임에 주의하자. 현재형(may, can, will)보다
확신의 정도가 더 약할 뿐이므로 '과거'로 해석하면 안 된다.

확신의 정도에 따라 자주 사용되는 조동사들은 아래와 같다. can은 강한 확신이 아니지만, cannot은 아주 강한 확신이므로
주의해야 한다. must가 추측을 의미할 때는 have to로 바꿔 쓸 수 없다.

might	may	could	can	should/ ought to	would	will	must (↔ cannot)
└──── ~일지도 모른다 ────┘			~일 수도 있다	└──── ~일 것이다 ────┘			~임에 틀림없다 (↔ ~일 리가 없다)

←──→
less certain   almost certain

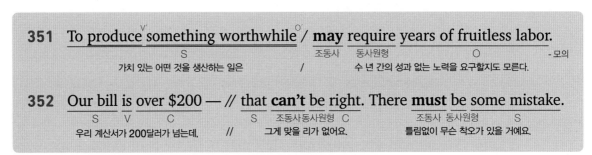

351 To produce something worthwhile / **may** require years of fruitless labor.
　　　　S　　　　　　　　　　　　　조동사　동사원형　　　　　　　　O　　　　　- 모의
　　　가치 있는 어떤 것을 생산하는 일은　　/　수 년 간의 성과 없는 노력을 요구할지도 모른다.

352 Our bill is over $200 — // that **can't** be right. There **must** be some mistake.
　　　S　V　　C　　　　　S　조동사 동사원형 C　　　조동사 동사원형　S
　　우리 계산서가 200달러가 넘는데,　//　그게 맞을 리가 없어요.　틀림없이 무슨 착오가 있을 거에요.

---

353 Accepting your flaws might lead to personal growth and change.

354 Your worst day could be a blessing in disguise.

　　cf. I came home at 11 p.m. and could see a light from the kitchen.

355 A single moment can change your life; be open to gift-like chances which the world might bring to your feet.

356 The cherry blossoms should be in full bloom in a day or two and will last about a week.

*cherry blossom 벚꽃

357 The film ought to take about 90 minutes, so we'll be home by 10 p.m.

358 The best way to answer the question would be to focus on the things that matter.

359 As you will understand, we can't make exceptions to this safety rule.

<u>어법 직결</u> ▶ 다음 문장의 네모 안에서 문맥상 알맞은 것을 고르시오.

360 It $\boxed{\text{cannot / must}}$ be true that he is home now. He went to the east coast on vacation yesterday.

Further Study

should와 ought to

should와 ought to는 '의무'로 더 많이 쓰이기 때문에 '추측'을 나타낼 때 잘 알아차리지 못하는 경우가 많다. 문맥을 잘 살피도록 하자.

e.g. She left her office an hour ago. She **should** get home soon.
그녀는 한 시간 전에 사무실을 떠났다. 그녀는 곧 집에 도착할 **것이다**. 〈추측〉
Her son really needs her attention. She **should** get home soon.
그녀의 아들은 정말로 그녀의 보살핌이 필요하다. 그녀는 곧 집에 도착**해야 한다**. 〈의무〉

e.g. Don't take any food. There **ought to** be plenty to eat.
음식을 가져가지 마라. 먹을 것이 많이 있을 **것이다**. 〈추측〉
Let's prepare some extra food. There **ought to** be plenty to eat.
음식을 더 준비하자. 먹을 것이 많이 있**어야 한다**. 〈의무〉

UNIT 35 과거에 대한 가능성/추측/후회

과거의 일에 대한 가능성/추측은 〈조동사+have p.p.〉로 나타낸다. 아래와 같은 조동사가 쓰이며, 앞서 살펴본 것과 마찬가지로 확신의 정도가 다르다. might have p.p.가 가장 약하고 must/can't have p.p.가 가장 강하다. 이런 의미로 can have p.p.는 쓰이지 않는다.

might have p.p.	may have p.p.	could have p.p.	must have p.p.
어쩌면 ~했을지도 모른다	~했을지도 모른다	~했을 수도 있다	~했음이 틀림없다
			↳ can't[cannot] have p.p.
			~했을 리가 없다

less certain ←————————————————————————————————→ almost certain

---

361 Someone **may have found** / your phone. Check the lost and found first.
  S　　조동사　 have p.p.　　　　O　　　　V　　　　　O　　　　M

*lost and found 분실물 보관소
누군가가 발견했을지도 모른다 / 네 전화기를 / 분실물 보관소를 먼저 확인해봐라.
(= It is possible that someone *found* your phone. Check ~.)

362 My alarm clock didn't go off / this morning.
  S　　　　　　V　　　　　　M
내 알람 시계가 울리지 않았다 / 오늘 아침에.

I **must have forgotten** / to set it / last night.
S　조동사　 have p.p.　　　O　　　M
나는 잊어버렸음이 틀림없다 / 그것을 설정하는 것을 / 지난밤에.
(= My alarm clock ~. It is certain that I *forgot* to set it last night.)

---

363 A comet may not have caused the extinction of the dinosaurs. There is no authentic proof of it.

364 He was very young then. Dealing with the sudden fame could have been difficult for him.

365 The exam was quite difficult. Susan cannot have gotten a perfect score.

어법 직결 ▶ 다음 문장의 네모 안에서 문맥상 알맞은 것을 고르시오.

366 Some small dinosaurs that did not fly had feathers. The feathers might / cannot have been for keeping warm, but not for flying.

아래 표현들은 모두 '과거'의 일에 대한 후회/유감을 뜻한다.

- should[ought to] have p.p.: ~했어야 했는데 (하지 않았다)
- shouldn't have p.p.: ~하지 말았어야 했는데 (했다)
- needn't have p.p.: ~할 필요가 없었는데 (했다)

367 <u>Your application</u> <u>is</u> <u>too late.</u> <u>You</u> <u>should</u> <u>have submitted</u> <u>it</u> /
         S   V   C   S   조동사   have p.p.   O
당신의 지원서는 너무 늦었습니다.   당신은 그것을 제출했어야 했습니다   /

the day before yesterday.
          M
     그저께. 〈유감, 비난〉
(= Your application ~. It is a mistake that you *didn't submit* it the day before yesterday.)

368 I was late for school this morning. I should have checked the bus schedule in advance.

369 Why is she late? She ought to have arrived by now.

370 I shouldn't have said it, but the words slipped out of my mouth.

371 You needn't have come this early. The bookstore doesn't open till 10 a.m.

영작 직결 ▶ 다음 우리말과 같은 의미가 되도록 괄호 안의 어구를 활용하여 영작하시오. (필요하면 단어 추가 및 어형 변화 가능)

<u>만약 당신이 했어야 했던 일에 대해 생각하는 데 시간을 보낸다면</u>, 당신은 무엇을 할지를 계획하는 귀중한 시간을 잃는다.

(thinking about, what, you, if, should, time, you, spend, do, have)

372 _____,

you lose valuable time for planning what you will do.

TIP ▶ should[ought to] have p.p.

〈should[ought to] have p.p.〉가 과거의 일에 대한 추측, 가능성을 나타내어 '당연히 ~했을 것이다'란 의미로 쓰이기도 한다. 문맥에 따라 적절하게 해석하면 된다.

e.g. I didn't ask John yet, but he **should have finished** his work already.
    아직 존에게 물어보진 않았지만, 그는 **당연히** 자기 일을 벌써 **끝냈을 것이다.**

should의 특별한 쓰임

요구, 제안, 주장, 필요, 명령 등을 나타내는 동사, 형용사, 명사 뒤의 **that**절 내용이 '당위성(~해야 한다)'을 의미할 경우 that절에 《(should+)동사원형》을 쓴다. should가 생략되면 동사원형만 남는다.

- 동사: demand, ask, require, request ~을 요구[요청]하다 / suggest, propose ~을 제안하다 /
  insist ~을 주장하다 / recommend ~을 권고하다 / order, command ~을 명령하다 등
- 형용사: necessary, essential 필요한, 필수적인 / important 중요한 / desirable 바람직한 등
- 명사: wish 바람 / suggestion, proposal 제안 / recommendation 권고 등

---

373 Justice *demands* // that there **(should)** be no discrimination /
　　　S　　　V　　　　　　　　　　　　　　　　　　O
　　　정의는 요구한다　//　　　　어떤 차별도 없어야 한다고　　　　　　/
against anybody.
어느 누구에 대해서도.

---

374 Life doesn't require that we be the best, only that we try our best.
- H. Jackson Brown Jr. ((美 작가))

375 They suggest that young people stop wasting their money on unnecessary things and start saving it. - 모의응용

cf. All the evidence suggests that he is guilty of serious misconduct.

376 I insist that every room be provided with a fire extinguisher.
*fire extinguisher 소화기

cf. He insisted that he had seen a ghost with his own eyes.

377 It is necessary that we consider other people before we act.

378 My suggestion is that children be careful in both how and how much they use their smartphones.

379 It's my proposal that the government regulate fake news.

어법 직결▶ 다음 밑줄 친 부분이 어법상 옳으면 ○, 틀리면 ✕로 표시하고 바르게 고치시오.

380 Health experts recommend that nuts <u>are</u> eaten regularly, as they are major sources of protein, minerals, and vitamins.

놀라움, 뜻밖, 노여움, 유감 등의 감정을 나타낼 때 should를 쓰기도 한다. 이때 should는 '~하다니'란 뜻으로, 주로 다음과 같은 형용사나 명사 뒤에 오는 that절에 사용된다.

- strange, odd 이상한 / surprising 놀라운 / a shame[pity] 유감인 일 등

'당위성'을 나타내는 경우와 다르게, should를 쓰지 않고 동사의 적절한 시제를 쓰는 경우도 많다. should를 생략하고 동사원형만을 쓰지는 않는다.

---

381 It is not so *strange* // that worry **should produce** physical symptoms.
S(가주어) V   C   S'(진주어)
(~이) 그다지 이상하지는 않다 //   걱정이 신체적 증상을 낳는다는 것이.

cf. It is not so *strange* that worry **produces** physical symptoms.

---

382 It is a shame that he should miss such a golden opportunity.

UNIT 37

자주 보이는 조동사 표현

독해에 자주 등장하는 조동사 표현을 알아두자. used to는 시험에도 자주 출제된다.

- would: ~하곤 했다 ((과거의 습관)) *과거에 규칙적으로 되풀이된 '동작'을 의미하며 used to와 같은 의미이다.
- used to: ~하곤 했다 ((과거의 습관)); 예전에는 ~였다[했다] ((과거의 상태)) *상태를 뜻할 때는 would를 쓸 수 없다.
  *used to는 현재 더는 하지 않는 동작이나 상태임을 의미한다.

---

383 I **would[used to]** eat meat, // 􀀀but􀀀 now I'm a vegetarian.
S₁   조동사1   동사원형1 O₁   S₂ V₂   C₂
      나는 고기를 먹곤 했다.   //   그러나 이제는 채식주의자이다. 〈과거의 습관〉

384 He **used to** put on weight every winter // until he started skiing.
S   조동사   동사원형   O   M   S'   V'   O'
          그는 매년 겨울 살이 쪘다   // 그가 스키 타는 것을 시작하기 전까지는. 〈과거의 상태〉

---

385 Where did you use to live before you moved here?

TIP be used to

- be used to v-ing v하는 것에 익숙하다
  She **is not used to eating** spicy food. 그녀는 매운 음식을 **먹는 것에 익숙하지 않다.**
- be used to-v v하는 데 사용되다
  Today, microwave ovens **are** widely **used to heat** foods. 오늘날, 전자레인지는 음식을 **데우는 데** 널리 **사용된다.**

- would like to-v: v하고 싶다 (= want to-v, feel like v-ing)
- would rather ~ (than ...): (…하느니) 차라리 ~하고 싶다
- may as well ~ (as[than] ...): (…하느니) ~하는 게 더 낫다
- cannot help v-ing: v하지 않을 수 없다 (= cannot (help) but + 동사원형)
- cannot ~ too ...: 아무리 ~해도 지나치지 않다
- may well ~: 아마 ~일 것 같다; ~하는 것도 당연하다

---

386 We **would like to** thank you / for your suggestion (about introducing^{V'}

    S   조동사   동사원형   O   M

       저희는 감사드리고 싶습니다   /   귀하의 제안에

more employee wellness programs). - 모의응용

(더 많은 직원 건강 프로그램을 도입하는 것에 관한).

---

387 I'd rather attempt to do something great and fail than attempt to do nothing and succeed. - Robert H. Schuller ((美 목사))

388 If you have to have a dream, you may as well dream big. - Rachel Bilson ((美 배우))

389 When I hear great music, I can't help being inspired by it.

390 Parents cannot be too careful about their words and actions before their children.

391 Books may well be the only true magic. - Alice Hoffman ((美 소설가))

어법 직결 **[392-393]** 다음 우리말을 영작할 때 밑줄 친 부분이 어법상 옳으면 ○, 틀리면 ✕로 표시하고 바르게 고치시오.

어중간하게 아느니 아무것도 모르는 게 더 낫다.

392 You <u>may well</u> know nothing than know things by halves.

집 없는 개와 고양이를 만날 때마다, 나는 그들이 가엽다고 느끼지 않을 수 없다.

393 Whenever I meet homeless dogs and cats, I can't help but <u>feeling</u> sorry for them.

영작 직결 다음 우리말과 일치하도록 괄호 안에 주어진 어구를 순서대로 배열하시오.

<u>제가 효율적으로 학습하는 방법에 관한 몇 가지 유용한 조언을 여러분에게 드리고 싶습니다.</u>

(you, to, useful tips, would, I, some, give, like)

394 _____ on how to learn efficiently.

- 교과서응용

CHAPTER 07

동사의 태

Chapter Overview

- 태(voice)란?

  동사는 주어가 동작을 행하는지(능동태), 또는 당하는지(수동태)에 대한 정보를 제공한다.

  보통 동작을 하는 이보다 동작을 받는 이가 더 중요한 관심사일 때 수동태로 표현한다.

  – 능동태: A dog **bit** my kid. <u>어떤 개가</u> 우리 애를 물었어요.

  　　　　　동작을 하는 이

  – 수동태: My kid **was bitten** by a dog. <u>우리 애가</u> 어떤 개한테 물렸어요.

  　　　　　동작을 받는 이

- 동사의 성질을 가진 **to**부정사, 동명사도 의미상의 주어가 동작을 받는 경우 수동형으로 표현한다.

Chapter Goals

1 문장의 동사 형태를 보고 주어가 동작을 하는 것인지 받는 것인지를 알 수 있다.

2 수동태 문장을 보고 능동태의 어떤 문형(SVO, SVOO, SVOC)을 수동태로 표현한 것인지
　알 수 있다.

3 by 이외의 전치사를 쓰는 수동태 표현을 구분하여 알 수 있다.

4 수동태를 시제에 따라 적절히 표현하고 해석할 수 있다.

5 구동사가 포함된 문장의 수동태를 바르게 표현할 수 있다.

6 목적어가 that절인 능동태 문장을 가주어 it을 이용하여 수동태 문장으로 바꿔 쓸 수 있다.

7 명령문/의문문의 수동태 형태를 알고 해석할 수 있다.

8 to부정사/동명사의 수동형을 알고 해석할 수 있다.

Must-know
Words &
Lexical
Phrases

UNIT 38 •

395 industry 근면, 부지런함; 산업, 공업

　　　cf. **industrious** 근면한, 부지런한

　　　cf. **industrial** 산업의, 공업의

397 habitable 주거할 수 있는

　　　agriculture 농업

398 come away from ~에서 떨어지다[떠나다]

399 fine 벌금 (= penalty); 벌금을 부과하다

400 loan IO DO IO에게 DO를 빌려주다

401 respond to ~에 반응하다[대응하다]

　　　expression 표정; 표현

　　　cf. **express** 표현하다; 급행의

402 reflect (빛을) 반사하다; 반영하다; 심사숙고하다

　　　absorb 흡수하다; 받아들이다

403 offer IO DO IO에게 DO를 제공하다

　　　scholarship 장학금

　　　mark 점수; 자국; 표시(하다)

UNIT 39 •

404 consider O C O를 C로 여기다[생각하다]

　　　　　　　　(= regard[look upon] O as C)

　　　basis 기반, 기초; 근거, 논거

405 gunman 총기를 소지한 사람

407 immune system 면역 체계

　　　cf. **immune** 면역성이 있는; 면제된

　　　cf. **immunity** 면역력; 면제

　　　keep O C O를 C로 유지하다

　　　fight off A A를 퇴치하다, A와 싸워 물리치다

　　　germ ((주로 복수형)) 세균, 미생물

408 allow O to-v O가 v하는 것을 허용하다

409 mailman 우체부, 우편집배원

　　　envelope 봉투

410 advise O to-v O가 v하라고 충고하다

　　　nutritionist 영양사

411 **echo** (소리가) 울리다; 메아리치다; 메아리

    hallway 복도

412 **hide(-hid-hidden)** 숨기다; 숨다

413 **notice O v** O가 v하다는 것을 알아차리다

    have difficulty in v-ing v하는 데 어려움을 겪다

    (= have trouble[a problem] v-ing)

U N I T 4 0

414 **gain** 얻다; 늘리다

    blame 탓하다, 비난하다; 책임, 탓

415 **drive A to B** A를 B(나쁜 상황)로 내몰다

    extinction 멸종, 소멸

    cf. **extinct** 멸종한, 사라진

    temperature 기온, 온도

    habitat 서식지

416 **multiple** 다수의, 많은; 배수

    at a time 한 번에

    psychologist 심리학자

417 **compel O to-v** O가 v하도록 강요하다

    cf. **compulsory** 강제적인; 의무적인, 필수의 (= mandatory)

419 **parking permit** 주차권

    cf. **permit** 허가증; 허가하다

    register 등록하다

420 **shipping** 배송, 해상 운송; 배

    business day 영업일, 평일

421 **persistence** 끈기, 고집; 지속(성)

    cf. **persist** 고집하다; 지속하다

422 **up until** ~까지

    call O C O를 C라고 부르다

U N I T 4 1

426 **unusual** 특이한, 색다른

427 **nature** 천성, 본성; 자연

428 **cure** 치유(법); 낫게 하다

429 **profound** 엄청난; 깊은, 심오한

    intelligence 지성; 지능

430 **genetic** 유전적인, 유전의

    cf. **gene** 유전자

    factor 요인

    contribute to A A에 기여하다; A의 원인이 되다

    lifespan 수명

U N I T 4 2

433 **pressure O into v-ing** O가 v하도록 압력을 가하다

    make a decision 결정을 하다

    hasty 성급한 (= hurried); 경솔한

434 **viewpoint** 관점 (= point of view, perspective)

    distort 왜곡하다; 비틀다

436 **admission** 입장(료); 시인, 인정

437 **ban** 금지하다; 금지(법)

    government 정부

U N I T 4 3

439 **self-conscious** 남의 시선을 의식하는, 자의식이 강한

    cf. **conscious** 의식하는; 의식이 있는

440 **conquer** 극복하다 (= overcome); 정복하다 (= defeat)

    cf. **conquest** 극복; 정복

    endurance 인내(력), 참을성

    cf. **endure** 견디다, 참다

442 **air crash** 비행기 사고

3문형/4문형의 수동태

3문형의 수동태는 〈S+be p.p.〉의 형태이며, 〈be p.p.〉를 하나의 동사로 취급하여 '~되다, 받다, 당하다' 등으로 해석한다. '~에 의해'를 뜻하는 〈by+행위자〉는 자주 생략된다. 구어에서는 be 대신 get도 많이 쓴다.

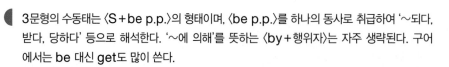

395 All things **are won** / by industry. - Proverb
　　　　 S 　　　　 V 　　　　 　 M
　　 모든 것은 얻게 된다 　 / 　 근면에 의해서.
　 ↳ 부지런하면 모든 것을 얻는다.

396 A smile with direct eye contact is welcomed everywhere.

397 Half of the world's habitable land is used for agriculture.

398 Come away from that machine before you get hurt.

4문형의 수동태는 〈S+be p.p.+O〉 형태이다. SV+IO+DO에서 두 개의 O 중 하나는 수동태의 주어로, 나머지 하나는 그 자리에 남는다. 보통 IO가 수동태의 주어로 가는데, DO가 주어로 가면 남아있는 IO 앞에 전치사 to, for, of가 적절히 쓰인다.

399 He **was given** *a fine* / for parking his car / in the wrong place.
　　　 S 　　 V 　　 O 　　　　 M 　　　　　　　　 M
　　 그는 벌금을 부과받았다 　 / 　 자신의 차를 주차했다는 이유로 　 / 　 부적당한 장소에.
　 (← The police officer **gave** him *a fine* for parking his car ~.)
　　　　 S 　　　　　 V 　 IO 　 DO

400 The earth was not given to you by your parents. It was loaned to you by your children. - Proverb

401 The robot was taught how to respond to human facial expressions.

402 We're told at school that white reflects sunlight and black absorbs it.

- 모의응용

─────
어법 직결 ▶ 다음 문장의 네모 안에서 어법상 알맞은 것을 고르시오.

403 I offered / was offered a scholarship because I got / was gotten top marks in all my subjects.

UNIT 39

5문형의 수동태

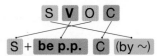

〈S+be p.p.+C〉는 SVOC문형의 수동태 형태이다. O는 주어로 나가고 C는 그 자리에 그대로 남는다. 그러나 능동태에서 C가 원형부정사(v)인 경우 수동태에서는 to부정사로 바뀌는 것에 주의해야 한다.

S V O C
S + **be p.p.** C (by ~)

---

404 Trust **is considered** / *the basis (of every relationship)*.
　　　　 S　　　 V　　　　　　　 C
　　　 신뢰는 (~라고) 여겨진다　 /　 기반이라고　　　　　 (모든 관계의).

405 The bank clerks / **were made** / *to lie on the floor* / by the gunman.
　　　　　 S　　　　　　 V　　　　　　 C　　　　　　　　 M
　　　 그 은행원들은　 /　 강요받았다　 /　 바닥에 엎드리도록　 /　 총을 든 사람에 의해.

---

406 Laughter is called the best medicine.

407 Our immune systems are kept strong by fighting off a small amount of germs and viruses.

408 You're not allowed to take pictures in the museum.

409 The mailman was seen to take the envelopes out of the mailbox.

410 I was advised by the nutritionist to eat more vegetables and less sugar.

411 Footsteps were heard echoing down a long dark hallway.

412 Anne Frank's diary was found hidden in the upper floor where the Frank family hid.

문장 전환 ▶ 다음 문장을 주어진 어구로 시작하는 수동태 문장으로 바꿔 쓰시오.

The doctor noticed his patient have difficulty in performing her daily activities.

413 The patient ＿＿＿＿＿＿＿＿＿＿＿＿＿＿＿＿＿＿＿ in performing her daily activities by the doctor.

수동태의 관용적 표현

수동태에서 by 이외에 다른 전치사를 사용하는 표현들과 〈be p.p. to-v〉 형태로 쓰이는 표현들을 잘 익혀 두자.

1. by 이외의 전치사를 쓰는 수동태

- be interested in ~에 흥미[관심]가 있다
  01 Are you **interested in** seeing a movie?

- be covered with ~으로 덮여 있다
  02 Most of Antarctica **is covered with** ice and snow.

- be filled with ~로 가득 차다
  03 The concert hall **was filled with** people.

- be satisfied with ~에 만족하다
  04 He **is satisfied with** his appearance.

- be surprised at[by] ~에 놀라다
  05 The old fisherman **was surprised at[by]** the enormous size of the fish.

- be engaged in ~에 종사하다
  06 She **is engaged in** foreign trade. - 모의

- be known for ~으로 유명하다 / be known as ~으로 알려져 있다 ((명칭, 별칭 등))
  be known by ~에 의해 알 수 있다 / be known to ~에게 알려져 있다
  07 She **is known for** her fine piano playing.
  08 This area **is known as** Little Venice.
  09 A man **is known by** the company he keeps. - Proverb
  10 His name **is known to** everybody in the school.

- be caught in (비 따위를) 만나다
  11 The climbers **were caught in** a sudden storm.

2. <be p.p. to-v> 형태의 수동태

- be supposed to-v v하도록 되어 있다
  12 People under 18 **are** not **supposed to enter** here.

- be obliged to-v v하지 않으면 안 된다, v해야 한다
  13 At some restaurants, you may **be obliged to pay** a service charge.

- be scheduled to-v v할 예정이다
  14 He **is scheduled to see** the dentist at 3 o'clock.

- be required to-v v하도록 요구되다
  15 All staff **are required to attend** the staff meeting today.

01 당신은 영화 보는 것에 흥미가 있나요? 02 남극 대륙의 대부분은 얼음과 눈으로 덮여 있다. 03 그 콘서트홀은 사람들로 가득 찼다. 04 그는 자신의 외모에 만족한다. 05 늙은 어부는 그 물고기의 엄청난 크기에 놀랐다. 06 그녀는 해외 무역에 종사하고 있다. 07 그녀는 뛰어난 피아노 연주 실력으로 유명하다. 08 이 지역은 '작은 베네치아'로 알려져 있다. 09 사람은 그가 사귀는 친구로 알 수 있다. 10 그의 이름은 학교에서 모두에게 알려져 있다. 11 등산객들은 갑작스러운 폭풍우를 만났다. 12 18세 미만인 사람은 이곳에 들어갈 수 없게 되어 있다. 13 어떤 식당에서는, 서비스 요금을 지불해야 할지도 모른다. 14 그는 3시 정각에 치과 진료를 받을 예정이다. 15 모든 직원은 오늘 직원회의에 참석하도록 요구된다.

UNIT 40 조동사/시제와 결합된 수동태

- 조동사+수동태: 조동사+be p.p.
- 진행형+수동태: be being p.p.
- 완료형+수동태: have/has/had been p.p.

---

414 Few things **will be gained** / by blaming the past.
S — V — M
얻어지는 것이 거의 없을 것이다 / 과거를 탓함으로써.

415 Polar bears **are being driven** to extinction / because of increasing
S — V — M — M
북극곰들은 멸종으로 내몰리고 있다 / 높아지는 기온 때문에
temperatures (in their habitat).
(서식지의).

416 The concept of doing multiple things at a time / **has been studied**
S — V' — O' — M' — V
한 번에 여러 가지 일을 한다는 개념이 / 심리학자들에 의해 연구되어 왔다
by psychologists / since the 1920s. - 수능응용
M — M
/ 1920년대부터.

---

417 I may be compelled to face danger, but never fear it.

418 Children must be taught how to think, not what to think.

- Margaret Mead ((美 인류학자))

419 Free parking permits will be provided only to those who have registered in advance. - 모의

420 Your order is being prepared for shipping. You can expect delivery in 2-3 business days.

421 He had been told by his grandmother that he could achieve anything with persistence.

422 Up until the late 1800s, soccer had been called "football" in both America and Britain.

형태에 유의해야 할 수동태

다음과 같은 구동사는 수동태에서도 하나의 덩어리로 표현된다.
look up to ~을 존경하다 / refer to A as B A를 B라고 부르다 / think of A as B A를 B로 여기다 /
laugh at ~을 비웃다 등 ◁ 천일비급 p.79

423 <u>She **is looked up to**</u> / <u>by other women</u> / <u>as a role model.</u>
 S   V   M   M
       그녀는 존경받는다   /   다른 여성들에게   /   롤모델로서.
(← Other women **look up to** her as a role model.)

424 Petroleum is referred to as black gold because of its high value in the market.
*petroleum 석유

425 Books have been thought of as windows to another world of imagination.
- Stephenie Meyer (((〈트와일라잇〉 작가))

426 Pablo Picasso was laughed at by many of his contemporaries for his unusual painting style.
*contemporary 동시대 사람; 동시대의

People say[know, think, believe] 등이 that절을 목적어로 하는 문장은 두 가지 수동태가 가능하다.

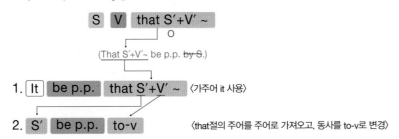

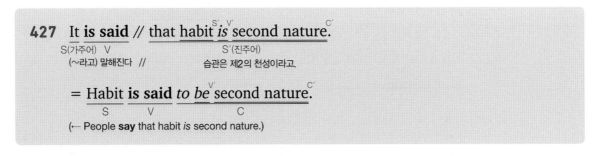

427 <u>It **is said**</u> // <u>that habit *is* second nature.</u>
 S(가주어) V   S'(진주어)
 (~라고) 말해진다 //   습관은 제2의 천성이라고.

= <u>Habit **is said** *to be* second nature.</u>
    S   V   C
(← People **say** that habit *is* second nature.)

428 It is known that eating bananas is a natural cure to reduce the effects of stress and anxiety.

429 Our life experience is thought to have a profound effect upon intelligence.
- 모의응용

430 It is believed that genetic factors contribute about 30 percent to the human lifespan.

UNIT 42 명령문/의문문 수동태

- 명령문 수동태: Let+O+be p.p. ((부정명령문은 Let+O+not be p.p. 또는 Don't let+O+be p.p.))
- 의문사가 없는 의문문 수동태: be동사+S+p.p. ~? / 조동사+S+be p.p. ~?
- 의문사가 있는 의문문 수동태: 의문대명사(S)+be+p.p. ~?
  의문부사+be+S+p.p. ~?

---

431 **Let** the door **be closed**.
　　　 V　　 O　　 C
문을 닫아주세요.
(← **Close** the door.)

432 **Was** this book **written** / by a robot (with artificial intelligence)?
　　　　　　 S　　　　　　　　　 M　　　　　　　　　　　*artificial intelligence(AI) 인공지능
　　　　 V
이 책이 쓰였나요 / 로봇에 의해 (인공지능을 가진)?
(← **Did** a robot with artificial intelligence **write** this book?)

---

433 Let yourself not be pressured into making a hasty decision.

434 Don't let your viewpoints be distorted by false information.

435 Will the class be cancelled if the number of registered students is less than ten?

436 A: What is included in the ticket price?

B: Each ticket includes admission and a free drink.

437 Why was the film banned by the government?

to부정사/동명사의 수동형

to부정사, 동명사는 동사에서 나온 것이므로 의미상의 주어(← UNIT 12, 13)와의 관계가 수동일 때는 수동형으로 표현된다. 문장의 동사보다 앞선 때에는 완료 수동형을 쓴다.

	수동형	완료 수동형
to부정사	to be p.p.	to have been p.p.
동명사	being p.p.	having been p.p.

*분사의 수동형 ← UNIT 58

---

438 I am happy / **to be invited** to your party.
　　　　S　V　　C　　　　　　　　　　M
　　　저는 기쁩니다 /　　　　당신의 파티에 초대받아서.
(= I *am* happy that I'*m invited* to your party.)

439 Simply **being watched** / makes us self-conscious. - 모의응용
　　　　　　S　　　　　　　　V　　O　　　C
　　　단순히 (누군가에 의해) 지켜봐지는 것은 /　　우리가 남의 시선을 의식하게 만든다.
　↳ 누군가가 우리를 지켜볼 때 우리는 타인의 시선을 의식하여 행동하게 된다.

[440-444] 다음 두 문장이 같은 의미가 되도록 빈칸을 완성하시오.

440 All bad fortune is to be conquered by endurance. - Virgil ((고대 로마의 시인))

= All bad fortune is something that should _____ by endurance.

441 I'd like a full refund because the package appeared to be damaged during delivery.

= I'd like a full refund because it appeared that the package _____ during delivery.

442 The air crash seemed to have been caused by pilot error.

= It seemed that the air crash _____ by pilot error.

443 Listening is giving the other person the experience of being heard.

= Listening is giving the other person the experience that he or she _____ _____.

444 Having been hurt by someone is never enough reason to hurt them back.

= That you _____ by someone is never enough reason to hurt them back.

CHAPTER 08

가정법

Chapter Overview

- **CHAPTER 05** 시제에서 배운 것과 지금까지의 예문에서
  사용된 것은 '직설법(fact-mood, indicative mood)'이고,
  이 챕터에서는 '가정법(thought-mood, subjunctive mood)'에 대해 학습한다.
  - 직설법: 사실을 '사실 그대로' 나타내거나 '일어날 가능성이 있다고 보는 일'을 나타낼 때 사용한다.
  - 가정법: '사실이 아닌(unreal)' 일을 가정·상상·소망할 때 사용한다. 즉, 사실과 반대되거나, 일어날
    가능성이 희박, 또는 불가능하다고 보는 일을 가정·상상·소망하는 것이다.

  가정법은 직설법과는 다른 시제를 사용하여 '사실과는 거리가 있음'을 나타낸다. 예를 들어, 현재의 일을
  '과거시제'로 나타낸다.

직설법	가정법
If I **have** time, I **surf** the Internet. 나는 시간이 있으면, 인터넷 서핑을 한다.	If I **had** time, I **could surf** the Internet. 내가 시간이 있다면, 인터넷 서핑을 할 수 있을 텐데. (← 현재 나는 시간이 없어서 인터넷 서핑을 할 수 없다.)

- 가정법의 시제
  가정법의 시제에는 '가정법 과거'와 '가정법 과거완료'가 있다. '가정법 시제'와 그것이 가리키는 '때'는
  일치하지 않는다는 것을 꼭 기억해야 한다. 즉, 가정법 과거는 형태상 과거시제를 쓰기 때문에 그렇게
  부르는 것이며, 의미는 '현재나 미래'이다.

Chapter Goals

1 if 가정법 과거가 나타내는 때와 의미에 따라 알맞게 해석할 수 있다.

2 if 가정법 과거완료가 나타내는 때와 의미에 따라 알맞게 해석할 수 있다.

3 if가 생략되고 도치가 일어난 문장을 잘 판별하여 알맞게 해석할 수 있다.

4 wish 뒤에 이어지는 명사절과 as if[though]절에 쓰인 가정법이 나타내는 때와 의미에 따라
  알맞게 해석할 수 있다.

5 if가 보이지 않지만 가정법이 쓰인 문장을 잘 판별하여 알맞게 해석할 수 있다.

Must-know
Words &
Lexical
Phrases

UNIT 44

445 **be good at** ~에 능숙하다 (↔ be poor at ~에 서투르다)

446 **chop down a tree** 나무를 베다[자르다]

　　　sharpen 날카롭게 하다; 갈고 닦다, 연마하다

447 **alive** 살아 있는; 활발한, 활동적인

448 **be worth v-ing** V할 가치가 있다

451 **life expectancy** 기대[예상] 수명

　　　cf. **expectancy** 기대

454 **random** 무작위의; 닥치는 대로의, 되는 대로의

　　　direction 방향; 경향, 추세

UNIT 45

455 **Arctic** 북극(의)

　　　⚠ **Antarctic** 남극(의)

　　　melt 녹(이)다

　　　coastal 해안의

　　　cf. **coast** 해안

456 **function** (제대로) 작동하다 (= operate); 기능

　　　chaotic 혼란스러운; 혼돈의

　　　cf. **chaos** 혼란; 혼돈

UNIT 46

459 **distribute** 유통하다; 분배하다, 나눠주다

　　　cf. **distribution** 유통; 분배, 분포

　　　sound recording 녹음(물)

460 **think of A** A를 생각하다

461 **dare to-v** 감히 V하다, V할 엄두를 내다

　　　risky 위험한, 모험적인

　　　cf. **risk** 위험(성)

　　　cf. **take a risk** 위험을 무릅쓰다

462 **review** (책·영화 등에 대한) 후기, 평론; 재검토(하다)

463 **heartily** 진심으로; 실컷, 열심히

cf. **hearty** 마음에서 우러난; 친절한; 기운찬

agree with A A에 동의하다

464 **path** 진로, 방향; 좁은 길, 오솔길

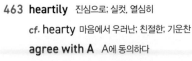

466 **in one's shoes** ~의 상황[입장]이 되어 (= in one's place)

look on the bright side 긍정적으로[낙관적으로] 보다

467 **unify** 통합[통일]하다, 단일화하다

diversity 다양성 (= variety); 차이

cf. **diverse** 다양한 (= various); 다른

469 **further** 더 이상의, 추가의 (= additional); 더 멀리

feel free to-v 마음 편히 v하다

470 **financial** 재정(상)의, 금융(상)의

cf. **finance** 재정, 재무; 자금, 재원

disaster 재앙, 엄청난 불행; 재난 (= catastrophe)

U N I T 4 8

473 **express** 표현하다, 나타내다

cf. **expression** 표현; 말투; 표정

gratitude 감사, 고마움

474 **attendee** 참석자

cf. **attend** 참석하다; 출석하다; 주의를 기울이다

lecture 강연(하다), 강의(하다)

475 **taste** (짧게) 경험하다; 맛보다

476 **dishonesty** 부정직, 불성실 (↔ honesty 정직, 성실);
부정행위 (= cheating)

U N I T 4 9

478 **try to-v** v하려고 노력하다

cf. **try v-ing** 시험 삼아[그냥] 한번 v해 보다

482 **consider** 고려하다; 생각하다; 여기다

483 **have a haircut** 머리를 자르다

U N I T 5 0

484 **position** (일)자리, 직위; 위치; 자세; 입장

486 **copyright** 저작권, 판권

dramatic 극적인; 인상적인

artistic 예술[미술]적인; 예술적 감각이 있는

487 **hold(-held-held)** 개최하다; 잡다, 들다; 견디다

sponsor 후원자 (= supporter); 후원하다

488 **gloomy** 우울한, 침울한

491 **circumstance** ((주로 복수형)) 상황, 환경 (= situation)

493 **cover** 덮다; 가리다

surface 표면

494 **walk away** 떠나 버리다

tough 힘든, 어려운; 강인한; (사람이) 거친

495 **go without** ~없이 견디다[지내다]

498 **ask for A** A를 요청하다

difficulty ((주로 복수형)) 어려움, 곤경

UNIT 44

if + 가정법 과거

'현재 사실과 반대로 가정·상상·소망'하거나, 또는 '현재나 미래에 일어날 가능성이 매우 희박하거나 불가능하다고 보는 일'을 나타낸다. 과거시제이므로 가정법 과거라 하지만 **해석은 '현재나 미래'**인 것에 주의해야 한다.
주절에 반드시 〈조동사 과거형(would/could/might)+동사원형〉이 쓰인다.

If S′ 동사의 과거형/were ~, S would/could/might+동사원형 ...
if절(종속절): 만약 ~라면,　　　　　　주절: …할 텐데

445 If I **were** good at grammar, // I **could answer** the question.
　　　 S′　V′　　C′　　　M′　　　　S　　　V　　　　　O
　　　　　만약 내가 문법을 잘한다면,　　//　　　나는 그 문제에 답할 수 있을 텐데.

446 If I **had** eight hours (to chop down a tree), // I **would spend** six /
　　　 S′　V′　　　O′　　　　　　　　　　　　　　　S　　　V　　　　O
　　　　만약 나에게 8시간이 있다면　　　(나무를 벨),　　//　　나는 6시간을 쓸 텐데　　　/
sharpening my axe. - Abraham Lincoln
내 도끼를 날카롭게 하는 데.
↳ 일을 하는 데 있어서 준비를 철저히 하는 것이 중요하다.

447 If my grandparents were alive, they could experience a whole new world.

448 If nature were not beautiful, it would not be worth knowing, and life would not be worth living. - Henri Poincaré ((프 수학자))

449 If you had a one-year vacation, what would you do during that time?

───────
어법 직결 ▶ [450-451] 다음 문장의 네모 안에서 어법상 알맞은 것을 고르시오.

450 If happiness were sold, few of us can /could pay the price.

451 Life expectancy would grow by leaps and bounds if green vegetables smell /smelled as good as bacon. - Doug Larson ((美 저널리스트))

*by leaps and bounds 급속히, 착착

요청이나 제안을 할 때 가정법 과거를 사용하면, 말하는 이가 '사실'이 아닌 '가정'의 상황을 말하는 것이므로 덜 직접적으로 느껴진다. 따라서 현재시제를 사용하는 것보다 더 정중한 표현이 된다.

452 **Would** it **be** all right // if I **invited** him / to supper?
　　　　　└─ⱽ─┘ S　　　C　　　　 S′　 V′　　 O′　　　 M′
　　　　　괜찮으실까요　　　　 //　 제가 그를 초대해도　 /　 저녁 식사에?

453 It would be great if you could come to my party tonight.

454 If we all did just one random act of kindness daily, we might set the world in the right direction.

UNIT 45
if + should / were to

if절에 should나 were to가 있으면, 일어날 가능성을 좀 더 희박하게 본다는 느낌을 준다.

If S′ should/were to V′ ~, S would/could/might 등 + 동사원형 ...
　혹시라도[만에 하나] ~라면,　　　　　 ...할 텐데

455 If all the ice (in the Arctic) / **should melt**, // many coastal areas **would**
　　　　 S′　　　　　　　　　 V′　　　　 S　　　　　V
　 혹시라도 모든 얼음이　 (북극의)　/　 녹는다면,　 //　 많은 해안 지역이 사라질 텐데.
disappear.

456 If the Internet **were to stop** functioning, // the results **could be** chaotic.
　　　 S′　　　　 V′　　　　 O′　　　　　　 S　　　 V　　　 C
　　　 만에 하나 인터넷이 작동하는 것을 멈춘다면,　 //　 그 결과는 혼란스러울 텐데.

457 If you were to change your job right now, what would you choose?

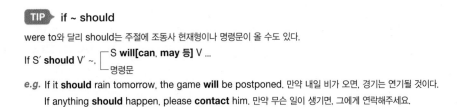

TIP if ~ should

were to와 달리 should는 주절에 조동사 현재형이나 명령문이 올 수도 있다.

If S′ **should** V′ ~, ┌─ S **will[can, may 등]** V ...
　　　　　　　　　　　 └─ 명령문

e.g. If it **should** rain tomorrow, the game **will** be postponed. 만약 내일 비가 오면, 경기는 연기될 것이다.
　　 If anything **should** happen, please **contact** him. 만약 무슨 일이 생기면, 그에게 연락해주세요.

if + 가정법 과거완료/혼합가정법

과거 사실과 반대로 가정 · 상상 · 소망할 때, 또는 과거에 일어났을 가능성이 매우 희박하거나 불가능하다고 보는 일을 나타낼 때 가정법 과거완료를 사용한다. **해석은 '과거'**로 한다.

If S′ had p.p. ~, S would/could/might + have p.p. ...
만약 ~했더라면,   ...했을 텐데

---

458 If you **had spent** more time / on the project, // you **would have made**
　　　　S′　　V′　　　　O′　　　　　　　　　　　　　　S　　　　V
　　　만약 네가 더 많은 시간을 썼더라면　　/　그 프로젝트에,　//　　더 적은 실수를 했을 텐데.

fewer mistakes.
　　O

459 If Edison **had been born** / before Gutenberg, // books **might have been**
　　　　S′　　　V′　　　　　　　M′　　　　　　　　S　　　　V
　　　만약 에디슨이 태어났더라면　/　구텐베르크보다 먼저,　//　　책은 유통되었을지도 모를 텐데

distributed / as sound recordings.
　　　　　　　　　　　M
　　　　　　/　녹음물로.

---

460 If I had thought of the right words, I could have told him what I was thinking!

461 If I had not dared to be risky, I could never have dared to be great.

462 I would not have seen the movie if I had read the reviews.

463 If her father had been alive, he would have heartily agreed with her marriage to Tim.

---

if절과 주절이 가리키는 때가 서로 다른 경우 혼합가정법이라 한다. 대표적인 예는 다음과 같다.

If S′ had p.p. ~ , S would/could/might + 동사원형 ...
(과거에) 만약 ~했더라면,   (지금) ...할 텐데

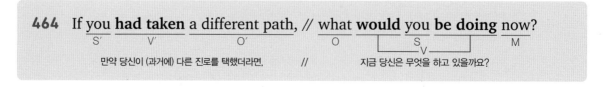

464 If you **had taken** a different path, // what **would** you **be doing** now?
　　　　S′　　V′　　　　O′　　　　　　O　　　S　　　V　　　M
　　　만약 당신이 (과거에) 다른 진로를 택했더라면,　//　지금 당신은 무엇을 하고 있을까요?

465 If it hadn't rained in the morning, we would be on the top of the mountain now.

if 생략 도치구문

if절의 (조)동사가 were, had, should일 때, if를 생략하고 도치시키는 경우가 많다.

If S′ **were** ~ → **Were** S′ ~
If S′ **had** p.p. ~ → **Had** S′ p.p. ~
If S′ **should** V′ ~ → **Should** S′ V′ ~

이 구문은 아래와 같은 특징들을 확인하여 판단할 수 있다.
1. 의문문이 아닌데 〈Were/Had/Should+S′〉의 형태이고 문맥상 if절(종속절)에 해당한다.
2. 두 개의 절이 있는데 이들을 연결하는 접속사가 보이지 않는다.
3. 도치되지 않은 또 다른 절(주절)의 동사가 조동사 과거형을 포함한다.

> **466** **Were *I*** in your shoes, // I **would try** to look on the bright side.
>   V′   S′   C′   S   V   O
>   내가 네 입장이라면   //   나는 긍정적으로 보려고 노력할 텐데.
> (← *If I* **were** in your shoes, I would try to look on the bright side.)

467 Had Asian countries been unified with one language, there would have been less diversity in our history.

468 She would have gotten the job had she been better prepared.

469 Should you have further questions, please feel free to e-mail or call us.

470 According to research, nearly a third of adults would face financial disaster within two months should they lose their jobs.

영작 직결 ▶ 다음 우리말과 일치하도록 괄호 안의 어구를 활용하여 빈칸을 완성하시오. (필요하면 어형 변화 가능)
그가 내 충고를 따랐더라면, 그는 체면을 지켰을 텐데. (have, have, save, would, follow, he)

471 _____ _____ _____ my advice, he _____ _____
_____ face.

*save face 체면을 지키다, 창피를 면하다

UNIT 48 S+wish+가정법

〈S+wish〉의 뒤에 이어지는 명사절에는 가정법을 써야 한다. 현재나 과거에 이룰 수 없는[없었던] 소망을 나타낸다.
가정법 과거는 주절과 때가 같고, 가정법 과거완료는 주절보다 이전의 일이다.

주절(직설법)	명사절(가정법 과거)	해석
S+wish	S′+동사의 과거형/were ~	~하면 좋을 텐데 (현재+현재)
S+wished	S′+would, could 등+동사원형 ~	~했다면 좋았을 텐데 (과거+과거)

주절(직설법)	명사절(가정법 과거완료)	해석
S+wish	S′+had p.p. ~	~했다면 좋을 텐데 (과거+현재)
S+wished	S′+would, could 등+have p.p. ~	~했었다면 좋았을 텐데 (대과거+과거)

소망하는 시점(현재) = 소망 내용의 시점(현재)

472 When I read a good book, // I *wish* / my life **were** three thousand years
　　　내가 좋은 책을 읽을 때,　　// (~라면) 좋을 텐데 /　　　내 삶이 3천 년이라면.

long. - Ralph Waldo Emerson ((美 시인))
↳ 좋은 책을 읽을 때, 나는 그 책을 최대한 오래 음미할 수 있도록 삶이 길었으면 하고 바란다.

소망하는 시점(현재) ≠ 소망 내용의 시점(과거)

473 I *wish* // I had expressed my gratitude / to my parents / more often.
　　(~라면) 좋을 텐데 //　　내가 나의 감사함을 표현했다면　　/　　부모님께　　/　　더 자주.

474 Attendees of the lecture wish they could have more time for discussion.

475 The old Romans wished they had a king because they hadn't yet tasted the sweetness of freedom.

476 Many people wish he had not been in a public office because of his dishonesty.
*be in a public office 공직에 있다

477 The city was beautiful, and I wished we could have stayed longer.

TIP **if only 가정법:** 아주 강한 소망·아쉬움·후회
• 〈if only+가정법 과거/과거완료〉: ~이면 얼마나 좋을까/~였다면 얼마나 좋을까
e.g. **If only** I **could see** you again. 널 다시 볼 수 있으면 얼마나 좋을까.
If only you **had been** there! 네가 그곳에 있었다면 좋을 텐데!
≒ I wish you **had been** there. ≒ You **should have been** there. ≒ I am sorry that you **weren't** there.

as if + 가정법

as if[though] 절에서 가정법이 사용될 수 있다. 사실이 아닌 내용이나 사실일 가능성이 희박한 일에 대한 가정·상상을 나타낸다. 〈S+wish〉 가정법과 마찬가지로, 주절(직설법)에 이어지는 〈as if+가정법 과거〉는 주절과 때가 서로 일치하며, 〈as if+가정법 과거완료〉는 주절보다 이전의 일이다.

주절(직설법)	as if[though]+ 가정법 과거		해석
S+V(현재시제)	as if as though	+S′+동사의 과거형/were ~	마치 ~인 것처럼 V한다 (현재+현재)
S+V(과거시제)			마치 ~였던 것처럼 V했다 (과거+과거)

주절(직설법)	as if[though]+ 가정법 과거완료		해석
S+V(현재시제)	as if as though	+S′+had p.p. ~	마치 ~였던 것처럼 V한다 (과거+현재)
S+V(과거시제)			마치 ~였었던 것처럼 V했다 (대과거+과거)

가정하는 시점(현재) = 가정 내용의 시점(현재)

478 I always try to live my life // **as if** there **were** no second chances.
　　　 S　　　 V　　 O　　　　　　　　　　　　　　　　 V′　　　　 S′
　　　 나는 항상 내 삶을 살려고 노력한다　　 //　　　　　 마치 두 번째 기회들이 없는 것처럼.
↳ 나는 항상 기회가 한 번뿐이라는 생각으로 최선을 다하며 살기 위해 노력한다.

479 Some people waste your time as if they had bought it from you.

480 He always looked happy, as if a smile were painted on his face.

481 He talked about my sister as though she had been a close friend.

it's time 뒤에 이어지는 that절에서도 가정법이 쓰일 수 있으며 '~해야 할 때다, ~할 시간이다'의 의미이다.

It's (high/about) time (that)+S′+┌동사의 과거형/were
　　　　　　　　　　　　　　　　 └should+동사원형

482 **It is high time** // **that** you **should consider** / what you really want to do /
　　　 S　 V　　 C　　　　　 S′　　　 V′　　　　　　 　　　　 O′
　　 (~할) 때이다　 //　　　 네가 고려해봐야 할　　/　　 네가 정말로 무엇을 하고 싶어 하는지　　 /
in the future.
　　　 M′
　 미래에.

483 It's time I had a haircut. My hair is so long.

> **TIP** as if[though]+직설법
> 말하는 사람이 생각하기에 사실일 가능성이 상당히 있을 때 사용된다. (= likely, possible)
> *e.g.* Tom **acts as if** he **is** very angry. 톰은 몹시 화가 난 것처럼 행동한다. (실제로 화가 나 있을 것으로 생각할 때)
> 　　 Tom **acts as if** he **were** very angry. 톰은 마치 몹시 화라도 난 것처럼 행동한다. (화가 나 있지 않은 것으로 생각할 때)

UNIT 50 가정법을 이끄는 표현

if가 없지만 가정법이 쓰이는 문장들도 있다. 이런 문장들에는 if나 if절 대신 조건의 의미를 나타내는 어구들이 있다. 문장에 조동사 과거형이 있고 이 어구들이 보이면, 가정법이 아닌지 확인해야 한다.

- otherwise: 그렇지 않으면; 그렇지 않았으면 (= if ~ not)
- without, but for: ~이 없다면 (= if it were not for, were it not for)
  　　　　　　　　~이 없었더라면 (= if it had not been for, had it not been for)
  　cf. with: ~이 있다면; ~이 있었더라면
- suppose[supposing] (that): 만약 ~라면; 만약 ~했더라면 (= provided[providing] (that))

---

484 He is a genius in communication. ***Otherwise***, / he **would** never **be**
S V C M 　　　M S V
그는 의사소통의 귀재이다. 　그렇지 않다면, / 그는 내 선택이 절대 되지 못할 것이다

my choice (for the position).
C
(그 자리에 대한).
↘ 그가 의사소통의 귀재가 아니라면, 나는 그를 그 자리에 임명하지 않을 것이다.
(Otherwise = If he were *not* a genius in communication)

485 ***Without[But for]*** friends, / the world **would be** a pretty lonely place.
M S V C － 모의응용
친구들이 없다면, / 세상은 상당히 외로운 곳일 것이다.
(= If it were not for[Were it not for] friends, ~.)

---

486 Without copyright, the dramatic growth of the artistic, cultural, and other creative industries would have been impossible. - 모의

487 The benefit concert couldn't have been held without the many sponsors.
*benefit concert (모금을 위한) 자선 음악회

488 If it were not for love, life would be quite a gloomy experience.

489 Had it not been for our efforts, we would be in an even more difficult position now.

490 Supposing you had been born a century ago, what differences would have been made in your life?

- 부사(구)에 조건의 뜻이 함축된 경우
- 주어에 조건의 뜻이 함축된 경우
- to부정사 또는 분사구문이 조건을 나타내는 경우

491 **In different circumstances**, / we **could have been** good friends.
　　　　　　M　　　　　　　　　S　　　V　　　　　C
　　다른 상황이었다면,　　　　　／　　우리는 좋은 친구가 될 수도 있었을 텐데.
(= If we had been in different circumstances. ~.)

492 What would you do in my place?

493 Perhaps billions of years ago, Mars would have had water covering its entire surface.
*Mars 화성

494 A true friend would never walk away when times get tough.

495 A teen wouldn't be able to go without a cell phone for a day.

496 To hear her sing, you might think she was an angel.

497 To see his everyday life, you would never think he is 80 years old.

498 Asked for the most useful advice in life, I would say: Expect difficulties always!

1 2 **3** 4 5

수식어구의 이해: 준동사 중심

영어 문장에는 S, V, O, C 외에도 이를 꾸며주는 수식어구가 존재한다.
수식어구 중에서도 to-v, v-ing, p.p.가 이끄는 준동사구는 딸린 어구와 함께
다소 긴 형태의 '구'를 이루며, to-v구는 특히 다양한 의미를 가지고 있으므로
문장 내에서 이를 잘 구별하여 해석해야 한다.

CHAPTER 09

수식어구: to부정사, 분사

Chapter Overview

to-v, v-ing, p.p.가 형용사적 수식어 역할을 하는 경우와 to-v가 부사적 수식어 역할을 하는 경우에 대해 알아본다.

● **형용사적 수식어 역할**

원칙적으로 명사를 수식하므로 수식하는 명사 앞뒤에 위치하고, 그 명사와 의미적으로 긴밀하게 연결되어 좀 더 구체적인 의미를 더한다.

	형용사	a **kind and thoughtful** friend	친절하고 사려 깊은 친구
	〈전치사+명사〉구	a friend **from New York**	뉴욕에서 온 친구
명사+	to-v	a friend **to help me**	나를 도와줄 친구
	v-ing	a friend **waiting for me**	나를 기다리고 있는 친구
	p.p.	a friend **loved by everyone**	모든 사람에게 사랑받는 친구

● **to-v의 부사적 수식어 역할**

부사는 동사, 형용사, 다른 부사, 구, 절 또는 문장 전체(즉, 명사 이외의 모든 것)를 수식하여 좀 더 구체적인 의미를 더할 수 있다. 이와 마찬가지로, 부사 역할을 하는 to-v는 여러 의미를 나타낼 수 있기 때문에 문맥에 따라 to-v의 의미를 정확히 파악하는 것이 필요하다.

Chapter Goals

1 to-v의 형용사적, 부사적 수식어 역할에 따라 알맞게 해석할 수 있다.
2 v-ing, p.p.의 수식어 역할에 따라 알맞게 해석할 수 있다.
3 명사를 수식하는 분사의 알맞은 형태(v-ing 또는 p.p.)를 판별할 수 있다.

Must-know
Words &
Lexical
Phrases

UNIT 51 •

499 voyage 항해(하다), 여행(하다)

ⓘ **travel** (일반적인) 여행

ⓘ **journey** (특히 멀리 가는) 여정, 여행

ⓘ **trip** (짧은) 여행; 이동

500 blame 비난하다, 책망하다

cf. blame A for B A를 B의 이유로 비난하다

fruit 결과, 성과 (= result); 과일, 열매

503 generosity 너그러움; 마음씨 좋음

cf. **generous** 너그러운, 후한

504 courage 용기 (= bravery)

ⓘ **encourage** 격려하다, 용기를 북돋우다

lose sight of ~이 더 이상 안 보이게 되다

shore 해안, 해변

507 aim 목적, 목표; 겨누다; 목표 삼다

live for ~을 위해 살다, ~이 삶의 주된 목적[이유]이다

means 수단, 방법; 돈, 재력

exchange 교환(하다); 환전

510 terrific 아주 좋은; 엄청난

UNIT 52 •

511 bark 짖다; 짖는 소리, 고함

seldom 좀처럼 ~않는 (= rarely)

512 tend to-v v하는 경향이 있다

long for ~을 갈망하다 (= be anxious for, be eager for)

fatty 기름진, 지방이 많은; 지방으로 된

513 aroma (기분 좋은) 향기 (= fragrance)

have an effect on ~에 효과를 내다, ~에 영향을 미치다

relax 진정시키다; 긴장을 풀다

514 turn C C로 변하다

515 international 국제적인

organization 기구, 기관, 단체

promote 증진[촉진]하다; 홍보하다; 승진시키다

civil rights 시민의 평등권

cf. **civil** 시민의; 민간의

anti- 반대[대항]하는 (↔ pro- 찬성[지지]하는)

terrorism 테러리즘, 테러 행위

516 **industry** 산업, 공업; 근면

517 **self-development** 자기 개발

519 **scene** (사건 등의) 현장; 풍경; 장면

court 법정, 법원; (스포츠의) 코트

evidence 증거, 흔적

522 **flexible** 유연한; 융통성 있는

adapt 적합[적응]시키다; 조정하다; 각색하다

523 **allow O to-v** O가 v하도록 허용하다

524 **reveal** 밝히다, 드러내다

tip of the iceberg 빙산의 일각, 극히 일부분

525 **acquire** 얻다, 습득하다

ⓘ **require** 필요하다, 요구하다

ⓘ **inquire** 묻다, 알아보다

with little effort 거의 노력하지 않고

UNIT 53

527 **be more likely to-v** v할 가능성이 더 많다

528 **unwanted** 원치 않는, 반갑지 않은

extremely 매우, 극단적으로

break a habit 습관을 고치다[깨다]

530 **satisfaction** 만족, 충족

531 **pastime** 취미, 기분 전환, 심심풀이 (= hobby)

532 **set off** (여정을) 떠나다, 출발하다

UNIT 54

535 **nonsense** 터무니없는 말[생각], 허튼소리

537 **revive** 회복[소생]시키다[하다]; 부활시키다

cf. **revival** 회복; 부활

recharge 재충전하다

stamina 체력, 스태미나

538 **attempt** (힘든 일을) 시도(하다)

539 **detailed** 상세한

in advance 미리, 사전에

540 **predator** 포식자

ⓘ **prey** 먹이; 희생자

541 **annual** 연례의, 매년의

distribution 분배, 배분

cf. **distribute** 분배[배분]하다

UNIT 55

544 **brilliantly** 찬란히; 훌륭히

545 **endure** 견디다, 참다 (= bear); 오래가다 (= last)

546 **make money** 돈을 벌다 (= earn money)

do A wrong A를 잘못하다

550 **echo** 울림; 메아리; (소리가) 울리다

endless 영원한, 끝없는

552 **undercooked** (음식이) 설익은 (↔ overcooked 너무 익힌)

554 **consequence** 결과; 중요성

556 **define** 정의하다, 규정하다

consider O C O를 C로 여기다

UNIT 56

557 **sensitive** 민감한, 예민한; 세심한 (↔ insensitive 둔감한; 무감각한)

ⓘ **sensible** 분별 있는, 합리적인

respond to A A에 대답[반응]하다

openly 드러내놓고, 솔직하게

558 **admit** 인정하다, 시인하다; (입학 · 입장 등을) 허가하다

559 **limit** 제한하다 (= restrict); 제한, 한계

560 **judge** 판단하다; 판사; 심판

562 **vision** 시력 (= eyesight); 눈; 시야

mature 다 자란; 성숙한 (↔ immature 다 자라지 못한, 미숙한)

to부정사의 형용사적 수식

to-v구가 명사를 수식하는 경우 명사 뒤에 오며, 'v할, v하는, v한' 등으로 해석한다.
이때의 〈명사+to-v구〉는 한 덩어리로 묶어 이해하는 것이 좋다. 그 덩어리가 문장에서 주어, 목적어, 보어가 된다.
to-v구를 괄호로 묶으면 전체 문장 구조가 더 잘 보일 수 있다.

---

499 *The first person* (**to make** a voyage alone / around the world) /
S — V O M M

최초의 사람은 (혼자서 항해한 / 전 세계를) /

was Sir Francis Chichester. (= The first person **who made** a voyage alone ~.)
V C

프랜시스 치체스터 경이었다.

500 You have *no one* (**to blame**) / but yourself // because your life is the fruit
S V O V S' V' C'

당신은 사람이 아무도 없다 (비난할) / 당신 자신 외에는 // 당신의 삶은 결과이기 때문에

(of your own doing). (= You have *no one* **whom** you would blame ~.)

(당신 자신의 행동에 대한).

501 "Impossible" is *a word* (**to be found** / only in the dictionary of fools).
S V C V M

'Impossible'은 단어이다 (발견되는 / 바보들의 사전에서만). -Napoleon Bonaparte

(= "Impossible" is *a word* **which is found** ~.)

---

502 If you are well prepared, there is nothing to worry about.

503 Everyone can experience the joy of generosity because everyone has something to give. - Jan Grace ((美 작가))

504 You can never cross the ocean until you have the courage to lose sight of the shore. - Christopher Columbus

505 Flextime could give people more time to spend with their children.

*flextime 자유 근무 시간제

506 Breakfast is the most important meal of the day to have to think more clearly in school. - 모의응용

507 Money is not an aim to live for, but just a means of exchange.

508 I had a lot of school and friend issues to deal with last month.

어법 직결 ▸ **[509-510]** 다음 밑줄 친 부분이 어법상 옳으면 ○, 틀리면 ✕로 표시하고 바르게 고치시오.

509 The best season to plant tomatoes <u>is</u> in late spring or early summer.

510 It's a terrific house <u>to live</u>; you can feel the seasons through the huge glass windows.

TIP ▸ 주의해야 할 〈명사+to-v〉 표현

1. 명사 뒤의 to-v가 '목적'을 나타내는 부사적 용법인 경우
   〈명사+to-v〉의 to-v가 항상 명사를 수식하는 형용사적 역할을 하는 것은 아니다. to-v는 '목적'을 나타내는 부사적 역할로 많이 쓰이기 때문에, 형태로만 판단하지 말고 문맥을 잘 살펴서 해석해야 한다. ◂ UNIT 54
   She raised her right hand **to ask** a question.
   그녀는 **질문하기 위해** 오른손을 들었다. (○)
   그녀는 **질문하기 위한** 오른손을 들었다. (✕)

2. 자주 쓰이는 〈명사+to-v+전치사〉 표현
   - a chair **to sit on** 앉을 의자
   - nothing **to be afraid of** 두려워할 아무것도 아닌 것
   - a horse **to ride on** 탈 말
   - a house **to live in** 살 집
   - music **to listen to** 들을 노래
   - someone **to talk to** 얘기할 사람
   - a pen **to write with** 쓸 펜
   - a piece of paper **to write on** 쓸 종이

UNIT 5 2 분사(v-ing/p.p.)의 형용사적 수식

분사(v-ing/p.p.)는 명사 앞이나 뒤에 쓰여 그 명사를 수식할 수 있다. 분사에 딸린 어구가 없을 때는 대개 명사 앞에 오고, 딸린 어구가 있으면 명사 뒤에 온다. 〈명사+분사구〉일 경우 분사구를 괄호로 묶으면 전체 문장 구조가 더 잘 보일 수 있다.

◗ v-ing(현재분사)는 일반적으로 '능동, 진행'을 의미한다. 'v하는, v하고 있는'으로 해석한다.

---

511 A **barking** *dog* seldom bites. - Proverb
               S   V
          짖는 개는 좀처럼 물지 않는다.
         ↘ 항상 위협만 하는 사람은 오히려 실제로 행동에 옮기지는 않는다.

512 *People* (**experiencing stress**) / tend to long for more fatty, salty and
       S   v   o   V   O
   사람들은   (스트레스를 겪는)   /   더 기름지고, 짜고, 단 음식을 갈망하는 경향이 있다.

sugary foods. (= *People* **who experience[are experiencing]** stress ~.)

---

513 Some aromas have a relaxing effect on the body, for example lavender.

514 According to doctors, hair turning gray runs in the family.

                                         *run in the family 집안 내력이다

515 The United Nations is an international organization promoting world peace, civil rights, and anti-terrorism.   *United Nations(UN) 국제연합

어법 직결 ▸ [516-517] 다음 밑줄 친 부분이 어법상 옳으면 ○, 틀리면 ✕로 표시하고 바르게 고치시오.

516 About a third of the students <u>graduate</u> from the technology department of our university have taken jobs in the IT industry.

517 Books dealing with self-development <u>is</u> popular these days.

TIP ▸ 자주 쓰이는 〈v-ing(현재분사)+명사〉 표현

- a **developing** country 개발도상국
- a **demanding** course 어려운 과목[과정]
- an **inviting** prospect 매력적인 전망
- a **striking** difference 현저한 차이

- an **overwhelming** victory 압도적인 승리
- an **understanding** mother 이해심이 많은 어머니
- an **insulting** remark 모욕적인 발언
- a **rewarding** job 보람 있는 직업

타동사의 p.p.(과거분사)는 '수동'을 의미하며 'v된, v당한' 등으로 해석한다. 간혹 자동사의 p.p.가 명사를 수식할 경우도 있는데 이는 '완료'를 의미하며 'v한 (상태인)'으로 해석한다.

518 Life is a journey; / not a **guided** *tour*.
　　　　S　V　　　C₁　　　　　　　　　　C₂
　　　　인생은 여정이다　　　/　　안내를 받는 관광이 아니라.
　↳ 인생은 가야 할 길을 누군가가 대신 안내해 주지 않는다. 스스로 개척해 나가야 한다.

519 *DNA* (**left behind** / **at the crime scene**) / is used as court evidence. - 모의응용
　　　　S　　　　　　　　　　　　　　　　　　　　　V　　M
　　　DNA는　　　　　　(남겨진 / 범죄 현장에)　　/　　법정 증거로 사용된다.
　　　(= *DNA* **which is left behind** ~.)

520 Regret for wasted time is more wasted time. - Mason Cooley ((美 작가))

521 Truth is like the moon hidden by thick clouds on a dark night.

522 Cats have flexible bodies and sharp teeth adapted for hunting small animals such as mice.

어법 직결 ▶ [523-524] 다음 밑줄 친 부분이 어법상 옳으면 ○, 틀리면 ✕로 표시하고 바르게 고치시오.

523 Only people <u>involving</u> in the project are allowed to access the data.

524 The secret funds scandal <u>reveals</u> in today's news may be just the tip of the iceberg.
　　　　　　　　　　　　　　　　　　　　　　*secret funds scandal 비자금 사건

영작 직결 ▶ 다음 우리말과 일치하도록 괄호 안의 어구를 활용하여 영작하시오. (필요하면 어형 변화 가능)

거의 노력하지 않고 얻어진 것들은 쉽게 잃어버린다. (easily, lose, be, with, acquire, little effort)

525 Things _____ .

TIP 자주 쓰이는 〈p.p.(과거분사)+명사〉 표현
· a(n) **developed[advanced]** country 선진국
· **endangered** species 멸종 위기에 처한 (동식물의) 종
· **finished** products 완제품
· **frozen** food 냉동식품
· **limited** capacity 한정된 수용 능력

· an **attached** file 첨부 파일
· **fallen** leaves 낙엽
· a **fixed[marked]** price 정찰가
· **registered** mail 등기우편
· **broken** heart 상처받은 마음

UNIT 중요
5 3 감정 분사(v-ing / p.p.)의 형용사적 수식

감정을 나타내는 분사(v-ing/p.p.)가 명사를 수식하는 경우 그 의미 차이에 주의해야 한다.

- v-ing: v하게 하는 A (능동: A가 다른 누군가에게 감정을 불러일으킴)
- p.p.: v한[하는] A (수동: A가 다른 무엇[누군가]에 의해 감정을 느끼게 됨)

감정을 불러일으킴		감정을 느낌	
interesting	흥미를 주는	interested	흥미[관심]를 갖는
frustrating	좌절시키는	frustrated	좌절된, 좌절한
amazing	(깜짝) 놀라게 하는	amazed	(깜짝) 놀란
satisfying	만족시키는	satisfied	만족한
boring	지루하게 하는	bored	지루함을 느끼는

◀ 천일비급 p.100

---

526 I love / meeting **interesting** *people* / and doing things with them.
S V   O₁   O₂
나는 몹시 좋아한다 /   흥미로운 사람들을 만나는 것을   /   그리고 그들과 함께 무엇인가를 하는 것을.

527 *People* (**interested** / **in what you're interested in**) / are more likely
S   V   C
사람들은   (흥미를 갖는 / 네가 흥미를 가진 것에)   / 너와 친구가 될 가능성이 더 많다.

to become friends with you. (= People **who are interested** in ~.)
M

---

528 Trying to stop an unwanted habit can be an extremely frustrating task as habits are difficult to break. - 모의응용

529 Take a guided tour of the Vatican Museums for an amazing travel experience. - 모의

530 Consumers satisfied with the quality of the product gave a high score in the customer satisfaction survey.

어법 직결 ▶ [531-532] 다음 문장의 네모 안에서 어법상 알맞은 것을 고르시오.

531 Social media is a favorite pastime for many boring / bored people.

532 After years working with boring / bored people, he set off to travel the world.

UNIT 54 to부정사의 부사적 수식 Ⅰ

to-v구가 부사 역할을 할 때는 다양한 의미를 가지므로 문맥을 잘 살펴서 해석해야 한다. 가장 많이 볼 수 있는 것은 'v하기 위해서, v하도록'이란 '목적'의 의미로 쓰이는 경우이다. 목적의 의미를 명확히 하거나 강조하기 위해서 to-v 앞에 in order 나 so as를 덧붙이기도 한다.

- 목적: v하기 위해서, v하도록 (= in order to-v = so as to-v)
- 감정의 원인: v해서 ('감정'을 뜻하는 어구+to-v)
- 판단의 근거: v하다니, v하는 것을 보니 ('판단이나 추측'의 어구+to-v)

---

533 **To learn anything new**, / **you** have **to have** an open mind.
　　　　　〈목적〉　　　　　　　　S　　　V　　　　　　　O
　　새로운 어떤 것을 배우기 위해서, /　　　당신은 열린 마음을 가져야 한다.

534 **I'm** really **sorry** / **to hear that**.
　　　S V　　　　C 〈감정〉　　〈원인〉
　　나는 정말 유감이야 /　그 말을 듣게 돼서.

535 **They must be crazy** / **to believe such nonsense**.
　　　　S　　V　　　C 〈판단〉　　　　〈근거〉
　　그들은 미쳤음이 틀림없다 /　그런 터무니없는 말을 믿는 것을 보니.

---

536 I'm always doing what I can't do to learn how to do it.

537 Breaks are needed to revive your energy levels and recharge your mental stamina. - 모의응용

538 Attempt the impossible in order to improve your work. - Betty Davis ((美 배우))

539 Make a detailed plan in advance not to waste your time.

540 Some animals, like the chameleon, can change the color of their skin so as not to be seen by predators.

541 We are pleased to offer free trees through our annual Tree Distribution Event.
　　　　　　　　　　　　　　　　　　　　　　　　　　　　　　- 모의응용

542 I was foolish to give up my dreams just because of fear of failure.

UNIT 55

to부정사의 부사적 수식 Ⅱ

부사 역할의 to-v는 '결과'를 나타낼 수도 있다. '~해서 (결국) v하다'의 의미인데, 주어의 의지와는 상관없이 일어난 일을 의미한다.

- grow up / awake, wake up / live to-v: 자라서 v하다 / 깨어나서 v하다 / 살아서 v하다
- only to-v: (그러나 결국) v할 뿐인 (to-v는 실망스럽거나 놀라운 내용)
- never to-v: (그리고 결코) v하지 못한

---

543 Many young Koreans are growing up / **to be taller than their parents**.
　　　　　　　　　S　　　　　　　　　　V　　　　　　　　　〈결과〉
　　　　많은 한국의 청소년들은 자라고 있다　　　　　　/　　자신의 부모들보다 키가 더 크게.

---

544 I woke up to find the sun shining brilliantly.

545 If you wish to live to see better days, you must endure the bad days.

546 Many of us attempt change, only to give up after a few tries.

　　　cf. If you work only to make money, you're doing it wrong.

547 One day he disappeared from the town, never to be seen again.

부사 역할의 to-v는 '조건'을 나타내어 'v하면'으로 해석될 수도 있다. 이 경우, '가정'의 의미를 포함할 수도 있으므로 과거형 조동사가 있으면 가정법의 의미가 숨어있지 않은지 생각해 봐야 한다. ◀ UNIT 50

---

548 **To see the scene**, / you *would* never forget it.
　　　　　　〈조건〉　　　　　S　　　　　V　　　　O
　　　　그 풍경을 보면,　　　/　　당신은 결코 그것을 잊지 못할 것이다.

---

549 You would be foolish to spend money on something that you can't afford.

to-v가 앞의 형용사를 수식하여 그 형용사의 막연한 의미를 명확하게 해줄 때 'v하기에 ~하다'로 해석한다.
주로 〈S+be+형용사+to-v〉의 형태로 쓰인다.

- 어려움, 쉬움: difficult, hard, tough, impossible, easy
- 위험, 안전: dangerous, safe
- 유쾌, 안락: pleasant, interesting, comfortable, convenient

관용적으로 잘 쓰이는 〈be동사+형용사+to-v〉도 알아두자.

be sure[certain] to-v	분명히 v하다	be anxious[eager] to-v	v하기를 갈망하다
be free to-v	마음대로 v하다	be likely to-v	v할 것 같다 (↔ be unlikely to-v)
be apt[liable] to-v	v하기 쉽다	be willing to-v	기꺼이 v하다 (↔ be unwilling[reluctant] to-v)

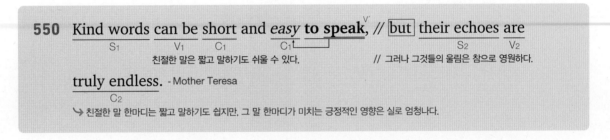

550 Kind words can be short and *easy* to speak, // but their echoes are
　　　　　S₁　　　　 V₁　　 C₁　　　　　C₁'　　　　 　　　　　 S₂　　 V₂
　　　　　　　친절한 말은 짧고 말하기도 쉬울 수 있다.　　// 그러나 그것들의 울림은 참으로 영원하다.

truly endless. - Mother Teresa
　 C₂
↳ 친절한 말 한마디는 짧고 말하기도 쉽지만, 그 말 한마디가 미치는 긍정적인 영향은 실로 엄청나다.

551 Good friends are hard to find and impossible to forget. - John Green ((美 작가))

552 Undercooked meat and eggs are dangerous to give to your dog.

553 Plastic bags are convenient to use but harmful for the environment.

554 You are free to choose, but you are not free from the consequences of your choice.

555 Children are apt to imitate the characters in their favorite books.

영작 직결 ▸ 다음 우리말과 일치하도록 괄호 안의 어구를 활용하여 영작하시오. (필요하면 어형 변화 가능, 단어 추가 불가)
누구나에 의해 어느 것이든 예술로 여겨질 수 있기 때문에 <u>예술은 정의하기에 어렵다</u>. (difficult, define, art, be, to)
556 _____ because anything can be
considered art by anyone. - 모의응용

UNIT
5 6

to부정사가 만드는 주요 구문

'정도/결과'를 나타내는 to-v는 다음과 같이 해석하면 자연스럽다. '정도'로 해석할지 '결과'로 해석할지는 문맥을 살피면 되는데, 두 가지 다 가능할 수도 있다.

- **too ~ (for A) to-v**
  1. 〈결과〉 너무 ~해서 (A가) v할 수 없는
  2. 〈정도〉 (A가) v하기에는 너무 ~한, (A가) v할 수 없을 만큼 ~한

- **~ enough (for A) to-v**
  1. 〈정도〉 (A가) v할 (수 있을) 만큼 ~한
  2. 〈결과〉 (충분히) ~해서 (A가) v하는[v할 수 있는]

- **so ~ as to-v**
  1. 〈정도〉 v할 만큼 ~한
  2. 〈결과〉 (매우) ~해서 v하는

---

557 The subject is **too** sensitive / **to respond to** openly. - 수능응용
 S   V   C
　　　　그 주제는 너무 민감해서 / 드러내놓고 답할 수 없다.
(≒ The subject is *so* sensitive *that I can't respond to* it openly.)

558 A man must be wise **enough** / **to admit** his mistakes.
 S   V   C
　　　　사람은 (충분히) 현명해야 한다 / 자신의 실수를 인정할 수 있을 만큼.
(≒ A man must be *so* wise *that he can admit* his mistakes.)
(≒ A man must be *so* wise *as to admit* his mistakes.)

559 Fear can be **so** strong / **as to** limit people's behaviors.
 S   V   C
　　　　두려움은 매우 강할 수 있다 / 사람들의 행동을 제한할 만큼.
(≒ Fear can be *so* strong *that it limits* people's behaviors.)
(≒ Fear can be strong *enough to limit* people's behaviors.)

---

560 The issue was too important for me to judge alone.

561 You were given this life because you are strong enough to live it.

562 The baby's vision is not so mature as to focus on a screen. - 모의응용

영작 직결 다음 우리말과 일치하도록 괄호 안의 어구를 활용하여 영작하시오. (필요하면 어형 변화 가능)
모든 것이 내가 이해할 수 있을 정도로 명확하게 설명되었다.
(for me, explain, be, enough, to understand, clearly)

563 Everything _____.

TIP ▶ 문장 전체를 수식하는 to-v 표현
- to tell the truth 진실을 말하자면 (= to be honest[frank] (with you))
- strangely to say 이상한 이야기지만
- needless to say ~은 말할 것도 없이 (= not to mention, not to speak of, to say nothing of)

CHAPTER 10

분사구문

Chapter Overview

● 분사구문이란?

두 개의 문장을 한 문장으로 표현할 때, 접속사나 관계사를 이용할 수도 있고 분사(v-ing/p.p.)가 이끄는 분사구문을 이용하여 좀 더 간략하게 표현할 수도 있다.

분사구문의 가장 대표적인 쓰임은 동사 외에 주어가 하는 다른 동작이나 상태를 추가로 나타내는 것이다.

I **met** Cindy after a long time. + **I cried** for joy.

→ **When I met** Cindy after a long time, I cried for joy.

↓ 접속사를 없애고, 주절과 주어가 같으면 주어도 없앤 뒤 동사를 v-ing형으로 표현한다.

→ **Meeting** Cindy after a long time, I cried for joy.

신디를 오랜만에 만났을 때, 나는 기뻐서 울었다.

'분사구문'이란 말은 어렵지만, 두 개의 문장을 합쳐 간략히 표현한 것이라 생각하고 앞에서부터 차례대로 해석해 나가면 의미를 이해하는 것이 어렵지 않다. 이때 적절한 우리말 연결어를 덧붙여 해석하면 된다.

분사구문은 문장의 앞, 중간(주어와 동사 사이), 또는 뒤에 올 수 있다.

Chapter Goals

1 분사구문을 문맥에 따라 자연스럽게 해석할 수 있다.
2 분사구문을 이끄는 v-ing와 p.p. 중 올바른 형태를 판단할 수 있다.

Must-know
Words &
Lexical
Phrases

UNIT57 •

564 **shout for joy** 환성을 지르다

    celebrate 축하하다, 기념하다

    victory 승리 (↔ defeat 패배)

    cf. **victorious** 승리한, 승리를 거둔

565 **envelope** 봉투

566 **knock over A** A를 뒤엎다; A를 때려눕히다

567 **serve** (손님을) 응대하다; (음식을) 제공하다; 봉사하다

568 **evolve** 진화하다, 발달하다

    dramatically 극적으로

    over time 시간이 흐르면서

    continuously 끊임없이, 계속해서 (= constantly)

    adapt to ~에 적응하다 (= adjust to)

    circumstance ((주로 복수형)) 환경, 상황

569 **make a prediction** 예측하다

    cf. **prediction** 예측, 추측

    cf. **predict** 예측하다

    text 글, 문서

571 **cognitive** 인지[인식]의

    cf. **cognition** 인지, 인식

573 **decline** 거절하다 (= refuse); 감소하다 (= decrease)

    invitation 초대(장)

    cf. **invite** 초대하다; 요청하다

574 **career** (전문적인) 직업; 경력

576 **attitude** 태도, 마음가짐, 자세

    ⑦ **aptitude** 소질, 적성

    come up with A A를 떠올리다[생각해내다]

577 **admit (that)** ~을 인정하다

    master 숙달하다, 완전히 익히다; 주인

    find O C O가 C하다고 알게 되다[깨닫다]

UNIT **57** 분사구문의 의미

UNIT **58** 주의해야 할 분사구문의 형태

UNIT **59** 주의해야 할 분사구문의 의미상의 주어

UNIT 58

578 appetite 식욕, 입맛; 욕구

580 protein 단백질(의)

581 keep (on) v-ing 계속해서 v하다

582 properly 제대로, 적절히; 올바로
    cf. **proper** 적절한

583 translate 번역[통역]하다[되다]
    cf. **translation** 번역, 통역
    ⓘ **interpret** 해석하다

586 be helpful in v-ing v하는 데 도움이 되다
    enhance 향상시키다, 강화하다 (= strengthen)

589 sniff 코를 킁킁거리기[거리다]
    pleasant 기분 좋은; 쾌적한; 예의 바른
    odor 냄새 (= smell)

590 handle 처리하다, 다루다 (= deal with, treat)
    conflict 갈등, 충돌; 투쟁; 충돌하다
    maintain 유지하다 (= preserve); 지속[계속]하다;
                 주장하다 (= insist)
    personal relation 대인 관계

591 instinctively 본능적으로
    cf. **instinct** 본능
    seek to-v v하려고 하다
    solution 해결책

594 in haste 급하게, 서둘러서 (= in a hurry)

UNIT 59

595 equal 동일한, 같은; 평등한
    prefer 선호하다
    cf. **prefer A to B** B보다 A를 선호하다

597 set up 설치하다, 세우다
    telescope 망원경
    ⓘ **microscope** 현미경
    permit 허락하다; 허가(증)

599 blood pressure 혈압

600 go on 계속되다
    give way to A A에게 자리를 내어주다[양보하다]; A에게 항복하다

601 progress 진보[발전](하다); 전진(하다); 과정
    plenty of 많은 (= a lot of, lots of)
    device 장치; 방법
    cf. **devise** (장치를) 고안하다

602 sob 흐느껴 울다
    bury 묻다, 매장하다

603 region 지역, 지방
    force O to-v O가 v하도록 억지로[강제로] 시키다
    make O C O를 C로 만들다
    refugee 난민, 망명자

604 set goals 목표를 세우다
    specific 구체적인; 특수한

606 poisonous 독이 있는, 유독한
    lead O to-v O가 v하게 하다[유도하다]
    lose one's life 목숨을 잃다

607 produce 농산물; 생산하다
    temperature 온도, 기온

608 insect 곤충

609 fame 명성, 평판 (= reputation)
    come and go 잠깐 있다가 없어지다; 드나들다, 오가다

분사구문의 의미

대부분의 분사구문은 문장의 주어(S)가 문장의 동사(V)와 '동시에 하는 일'을 의미한다. 또한 문장의 동사에 이어 연속적으로 일어난 일이나 앞선 일로 인한 결과를 의미하기도 한다. 분사 v-ing와 문장의 V가 일어난 때의 선후 관계를 살펴서 아래 중 가장 자연스러운 것으로 해석한다.

- ~하면서[~한 채로] 〈동시동작〉
- ~하고 나서 …하다 〈연속동작〉; ~하여 (그 결과) …하다

---

564 **Shouting** for joy, / the players celebrated their own victory.

환성을 지르면서, / 선수들은 자신들의 승리를 축하했다. 〈동시동작〉

(= **As they shouted** for joy, the players celebrated ~.)
(= The players shouted for joy, **celebrating** ~.)
(= The players, **shouting** for joy, celebrated ~.)

565 **Opening** the envelope, / the presenter announced / the winner (of the Best

봉투를 열고[연 후에], / 시상자는 발표했다 / 수상자를 (여우주연상의). 〈연속동작〉

Actress Award).

(= The presenter opened the envelope **and (he/she) announced** the winner of ~.)
(= The presenter opened the envelope, **announcing** the winner of ~.)
(= The presenter, **opening** the envelope, announced the winner of ~.)

566 I got up from the table quickly, / **knocking over** a glass of water.

나는 식탁에서 급히 일어나다가, / 물 한 잔을 엎었다. 〈결과〉

(= I got up from the table quickly **and (I) knocked over** a glass of water.)

---

567 Waiting to be served, we stood in a long line in front of the restaurant.

568 Roman law evolved dramatically over time, continuously adapting to new circumstances and challenges. - 모의응용

569 Good readers, reading books, make predictions about the text they read.

570 The plane left London at 10 a.m., arriving here at 3 p.m.

571 Sleep deprivation can negatively affect a person's cognitive skills, thus reducing the ability to focus.

*sleep deprivation 수면 부족

분사구문은 부사절(when, while / because[since, as] / if / although)을 간단히 표현하여 시간, 원인, 조건, 양보를 뜻하기도 한다. 분사구문과 〈S+V ...〉의 의미 관계를 살펴 가장 자연스러운 것으로 해석한다. 양보를 의미하는 경우는 다른 것들에 비해 매우 드물다.

- ~할 때; ~하는 동안에 〈시간〉
- ~하므로, ~이므로 〈원인〉
- 만약 ~하면, ~한다면 〈조건〉
- 비록 ~일지라도 〈양보〉

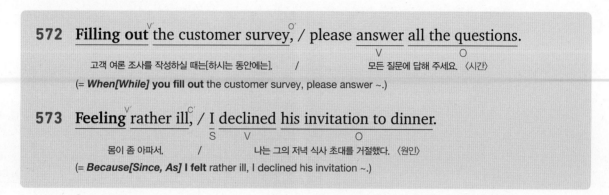

572 **Filling out** the customer survey, / please **answer** all **the questions**.

고객 여론 조사를 작성하실 때는[하시는 동안에는], / 모든 질문에 답해 주세요. 〈시간〉

(= **When[While] you fill out** the customer survey, please answer ~.)

573 **Feeling** rather ill, / I **declined** his invitation to dinner.

몸이 좀 아파서, / 나는 그의 저녁 식사 초대를 거절했다. 〈원인〉

(= **Because[Since, As] I felt** rather ill, I declined his invitation ~.)

[574-577] 다음 문장의 네모 안에서 의미상 알맞은 것을 고르시오.

574 Choosing a career, you should think hard about your interests.

→ Because / When you choose a career, you should think hard ~.

575 My sister, not knowing what to do, came to ask for my advice.

→ Because / While she didn't know what to do, my sister came ~.

576 Having a positive attitude, you can come up with possible solutions in difficult situations.

→ Although / If you have a positive attitude, you can come up with ~.

577 Admitting that some areas take longer to master, I found English quite interesting to learn.

→ Although / If I admitted that some areas take longer to master, I found ~.

TIP 분사구문은 문장에 따라 두 가지 이상의 의미로 해석될 수도 있으므로 앞뒤 문맥을 잘 살펴서 가장 자연스러운 것으로 해석한다.

Seeing her crying, I tried to cheer her up.

→ **Because** I saw her crying, I tried to cheer her up. 그녀가 우는 것을 봐서, 나는 그녀를 위로하려 했다.

→ I saw her crying, **and** I tried to cheer her up. 그녀가 우는 것을 보고, 나는 그녀를 위로하려 했다.

주의해야 할 분사구문의 형태

- Having p.p. ~, S+V ...: 분사구문이 〈S+V ...〉보다 앞선 일임을 분명히 하거나 부사절의 동사가 완료형일 때 쓰인다.
- p.p. ~, S+V ...: '수동'의 의미이며 앞에 being 또는 having been이 생략된 형태이다.
- 명사/형용사 ~, S+V ...: 앞에 being 또는 having been이 생략된 형태이다.

---

578 **Having had** a big lunch, / I had no appetite for dinner.

점심을 많이 먹었기 때문에, / 나는 저녁을 먹고 싶은 생각이 없었다.

(= Because[Since, As] I **had had** a big lunch, I had no appetite for dinner.)

579 Never **having gone** to a concert, / he would love to get the tickets.

콘서트에 가본 일이 한 번도 없기 때문에, / 그는 티켓을 매우 사고 싶을 것이다.

(= Because[Since, As] he **has never gone** to a concert, he would love to get the tickets.)

580 **Known** as "the cow of China," / the soybean has been the main source

'중국의 소'로 알려져서, / 콩은 주요 공급원이 되어 왔다

(of protein) / for the Chinese people.

(단백질의) / 중국 사람들에게.

(= Because[Since, As] it **has been known** as "the cow of China," the soybean has been the main source ~.)

---

581 The teacher, not having heard the bell, kept on teaching.

582 Worn properly, safety belts can save many lives each year.

583 This poem, translated into English, would lose its beauty.

584 Having been bitten by a snake, he's afraid of a rope. - Proverb

585 A kind person, she is loved by everyone.

586 Rich in zinc, pumpkin seeds can be helpful in enhancing memory. *zinc 아연

587 Busy with his work, he didn't sleep at all.

어법 직결 ▶ 다음 밑줄 친 부분이 어법상 옳으면 ○, 틀리면 ✕로 표시하고 바르게 고치시오. (한 단어로 쓸 것)

588 Using without care, words can cause great damage.

접속사+v-ing/p.p.: 접속사를 생략하지 않고 그대로 두어 분사구문의 의미를 더 정확히 나타낼 수 있다.

589 People tend to take larger sniffs / ***when*** **imagining** pleasant odors. - 모의응용
S   V   O   V'   O'

사람들은 코를 더 크게 킁킁거리는 경향이 있다   /   기분 좋은 냄새를 상상할 때.

590 Positive people can handle conflict situations easily while maintaining good personal relations.

591 When faced with a problem — a conflict — we instinctively seek to find a solution. - 모의

592 Once seen, the last scene of the movie can never be forgotten.

문장 전환▸ **[593-594]** 다음 문장을 분사구문을 이용하여 바꿔 쓰시오. (접속사는 생략할 것)

593 Because he has never sung in front of people, he must be nervous now.
→ Never _____, he must be nervous now.

594 As it had been written in haste, his report had many spelling mistakes.
→ _____, his report had many spelling mistakes.

UNIT 59 주의해야 할 분사구문의 의미상의 주어

분사구문의 의미상의 주어와 문장의 주어가 서로 다를 경우, 의미상의 주어를 분사 앞에 밝혀줘야 한다.

S′+v-ing/p.p. ~, S+V ...

---

595 *Other things* **being** equal, / I prefer this one.

다른 점들이 동일하다면, / 나는 이것을 선호한다.

596 Many modern pop musicians, one example being Paul McCartney, can't read music at all. - 모의

*read music 악보를 읽다

597 We will set up telescopes to view stars, weather permitting.

---

with+O′+v-ing/p.p.: 분사 앞의 O′가 분사의 의미상의 주어이다. O′와 분사의 관계가 능동이면 v-ing, 수동이면 p.p.가 이어진다. 'O′가 ~한[된] 채로, ~하면서[되면서], ~하여[되어]' 등으로 해석한다.

---

598 With *night* coming on, / it was beginning to snow.

능동관계

밤이 오자, / 눈이 내리기 시작하고 있었다.

599 Sitting with *legs* crossed / for hours / can raise blood pressure.

수동관계

다리를 꼰 채로 앉아 있는 것은 / 장시간에 걸쳐 / 혈압을 상승시킬 수 있다.

---

600 History goes on with old ideas giving way to new ideas.

601 With technology progressing faster than ever before, there are plenty of devices to save more water. - 모의응용

602 She was sobbing with her head buried in her arms.

TIP 〈with+O′+형용사/부사/전명구〉

v-ing/p.p. 대신 형용사, 부사, 전명구 등이 쓰이는 경우도 많다.

Don't talk with *your mouth* full. 입속 가득히 음식을 넣은 채 말하지 마라.

It's not good to sleep with *the lights* on. 불을 켜놓은 채 잠을 자는 것은 좋지 않다.

She said her last goodbye with *tears* in her eyes. 그녀는 눈에 눈물이 고인 채로 마지막 작별 인사를 했다.

분사구문의 의미상의 주어가 주절의 주어와 일치하지 않는데도 분사구문 앞에 의미상의 주어가 보이지 않을 경우가 있다. 그때는 다음 세 가지 중 하나가 아닌지 살펴보면 된다.
1. 의미상의 주어가 앞에 나온 어구나 절 전체이고 분사구문이 '결과'를 뜻하는 경우
2. 의미상의 주어가 '일반인'인 경우 (특정한 사람이 아니라 일반인 모두에 해당하는 보편적인 상황)
3. 관용표현
- generally[frankly, strictly, roughly] speaking 일반적으로[솔직히, 엄격히, 대략] 말해서
- judging from[by] ~으로 판단하건대
- granting (that) ~을 인정한다 하더라도
- speaking[talking] of ~에 관해 말하자면
- putting it simply 간단히 말하자면

603 When regions can no longer produce food, // people will be forced
S' — V' — O' S V
지역이 더 이상 식량을 생산할 수 없을 때, // 사람들은 어쩔 수 없이
to move to other areas, / **making** them "climate refugees." - 모의
C
다른 지역으로 이주해야 할 것이다. / (그 결과) 그것은 그들을 '기후 난민'으로 만들 것이다.

604 When **studying** for an exam, / it is crucial / to set specific goals.
V' M' S(가주어) V C S'(진주어)
시험공부를 할 때, / (~은) 중요하다 / 구체적인 목표를 세우는 것은.

605 **Generally speaking**, / when you eat is as important / as what you eat.
S V C
일반적으로 말해서, / 언제 먹는지가 중요하다 / 무엇을 먹는지만큼.

606 Some wild mushrooms are poisonous, leading people to lose their lives.
- 모의응용

607 When storing fresh produce, it is recommended to store it at a proper temperature.

608 Strictly speaking, spiders are not insects, because they have two main body parts and eight legs.

609 Speaking of fame, it can really come and go.

TIP v-ing형 전치사

분사 형태지만 전치사로 쓰여 주절의 주어와 상관없이 독립적으로 〈전치사+명사〉구를 만든다. 의미를 잘 알아두도록 하자.
- **Considering** her age, she is very active. 나이를 **감안하면**, 그녀는 매우 활동적이다.
- **including** buffet breakfast 뷔페식 아침 식사를 **포함해서**
- **excluding** national holidays 국경일을 **제외하고** (= excepting)
- **regarding** our next project 우리의 다음 프로젝트에 **관해서는** (= concerning, respecting)

12345

문장의 확장

접속사의 기본적인 역할은 문장과 문장을 연결하는 것이다. 접속사는 종류가
다양하고 같은 접속사가 여러 의미를 나타내는 경우도 많으므로 접속사별로
기능과 의미를 정확히 알아두고 될 수 있는 한 많은 문장을 접해보는 것이 중요하다.

CHAPTER 11

등위절과 병렬구조

Chapter Overview

● 등위접속사의 연결 기능

등위접속사는 문법적으로 같은 성격과 형태를 가진 단어와 단어, 구와 구, 절과 절을 연결한다. 즉, 아래와 같이 서로 같은(等: 같을 **등**) 지위(位: 지위 **위**)를 가진 것들을 연결하며, 이러한 구조를 병렬구조라한다.

1. 단어와 단어: She is always *calm* **and** *careful*. 그녀는 언제나 차분하고 신중하다.
                                            형용사   형용사

2. 구와 구: *To be* **or** *not to be*, that is the question. 사느냐 죽느냐, 그것이 문제로다.
             to부정사   to부정사

3. 절과 절: *They left* **and** *we remained*. 그들은 떠났고 우리는 남았다.
              완전한 구조의 절   완전한 구조의 절

● 등위절

접속사 and, but, or, for 등에 의해 연결되어 있는 절을 등위절이라 한다. 접속사를 없애면 완전한 구조를 가진 두 개의 문장이 된다.

$$\boxed{\text{S + V ...}} + \boxed{\text{등위접속사}} + \boxed{\text{S + V ...}}$$
등위절   등위절

● 접속사가 무엇과 무엇을 연결하고 있는지를 문맥과 문장구조로 정확히 판단해야 올바르게 해석할 수 있다. 아래의 but은 A와 B를 연결하는 것이며, C와 D를 연결하는 것이 아니다.

I don't know why they lied to you, **but** don't be sorry for telling me.
                        A   B
나는 그들이 왜 네게 거짓말했는지 모르겠지만, 나한테 말한 걸 후회하지 마라. (O)

I don't know why they lied to you, **but** don't be sorry for telling me.
                                    C   D
나는 그들이 네게 거짓말했지만 나한테 말한 것을 왜 후회하지 않는지 그 이유를 모르겠다. (×)

Chapter Goals

1 등위접속사가 포함된 문장을 해석할 수 있다.

2 문장 안에서 등위접속사가 연결하고 있는 것이 무엇과 무엇인지를 판단할 수 있다.

Must-know
Words &
Lexical
Phrases

UNIT 60 •

610 courage to-v v할 용기

611 fish 물고기; 낚시하다

    feed(-fed-fed) 먹여 살리다, 부양하다; 먹이(를 주다)

    teach IO DO IO에게 DO를 가르치다

612 conflict 갈등, 충돌

    lead to A A로 이어지다

    organization 조직, 단체; 구성

    cf. **organize** 조직[편성]하다; 계획하다

613 lower case 소문자 (↔ upper case[capital] 대문자)

    botany 식물학

    science 학문; 과학

    branch (지식의) 분야; 지점; 나뭇가지

    biology 생물학

614 suffering 고통, 괴로움

    cf. **suffer from A** A로 고통받다

    potential 잠재력, 가능성; 잠재적인

615 at once 한꺼번에, 동시에 (= simultaneously); 즉시

    tire O out O를 지치게 만들다

616 at a time 한 번에; 따로따로

    accomplish (일을) 해내다 (= achieve)

617 strive 애쓰다, 노력하다

    desert island 무인도

    cf. **desert** [dézərt] 사람이 살지 않는 사막; [dizə́:rt] 버리다

    ⚠ **dessert** [dizə́:rt] 디저트

618 sail 배를 몰다, 항해하다; 돛

619 by accident 우연히; 실수로

                     (↔ on purpose, deliberately 고의로, 일부러)

    invention 발명(품)

    cf. **invent** 발명하다, 고안하다

622 celebrity 연예인, 유명 인사

    reputation 명성, 평판 (= fame)

    asset 자산, 재산

    overnight 하룻밤 사이에, 갑자기

UNIT 61

623 inactivity 활동하지 않음; 무기력

weakness 약화, 약함; 약점 (↔ strength 강화, 강함; 강점)

depression 우울(증); 불경기

cf. **depress** 낙담시키다, 우울하게 하다

625 transmit 전달[전송]하다

cf. **transmission** 전달, 전송

keep O p.p. O가 p.p.의 상태를 유지하게 하다

626 vital 필수적인; 생명 유지에 필요한

organ (생물의) 장기, 기관; 오르간

maintain 유지하다; 지속[계속]하다

cf. **maintenance** 유지, 지속; 보수; 생활비

628 take chances 위험을 감수하다

629 symptom 증상; 징후

subtle [sʌtl] 감지하기 힘든, 미묘한

630 add to A A에 더하다[추가하다]

widen 확장시키다, 넓히다

631 be in harmony 조화를 이루다

632 content [káːntent] 내용(물); (책의) 목차; [kəntént] 만족하는

633 prescribe 처방하다; 규정하다

cf. **prescription** 처방전

critical 위험한; 중대한; 비평의

635 liquid 액체(의); 유동성의

636 confess 고백하다, 자백하다

make O v O가 v하게 만들다

UNIT 62

637 technical 전문적인; 과학 기술의

cf. **technology** 기술; 장비

compose 작곡하다; 구성하다

cf. **composition** 작곡; 구성 (요소)

641 worth v-ing v할 가치가 있는

642 make a difference 차이를 만들다; 변화를 가져오다

643 antibiotic ((주로 복수로)) 항생 물질, 항생제

stop O from v-ing O가 v하는 것을 막다

644 grief (깊은) 슬픔, 비탄

645 complete 완벽한; 전부의; 완료하다

in itself 그 자체로서, 본질적으로

preparation 준비

cf. **prepare** 준비하다

646 be programmed to-v v하도록 프로그램화되다[조정되다]

at one's best 최상의 상태에서

647 worthwhile 가치 있는

contain 담다, 포함하다

648 scent 향기, 냄새

bring out A A를 끌어내다; A를 출간하다

chemical 화학의, 화학적인; 화학물질

cf. **chemistry** 화학

ease (고통 등을) 덜다, 완화하다 (= relieve)

649 decode (암호를) 해독하다

come up with A A를 생각해내다

UNIT 63

651 prefer A to B B보다 A를 선호하다

knowledge 지식; 알고 있음

wealth 부귀함; 재산

transitory 일시적인 (= temporary)

perpetual 영원한 (= permanent)

652 primary 주된; 최초[초기]의

foe 적 (= enemy)

653 revolution 혁명; (행성의) 공전

655 anxiety 불안(감); 걱정거리

cf. **anxious** 불안해하는; 열망하는

disorder 장애; 엉망, 무질서

UNIT 60 등위접속사 and/but/or/for/nor/yet

and, but, or는 아래와 같은 의미로 단어와 단어, 구와 구 또는 절과 절을 연결하는 데 두루 쓰인다.
- and: 그리고, ~와 / but: 그러나, 하지만 / or: 또는, 아니면

명령문 뒤에 and나 or로 절이 연결될 때는 '충고'나 '경고'의 의미이다.
- 명령문+**and** S+V ...: ~하라, **그러면[그랬다간]** S는 V할 것이다
- 명령문+**or** S+V ...: ~하라, **안 그러면[안 그랬다간]** S는 V할 것이다

---

610 Have enough courage (to start) / **and** enough heart (to finish).
     V O_1 O_2 - Jessica N. S. Yourko
충분한 용기를 가져라   (시작할)   /   그리고 충분한 마음을   (끝낼).
↳ 무언가를 시작할 수 있는 용기와 그것을 끝낼 수 있는 마음을 가져라.

611 Give a man a fish / **and** you feed him for a day; // teach a man to fish /
    V_1 IO_1 DO_1 S_2 V_2 O_2 M_2 V_3 IO_3 DO_3
누군가에게 물고기 한 마리를 줘라 / 그러면 당신은 그를 하루 동안 먹여 살리는 것이다. // 누군가에게 물고기 잡는 법을 가르쳐라 /
and you feed him for a lifetime. - Proverb
     S_4 V_4 O_4 M_4
그러면 당신은 그를 평생 동안 먹여 살리는 것이다.
(= If you give a man a fish, you will feed him for a day; if you teach a man to fish, you will feed him for a lifetime.)

---

612 Conflict is always difficult, but it sometimes leads to growth and change in organizations. - 모의

    cf. Everybody but you knows how the TV drama ended.

613 The dot over the lower case "i" or "j" is known as a "tittle."

    cf. Botany, or the science of plant life, is a branch of biology.   *plant life 식물

614 Suffering can destroy you, or it can show your true potential.

615 Don't try to do too much at once, or you will tire yourself out.

어법 직결 ▸ 다음 문장의 네모 안에서 문맥상 알맞은 것을 고르시오.

616 Focus on one task at a time, | and / or | you'll accomplish each task better, and probably faster. - 모의

- **for+S+V ~**: 왜냐하면 S는 V하기 때문이다
  for가 뒤에 절을 이끌면 접속사로 쓰인 것이다.
- **nor**: ((부정문 뒤)) ~도 또한 아니다 (= and ~ not ... either; and neither)
  주로 절을 이끌어 〈nor+조동사[be동사]+S ...〉의 도치구문 형태로 쓰인다.
- **yet**: 그러나, 그럼에도 불구하고 (= but)

---

617 Strive to have friends, // for life (without friends) / is like life

    V₁   M₁   S₂   V₂   C₂

    친구를 얻으려고 애써라,   // 왜냐하면 삶은   (친구가 없는)   / 삶과 같기 때문이다

(on a desert island). - Baltasar Gracián ((스페인 작가))

    (무인도에서의).

---

618 I am not afraid of storms, for I am learning how to sail my ship.

                                                   - *Little Women* 中

619 I never did anything by accident, nor did any of my inventions come by accident. - Thomas A. Edison

620 Trees cannot grow in the sky, nor (can) clouds be in the deep sea, nor (can) fish live in the fields. - T. Carus ((로마 철학자))

621 It's strange yet true that sometimes black-and-white photos can look better than color photos.

622 Celebrities' reputations are their most valuable asset, yet they can be built or destroyed overnight.

TIP 접속사 for

앞서 말한 내용의 '근거'나 '이유'를 나타내는 절을 이끌므로 for는 반드시 절과 절 사이에 위치한다. because절도 '이유'를 나타내지만, 위치는 주절 앞이나 뒤 모두 가능하다. for는 문어적인 표현이라서 구어에서는 잘 쓰지 않는다.

Because I felt sick, I went to bed early. (○) 나는 아팠기 **때문에**, 일찍 잠자리에 들었다.

I went to bed early, **because[for]** I felt sick. (○)

For I felt sick, I went to bed early. (×)

병렬구조

등위접속사 and, but, or가 이루는 병렬구조에서는 접속사가 무엇과 무엇을 연결하는 것인지를 정확히 파악해야 올바른 해석을 할 수 있다. 접속사 뒤의 형태를 보고 앞에서 이와 같은 형태의 것을 찾아 문맥과 전체 문장구조를 확인하면 대부분 해결된다. 연결하는 것이 세 개 이상이면 콤마(,)도 사용되어 A, B, and[or] C 등의 형태가 된다. ◁Further Study p.145

---

623 Too much inactivity can lead to / **bad physical condition, muscle**
S   V   O
(몸을) 너무 움직이지 않는 것은 (~에) 이르게 할 수도 있다 /   좋지 않은 신체 상태,

weakness, weight gain, and depression. - 모의
근육 약화, 체중 증가, 그리고 우울증에.

624 To communicate clearly with others, / have the courage (**to ask questions** /
M   V   O
다른 사람들과 명확하게 의사소통하기 위해,   /   용기를 가져라   (질문을 할   /

and express what you really want).
그리고 당신이 정말로 무엇을 원하는지 표현할).

---

625 Teachers play the role of transmitting knowledge and keeping students always motivated. - 모의응용

626 Fat is vital for protecting our body's organs against shock and for maintaining body temperature.

627 A successful team is a group of many hands but of one mind. - Bill Bethel ((美 목사))

628 If you're never scared or embarrassed or hurt, it means you never take any chances. - Julia Sorel ((美 영화배우))

629 The signs and symptoms of burnout are subtle at first, but become worse as time goes on.   *burnout 번아웃 ((하나에 지나치게 몰두하다가 극도의 피로를 느끼는 것))

630 Books can add to what we know, widen our vocabulary, make our character strong, and do many other things that silver and gold cannot do.

631 Happiness is when what you think, what you say, and what you do are in harmony. - Mahatma Gandhi

어법 직결 [632-633] 다음 밑줄 친 부분이 어법상 옳으면 ○, 틀리면 ✕로 표시하고 바르게 고치시오.

632 Note taking depends on one's ability to understand the content and <u>holds</u> it in memory long enough to write it down.

633 When your doctor prescribes medication without checking your chart or <u>asking</u> the right questions, critical mistakes can happen.

등위접속사가 절과 절을 연결할 수도 있음을 잊지 말아야 한다. 절이 연결된 것을 단어가 연결된 것으로 착각하지 않으려면, 문맥과 전체 문장구조를 둘 다 확인하는 것이 좋다.

There were lots of <u>clouds</u> / <u>and</u> the mountains looked so high. (○)
구름이 많았고 / 산은 아주 높아보였다. (○)
There were lots of <u>clouds</u> <u>and</u> the mountains / looked so high. (✕)
구름과 산이 많았고 / 높아보였다. (✕)

634 <u>Stop thinking about what you don't have</u> //
　　　V₁　　　　　　　　　　　　　　　O₁
당신이 갖고 있지 않은 것에 대해 생각하는 것을 멈춰라 //

<u>and</u> **find a solution yourself**! - 모의
　　　V₂　　O₂　　M₂
그리고 스스로 해결책을 찾아라!
Stop thinking / about what you <u>don't have</u> <u>and</u> find a solution yourself! (✕)

635 Your brain is 80% liquid and water is vital to keeping your brain in tip-top condition.

*tip-top 최상[최고]의

636 I confess I do not know why, but looking at the stars always makes me dream. - Vincent Van Gogh

both A and B 등

접속사 중에는 떨어져 있는 두 개의 어구가 짝을 이루는 것들(상관접속사)이 있다. 이런 어구에 등위접속사가 포함되면 연결되는 A와 B도 병렬구조를 이룬다.

- both A and B: A와 B 둘 다
- either A or B: A와 B 둘 중 하나
- neither A nor B: A도 B도 아닌 (= not either A or B)

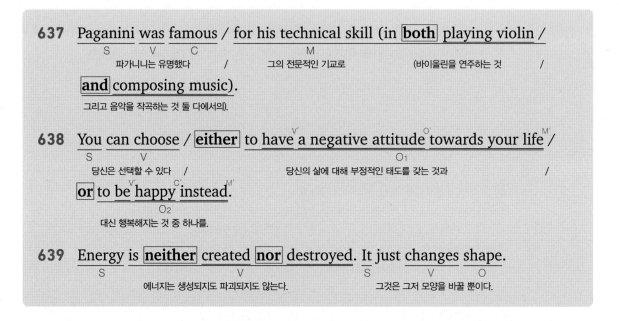

637 Paganini was famous / for his technical skill (in **both** playing violin /
　　　　　S　　　V　　C　　　　　　　　　　　　M
　　　　　파가니니는 유명했다　/　　　그의 전문적인 기교로　　　　　(바이올린을 연주하는 것　　/

and composing music).
그리고 음악을 작곡하는 것 둘 다에서의).

638 You can choose / **either** to have a negative attitude towards your life /
　　　　S　　　V　　　　　　　　V'　　　　　　　O'　　　　　M'
　　　당신은 선택할 수 있다　/　　　당신의 삶에 대해 부정적인 태도를 갖는 것과　　　/
O₁

or to be happy instead.
　　　V'　C'　　M'
O₂
대신 행복해지는 것 중 하나를.

639 Energy is **neither** created **nor** destroyed. It just changes shape.
　　　　S　　　　　　V　　　　　　　　　　S　　V　　O
　　　　에너지는 생성되지도 파괴되지도 않는다.　　　그것은 그저 모양을 바꿀 뿐이다.

640 Choosing an action depends on both what we can do and what we should do.

641 Either write something worth reading or do something worth writing.
- Benjamin Franklin

642 Technology is neither good nor bad — it's what you do with it that makes the difference.

어법 직결 ▸ 다음 밑줄 친 부분이 어법상 옳으면 ○, 틀리면 ✕로 표시하고 바르게 고치시오.

643 Antibiotics either kill bacteria <u>nor</u> stop them from growing. - 모의

- not A but B: A가 아니라 B
- not only[just, merely, simply] A but (also) B: A뿐만 아니라 B도 (= B as well as A)

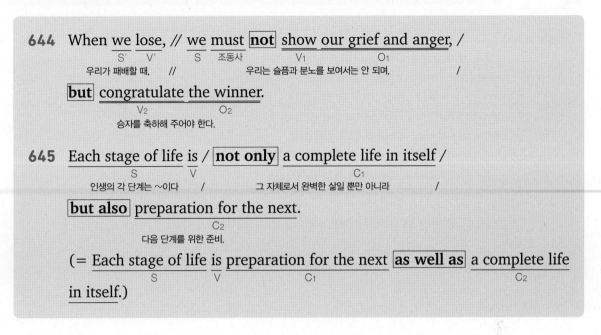

644 When we lose, // we must **not** show our grief and anger, /
우리가 패배할 때, // 우리는 슬픔과 분노를 보여서는 안 되며, /

but congratulate the winner.
승자를 축하해 주어야 한다.

645 Each stage of life is / **not only** a complete life in itself /
인생의 각 단계는 ~이다 / 그 자체로서 완벽한 삶일 뿐만 아니라 /

but also preparation for the next.
다음 단계를 위한 준비.

(= Each stage of life is preparation for the next **as well as** a complete life in itself.)

646 Our brains are programmed to perform at their best, not when they are negative, but when they are positive. - 모의응용

647 Reading comics is worthwhile, not just because they will make you laugh but because they contain the wisdom of life. - 모의응용

648 Citrus scents such as orange bring out positive chemical reactions in your brain as well as work to ease stress.

어법 직결 다음 밑줄 친 부분이 어법상 옳으면 ○, 틀리면 ✕로 표시하고 바르게 고치시오.

649 Reading is not just decoding the letters but <u>comes</u> up with your own ideas. - 모의응용

TIP 수의 일치

1. 가까이 있는 주어에 동사의 수를 일치시킨다.
   Either he or **I am** responsible for this mess. 그와 나 둘 중 하나가 이렇게 엉망이 된 것에 책임이 있다.
   Neither you nor **I am** wrong. 너도 나도 둘 다 틀리지 않았다.
   Not only you but also **he is** wrong. 너뿐만 아니라 그도 틀렸다.

2. B as well as A: 내용상 B를 강조하므로 B에 수를 일치시킨다.
   All the furniture as well as the books **is** for sale. 책뿐만 아니라 모든 가구도 판매 중이다.

3. both A and B: 복수동사로 받는다.
   Both you and I are wrong. 너와 나 모두 틀렸다.

one/another/the other가 만드는 표현

각 표현의 의미와 대명사가 앞의 어구 중 무엇을 대신하는지를 잘 알아두도록 하자.

- A is one thing, B is another: A와 B는 전혀 다르다[완전 별개의 것이다]
- the one ~, the other …: 전자[후자]는 ~, 후자[전자]는 …
  cf. one ~, the other …: (둘 중) 한쪽은 ~, 다른 한쪽은 …
  (≒ the former ~, the latter …: 전자는 ~, 후자는 …)
- the other way around: 반대, 반대 상황
  (≒ the other side of the coin: 동전의 뒷면, 즉 앞선 내용과 반대 · 대조되는 면)
  cf. vice versa: 반대의 경우도 마찬가지로

---

650 Saying **is one thing**, doing **is another**.
　　　S₁　　V₁　　C₁　　S₂　V₂　　C₂
　　　　　말하는 것과 행하는 것은 완전 별개의 것이다.

---

651 Prefer knowledge to wealth, for the one is transitory, the other perpetual.
- Socrates

cf. There are two types of pains: one that hurts you and the other that changes you.

652 Lions are hyenas' primary foe even though the former usually don't eat the latter.

653 We used to think that revolutions are the cause of change. Actually it is the other way around. - Eric Hoffer ((美 철학자))

654 Building DIY furniture can save you money, but the other side of the coin is that it requires time, skill and effort.

*DIY do-it-yourself의 약어 ((소비자가 제품을 직접 만들어 보는 것))

655 Someone with an anxiety disorder may also suffer from depression, or vice versa.

영작 직결 다음 우리말과 일치하도록 위의 구문에서 적절한 것을 골라 문장을 완성하시오.

아는 것과 가르치는 것은 완전 별개의 것이다.

656 To know is ＿＿＿＿＿＿＿＿＿, to teach is ＿＿＿＿＿＿＿＿＿.

Further Study

콤마(,)/콜론(:)/대시(—)/소괄호( )/세미콜론(;) ◀ p.146

콤마(,)를 비롯한 여러 기호들은 내용을 연결시켜 이해를 도와준다. 각 기호들의 역할을 알고 이를 독해에서 잘 활용하도록 하자.

▶ 콤마(,)
단어나 어구를 나열할 때 이를 구분하기 위해 사용하거나, 절과 절 사이 또는 삽입어구[절]의 앞뒤에 사용된다.
01 We traveled through Rome, Paris(,) and London.
02 The hotel was expensive, but we decided it was worth the money.
03 We visited Barcelona, which was selected for the Olympic Games. ◀ UNIT 71
04 Doctors Without Borders, also known as MSF, was founded in 1971. ◀ UNIT 98

▶ 콜론(:)
주로, 앞서 언급된 어구가 구체적으로 어떤 의미인지를 부연 설명하거나 세부사항 앞에 온다. 보통 that is(즉)로 해석하면 의미가 자연스럽다.

[05-07] 다음 콜론(:) 뒤의 어구가 설명하고 있는 어구에 밑줄을 그으시오.
05 Some pairs of twins are identical: they share the exact same genes in their DNA. - 모의
06 Great ideas, like great wines, need proper aging: time to bring out their full flavor and quality. - 모의
07 The koala bear requires three conditions to survive: diet (eucalyptus), climate (warm), environment (trees). - 모의응용

▶ 대시(—), 소괄호 ( )
콤마(,), 콜론(:), 세미콜론(;)을 대신하여 사용되며 수능에서 가장 자주 볼 수 있는 기호이다. 대시(—)는 문장에 한 번만 사용되기도 하고 두 번 사용되기도 한다. 소괄호 ( )는 대시(—)와 유사한 역할을 한다. 다음의 예에서 볼 수 있듯이 문장 이해에 필수적이지는 않은 부가적인 정보를 제공할 때가 많다. 그 부분을 제외하고 읽어도 전체 흐름이 이해가 되면 굳이 모두 해석하려고 애쓰지 않아도 된다.
08 Typically, fingernails grow about 0.1 millimeters a day, but in order to grow, they need glucose — a simple sugar that helps to power the body. - 모의
09 The online world is an artificial universe — entirely human-made and designed. - 모의
10 Music study enriches all the learning — in reading, math, and other subjects — that children do at school. - 모의
11 A black cat crossing your path (from right to left) is considered good luck in Germany.

01 우리는 로마, 파리 그리고 런던을 여행했다. 02 그 호텔은 비쌌지만, 우리는 그곳이 그만한 값어치가 있다고 결정했다. 03 우리는 바르셀로나를 방문했는데, 그곳이 올림픽 게임(개최 장소)으로 선정되었다. 04 국경없는 의사회는, MSF로도 알려졌는데, 1971년에 설립되었다. 05 쌍둥이 중 어떤 쌍들은 일란성이다. 즉, 그들은 그들의 DNA 안에 정확히 동일한 유전자들을 공유한다. 06 위대한 아이디어들은 훌륭한 와인과 같이 적절한 숙성, 즉 완벽한 풍미와 품질을 끌어낼 시간이 필요하다. 07 코알라는 살아남기 위해 세 가지 조건이 필요한데, 즉 그 조건은 먹이(유칼립투스), 기후(따뜻한), 환경(나무)이다. 08 일반적으로, 손톱은 하루에 약 0.1mm씩 자라지만, 그것은 자라기 위해서 신체에 힘을 주도록 도와주는 단당인 글루코오스가 필요하다. 09 온라인 세상은 완전히 사람에 의해 만들어지고 설계된 인공의 세계이다. 10 음악 공부는 아이들이 학교에서 하는 읽기, 수학, 그리고 다른 과목에서의 모든 학습의 질을 높여준다. 11 네 앞을 (오른쪽에서 왼쪽으로) 지나는 검은색 고양이는 독일에서 행운이라 여겨진다.

정답 | 05 identical 06 aging 07 three conditions

▶ 세미콜론(;)

앞뒤로 서로 연관이 있는 내용을 연결한다. 문맥을 살펴서 적절한 접속사(and, but, because, that is, so 등)로 해석하면 된다.
요즘 영어에서는 잘 안 쓰이고 마침표(.)나 콤마(,)로 대신하는 경우가 많다.

[12-14] 다음 세미콜론의 의미에 가장 가까운 접속사를 고르시오.

12 Solving existing problems is quite enough; do not waste energy and happiness on problems which do not exist. - 모의

    a. and   b. but   c. because   d. that is   e. so

13 During a famine, it's not the lack of calories that leads to death; it's the lack of proteins and the essential amino acids. - 모의 ⟸ UNIT 95

    a. and   b. but   c. because   d. that is   e. so

14 An image has a much greater impact on your brain than words; the nerves from the eye to the brain are twenty-five times larger than the nerves from the ear to the brain. - 모의

    a. and   b. but   c. because   d. that is   e. so

12 기존 문제들을 해결하는 것만으로도 매우 충분하므로, 존재하지 않는 문제들에 대해서 에너지와 행복을 낭비하지 말라. 13 기근 동안, 죽음을 초래한 것은 열량 부족이 아니라, 바로 단백질과 필수 아미노산의 부족이다. 14 이미지가 말보다 뇌에 훨씬 더 커다란 영향을 주는데, 눈에서 뇌로 이어지는 신경이 귀에서 뇌로 이어지는 신경보다 25배 더 많기 때문이다.

정답 | 12 e   13 b   14 c

CHAPTER 12

관계사절

Chapter Overview

- 관계사(관계대명사, 관계부사)의 가장 기본적인 역할은 형용사절을 이끌어 앞의 명사(선행사)를 수식하는 것이다.

- 관계대명사: 〈접속사+대명사〉의 역할

  I met some people. + **They** wanted to donate their money.
  접속사+대명사

  I met *some people* [**who wanted to donate their money**].
  선행사   형용사절 (나는 **돈을 기부하기 원하는** *몇몇 사람들*을 만났다.)

- 관계부사: 〈접속사+부사〉의 역할

  You will arrive at a beach. + You can see some big waves **there**.
  접속사+부사

  You will arrive at *a beach* [**where you can see some big waves**].
  선행사   형용사절 (당신은 **큰 파도를 볼 수 있는** *한 해변*에 도착할 것이다.)

선행사	관계대명사				선행사	관계부사	
	주격	소유격	목적격		시간 (time, day 등)	when	
사람	who / that	whose	who(m) / that		장소 (place, house 등)	where	that
동물, 사물	which / that	whose / of which	which / that		이유 (reason(s))	why	
					방법 (way(s))	how	

*관계대명사는 선행사의 종류에 따라 구별하여 쓰고, 관계대명사절 내의 역할에 따라 주격, 소유격, 목적격으로 격변화를 한다.
*관계부사는 격변화 없이 선행사의 종류에 따라 적절한 것이 사용된다.

Chapter Goals

1 선행사의 종류와 관계대명사절 내의 역할에 따라 알맞은 관계대명사를 구분할 수 있다.

2 선행사의 종류에 따라 알맞은 관계부사를 구분할 수 있다.

3 선행사나 관계사가 생략된 문장에서 어디에 무엇이 생략되었는지를 말할 수 있다.

4 선행사를 포함하는 관계대명사인 **what**이 포함된 문장을 알맞게 해석할 수 있다.

5 선행사를 보충 설명하는 역할의 관계사가 포함된 문장을 알맞게 해석할 수 있다.

Must-know
Words &
Lexical
Phrases

U N I T **6 4** •

657 **motivate**   동기를 부여하다

658 **regularly**   주기적으로, 정기적으로

   be hungry for A   A를 갈구하다

659 **destroy**   파괴하다, 말살하다

660 **belong to A**   A의 것이다, A에 속하다

   cf. **belonging**   ((복수형)) 소유물; 재산; 소지품

661 **prescription**   처방(전)

   cf. **prescribe**   처방을 내리다; 처방전을 쓰다

665 **admire**   존경하다; 감탄하다

666 **be rich in A**   A가 풍부하다

U N I T **6 5** •

667 **judge**   판단하다; 판사; 심사위원

668 **be eager to-v**   v하기를 갈망하다

   cf. **eager**   간절히 바라는, 열렬한

670 **be supposed to-v**   v하기로 되어 있다; v할 의무가 있다

   bring in A   A를 들여오다

671 **encounter**   (우연히) 마주치다 (= come across, run[bump] into)

673 **struggle**   분투(하다), 투쟁(하다); 힘겹게 나아가다

674 **look up A**   A를 찾아보다

   ⓘ **look up to A**   A를 존경하다 (= respect)

U N I T **6 6** •

676 **go blank**   텅 비다; 넋을 놓다

680 **obtain**   얻다, 획득하다

   disguise   위장[변장]하다; 변장, 가장

682 **influence**   영향을 미치다 (= affect, impact); 영향(력)

684 **take action**   행동으로 옮기다; 조치를 취하다 (= take measures, take steps)

685 **weapon**   무기, 병기

UNIT 67

688 **asset** 자산, 재산

organization 조직, 단체, 기구

689 **moral** 교훈; 도덕(상)의, 윤리의

fable 우화

principle 원칙; 원리

693 **stable** 안정된

695 **promise** 가능성; 징조; 약속(하다)

696 **mature** 다 자란; 성숙한; (과일 등이) 익은 (= ripe)

be[become] willing to-v 기꺼이 v하다[하게 되다]

risk (a) failure 실패를 무릅쓰다

UNIT 68

697 **believe in A** A의 능력[존재]을 믿다

cheer A on A를 응원하다

699 **outer space** (대기권 밖) 우주 공간

including ~을 포함하여 (= involving) (↔ excluding ~을 제외하고)

700 **physical education** 체육 (= P.E.)

meaningful 의미 있는, 중요한

enjoyable 즐길 만한, 재미있는

701 **virtual** (컴퓨터를 이용한) 가상의; 사실상의

704 **recommend** 추천하다; 권고하다

UNIT 69

706 **grave** 무덤

707 **associate A with B** A를 B와 관련짓다

material 내용, 소재; 재료; 물질적인

708 **defeat** 패배시키다

temporary 일시적인, 임시의 (↔ permanent 영구[영속]적인)

710 **beyond one's control** ~의 통제 밖인

UNIT 70

712 **elect** 선출하다; 당선[선출]된

cf. **election** 선거; 당선

714 **take a walk** 산책하다

method 방법

suit O O에게 잘 맞다[어울리다]

717 **resolve** 해결하다; 다짐하다

cf. **resolution** 해결; 결의안; 다짐

718 **will** 의지; 유언(장)

circumstance ((주로 복수형)) 상황, 환경

719 **opening day** 개장일, 개막일

UNIT 71

720 **recognize** 알아보다, 인식하다

721 **eat away at A** A를 갉아먹다[손상시키다]

722 **apparently** 듣자[보아] 하니; 분명히, 확실히 (= clearly, obviously)

cf. **apparent** 명확한, 분명한 (= clear, obvious)

phobia 공포[혐오]증

723 **solar system** 태양계

planet 행성

form 형성시키다; 종류, 형태

approximately 대략, 거의 (= about)

724 **enhance** 향상시키다, 강화하다 (= intensify, reinforce)

725 **take up A** A를 차지하다

fullness 포만, 만족

726 **mention O** O를 언급하다

727 **a great many** 아주 많은

silly 어리석은, 우스꽝스러운

728 **worldwide** 세계적으로; 전 세계적인

die of ~로 죽다

729 **convert A into B** A를 B로 전환시키다

730 **as a (general) rule** 일반적으로, 대개

731 **consider O C** O를 C로 여기다

attractive 매력적인

cf. **attract** 마음을 끌다; 끌어들이다

UNIT 72

733 **purchase** 구매(하다)

734 **wander** 돌아다니다

735 **walk along** ~을 따라 걷다

seating 좌석, 자리

UNIT 64 주격/소유격 관계대명사

관계대명사가 관계대명사절 내에서 '주어'일 때 주격 관계대명사인 who, which, that이 쓰이고, whose는 뒤에 나오는 명사가 선행사의 '소유'임을 나타낸다. 〈선행사(명사)+관계대명사절〉은 주어, 목적어, 보어 등의 커다란 의미 단위를 이룰 수 있다.

---

657 Every team needs *a leader* [who motivates others].
모든 팀은 리더를 필요로 한다 [다른 이들에게 동기를 부여하는].
• 주격 관계대명사 뒤에 이어지는 동사의 수와 인칭은 선행사에 맞춘다.

658 *Kids* [who eat junk food regularly] / are not hungry for healthy food.
아이들은 [정크 푸드를 주기적으로 먹는] / 건강에 좋은 음식을 먹고 싶어 하지 않는다.
• 〈주어+관계대명사절〉일 경우 동사는 주어에 수를 일치시켜야 한다.

659 The best character (of the film) / is *a villain* [whose aim is to destroy
최고의 등장인물은 (그 영화의) / 악당이다 [그의 목적이 세계를 파괴하는 것인].
the world]. *villain ((소설·영화 등의)) 악당, 빌런

---

660 The future belongs to those who believe in the beauty of their dreams.
- Eleanor Roosevelt ((美 32대 대통령 부인))

661 Aspirin is one of the drugs which don't require a doctor's prescription for their use.

662 They are good neighbors that live happily in houses next to each other.

663 Every day do something that will bring you closer to a better tomorrow.

664 When writing a report, you should not use a sentence whose meaning is unclear.

어법 직결 [665-666] 다음 문장의 네모 안에서 어법상 알맞은 것을 고르시오.

665 A mentor is someone who / whose work or life is admired, and who / whose is a good guide to others.

666 People whose diets are rich in vitamins is / are less likely to develop some types of cancer.

UNIT 65 목적격 관계대명사

관계대명사가 관계대명사절 내에서 동사, 준동사, 전치사 등의 '목적어'일 때 목적격 관계대명사인 who(m), which, that이 쓰인다. 관계대명사가 전치사의 목적어인 경우, 전치사는 관계대명사 바로 앞이나 관계대명사절의 끝에 온다. 단, 전치사가 관계대명사 바로 앞에 쓰일 경우 that은 쓰지 않는다.

667 Never judge *someone* [whom you don't even fully know ●].

누군가를 판단하지 마라 [당신이 완전히 알지도 못하는].

668 I have *some friends* [who I haven't seen ● for a long time /

나는 몇몇 친구가 있다 [내가 오랫동안 보지 못한 /

and who I am eager to meet ●].

그리고 내가 간절히 만나고 싶어 하는].

669 All children need *a safe space* [*in* which they can grow and develop].

모든 아이들은 안전한 공간을 필요로 한다 [그들이 자라나고 성장할 수 있는]. - 모의응용

(= All children need a safe space **which** they can grow and develop *in* ●.)

670 Dogs working at airports sniff out things which people are not supposed to bring in. - 모의응용

*sniff out 냄새로 ~을 찾아[알아]내다

671 When people encounter people or things that they like, the rate of blinking increases.

*blink 눈을 깜박이다

672 A friend is a person with whom I may be sincere. Before him, I may think aloud. - Ralph Waldo Emerson ((美 시인이자 사상가))

673 Have people in your life who you can talk to about your daily struggles.

674 Use simple words which your readers will understand, and not words which they will have to look up.

관계부사에는 when, where, why와 이를 대신해 쓸 수 있는 that이 있다.
관계부사 how(~하는 방법)는 선행사와 같이 쓰일 수 없고(the way how (×)), 선행사나 관계부사 중 하나를 생략하여
how 또는 the way로 표현한다. the way that, the way in which로 쓰이기도 한다.

675 There are *times* [when everyone wants to be alone].
때가 있다   [누구나 혼자 있고 싶어 하는].

676 "Brain fade" is a short time when your mind goes blank or cannot remember something.
*brain fade 브레인페이드 (('멍때리기'를 나타내는 신조어))

677 My children will live in a nation where they will not be judged by the color of their skin. - Martin L. King Jr.'s speech, *I Have a Dream* 中

678 There are uncommon cases where grain products can cause an allergic reaction.
*grain products 곡물 가공품

679 Diabetes is a condition that the body can't control the amount of sugar in the blood.
*diabetes 당뇨병

680 The reason why people do not obtain success is that it is disguised as hard work.

681 One of the reasons that people from different countries can't understand each other's jokes is cultural differences.

682 Stereotypes should never influence how we deal with or treat others.
*stereotype 고정관념

683 The only way that young people can learn is to make their own mistakes.

관계대명사/관계부사의 구분

1. 관계대명사절

관계대명사는 대명사이므로 관계대명사절 내에서 주어, 목적어, 보어의 역할을 한다. 그러므로 관계대명사절에서 이를 없애면 주어, 목적어, 보어가 없는 불완전한 구조의 절이 된다. 소유격 관계대명사일 경우에도 〈whose+명사〉를 없애면 불완전한 구조이다.

I know the people **who** live in the house. 〈주어 없음〉
나는 그 집에 사는 사람들을 안다.
We visited the city ~~**whose citizens**~~ are kind. 〈주어 없음〉
우리는 시민들이 친절한 도시를 방문했다.
Henry bought the bike **which** I wanted. 〈wanted의 목적어 없음〉
헨리는 내가 원하는 자전거를 샀다.

2. 관계부사절

관계부사는 관계부사절 내에서 부사 역할을 하는 것이므로 관계부사가 이끄는 절은 완전한 구조이다.

Tomorrow is the day **when** all of my friends can gather.
내일은 나의 모든 친구가 모일 수 있는 날이다.
Susan went up to the roof **where** she could see the town.
수잔은 그녀가 마을을 볼 수 있는 지붕에 올라갔다.
This video game is the reason **why** he failed the test.
이 비디오 게임은 그가 시험에서 떨어진 이유이다.
Let's see **how** they deal with this problem.
그들이 이 문제를 다루는 방식을 보자.

어법 직결 ▶ [684-686] 다음 문장의 네모 안에서 어법상 알맞은 것을 고르시오.

684 The present is the only moment which / when you can take action.

685 Education is a powerful weapon which / where you can use to change the world.

686 Life and sports present many situations which / where critical and difficult decisions have to be made. - 모의

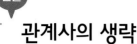

UNIT 6 7 관계사의 생략

목적격 관계대명사는 자주 생략되므로 주의해야 한다. 전치사의 목적어인 관계대명사는 전치사와 떨어져 있을 때 생략이 가능하다. 즉, (대)명사 뒤에 이를 수식하는 〈S′+V′ ~〉가 바로 이어지면 그 사이에 관계대명사가 생략되었을 가능성이 크다.

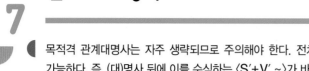

(대)명사 (관계대명사) + S′ + V′ ~

---

687 Experience is *the name* [(which) everyone gives to their mistakes].
S   V   C   O′   S′   V′   M′
경험은 명칭이다   [모두가 자신들의 실수에 부여하는].
- Oscar Wilde

688 We consider her *an asset* [any organization would like to work with].
S   V   O   C   S′   V′   O′
우리는 그녀를 자산으로 여긴다   [어떠한 조직도 함께 일하고 싶어 하는].

---

689 The moral of a fable is the principle or lesson it teaches.

690 Everyone you will ever meet knows something you don't. - Bill Nye ((美 공학자))

관계부사의 선행사가 the time, the place, the reason 등일 때, 선행사나 관계부사를 생략하는 경우가 많다.

---

691 Spring is // (*the time*) when life is alive in everything.
S   V   M′ S′ V′   C′   M′
봄은 ~이다 //   생명이 만물에 살아 있는 때.

692 *The moment* [(when) you want to quit] / is *the moment* [(when) you
S   M′ S′ V′   O′   V   C   M′   S′
순간은   [네가 그만두기를 원하는]   /   순간이다
need to keep pushing].
V′   O′
[네가 계속 밀고 나아갈 필요가 있는].

---

693 Home is where children should feel safe and stable. - Matthew Desmond ((美 사회학자))

694 Do you remember the place we first met?

695 Why people prefer Friday to Sunday is that Friday brings promise —
the promise of the weekend ahead. - 모의응용

696 One of the reasons mature people stop learning is that they become less
and less willing to risk failure. - J. Gardner ((前 美 장관))

선행사와 떨어진 관계사절

관계사절은 선행사 바로 뒤에 오는 것이 원칙이지만 아래와 같은 경우에는 선행사와 관계사가 떨어져 있을 수 있다.
따라서 관계사 바로 앞의 명사를 무조건 선행사로 생각하지 말고 문맥상 관계사절의 수식을 받는 것인지를 확인해야 한다.
1. 선행사 뒤에 수식어구가 있는 경우
2. 〈주어＋관계사절〉에 비해 술어 부분이 짧은 경우 등

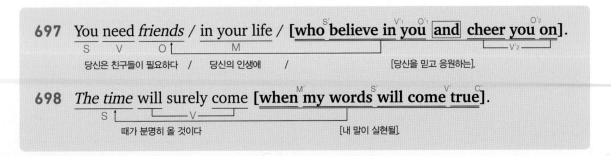

697 You need *friends* / in your life / [who believe in you and cheer you on].
당신은 친구들이 필요하다 / 당신의 인생에 / [당신을 믿고 응원하는].

698 *The time* will surely come [when my words will come true].
때가 분명히 올 것이다 [내 말이 실현될].

699 A black hole is an area in outer space into which everything, including light itself, is pulled.

어법 직결 **[700-701]** 다음 문장의 네모 안에서 어법상 알맞은 것을 고르시오.

700 Physical education should offer activities to young students who / which are meaningful and enjoyable. - 모의응용

701 Virtual reality is an environment created by computers which seem / seems almost real.

두 개의 관계대명사절이 하나의 선행사를 수식할 경우, 접속사나 콤마(,)로 연결되기도 하고 접속사 없이 연달아 이어지기도 한다. 이때 두 번째 오는 관계대명사절은 자연히 선행사와 떨어지게 된다. 접속사 없이 연결될 때 처음에 오는 관계대명사가 목적격이면 거의 생략된다.

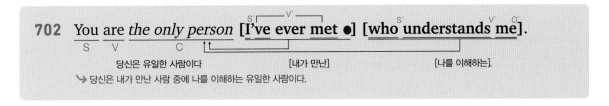

702 You are *the only person* [I've ever met ●] [who understands me].
당신은 유일한 사람이다 [내가 만난] [나를 이해하는].
↘ 당신은 내가 만난 사람 중에 나를 이해하는 유일한 사람이다.

703 There are many things which are important for you to learn but which can never be taught in a classroom.

704 This is the only travel guidebook I was recommended to read which is really useful.

UNIT
6 9
중요

명사절을 이끄는 관계대명사 what

관계대명사 what은 자체 내에 선행사인 the thing(s)을 포함하므로 명사절을 이끈다.
● 관계대명사 what ~: ~하는 것(들) (= the thing(s) which ~)

관계대명사 what을 이해하기 위해 다음 사항들을 확인하자.
1. '~하는 것'으로 해석되고 문장에서 주어, 목적어, 보어의 역할을 하는 명사절을 이끈다.
2. 관계대명사 what을 없애면 관계대명사절의 구조가 불완전하다.
3. 자체 내에 선행사를 포함하므로 선행사가 따로 없다.

선행사×　　　관계대명사　┌─직접목적어 없는 불완전한 구조─┐
705 You must not forget // **what I'm going to tell you.**
　　　 S　　　 V　　　　　　　　　　　　　O
　　　너는 잊지 말아야 한다　　//　　　　내가 네게 말하려는 것을.

　　　　　　　　　　　　　　　 접속사　┌──────완전한 구조──────┐
cf 1. You must not forget // **that making mistakes / is part of learning.**
　　　　 S　　　 V　　　　　　　　　　　　　O
　　　　너는 잊지 말아야 한다　　//　　　실수를 저지르는 것이　/　배움의 일부라는 것을.

　　　　　　　　　　　　　 선행사　　관계대명사　┌─주어 없는 불완전한 구조─┐
cf 2. You must not forget / *the people* [**that helped you grow**].
　　　　 S　　　 V　　　　　　　 O
　　　　너는 잊지 말아야 한다　/　사람들을　　[네가 성장하도록 도와준].

706 What is learned in the cradle is carried to the grave. - Proverb

*cradle 요람, 소아용 침대

707 Associate what you are learning with what you already know to memorize the learning material. - 모의응용

708 Being defeated is often temporary. Giving up is what makes it permanent.

709 We should judge a man not by what he has but by what he is.

어법 직결 ▶ 다음 문장의 네모 안에서 어법상 알맞은 것을 고르시오.

710 That / What people need to do is to accept that / what some things are beyond their control. - 모의응용

TIP ▶ 관계대명사 what이 포함된 관용표현
• She is **what we call** a bookworm. 그녀는 **이른바** 공부벌레이다. (= She is **what is called** a bookworm.)
• It's a good book, and **what is more[better]**, it's a popular one. 그것은 좋은 책이다. **게다가** 그것은 인기 있는 책이다.
• He lost his money, and **what was worse**, his health. 그는 돈을 잃고, **설상가상으로** 건강도 잃었다.
• Leaves **are to** the plant **what** lungs **are to** the animal. 잎과 식물의 관계는 폐와 동물의 관계와 같다.
　▶A is to B what[as] C is to D: A와 B의 관계는 C와 D의 관계와 같다 〈A : B = C : D〉

명사절을 이끄는 복합관계대명사

who(m)ever, whichever, whatever도 자체 내에 선행사를 포함하는 명사절을 이끌 수 있다.

*양보의 부사절을 이끄는 용법 ← UNIT 78

- who(m)ever ~: ~하는 누구든지 (= anyone who(m) ~)
- whichever ~: ~하는 어느 쪽이든지 (= any(thing) that ~)
- whatever ~: ~하는 것은 무엇이든지 (= any(thing) that ~)

whichever와 whatever는 명사 앞에 쓰여 명사를 수식하는 형용사의 역할로도 많이 쓰인다.

---

711 **Whoever is happy** // will make others happy too. - Anne Frank

행복한 누구든지 // 다른 이들 또한 행복하게 만들 것이다.

712 We have a right to elect whoever we want.

713 Ask for advice to whomever you depend on, and you'll get valuable feedback.

714 You can relax by taking a walk or by practicing yoga. Try to relax by using whichever method suits you best.

715 Whatever is going to happen will happen, whether we worry or not.

716 You can achieve whatever you want in life. Just believe that you can.

717 We will take whatever action is necessary to resolve the situation.

어법 직결 **[718-719]** 다음 문장의 네모 안에서 어법상 알맞은 것을 고르시오.

718 With a strong will, you can have whoever / whichever life you want in any circumstances.

719 The new store gave a present to whoever / whomever shopped there on its opening day.

선행사를 보충 설명하는 관계사절 Ⅰ

관계대명사 who, whose, which가 이끄는 절은 앞에 콤마(,)를 두어 선행사를 보충 설명하는 계속적 용법으로도 쓰인다. 이 역할을 할 때는 목적격 관계대명사라도 생략하지 않으며, that과 what은 쓸 수 없다. 문맥에 따라 여러 접속사(and, but, because 등)를 덧붙여 앞에서부터 차례대로 해석한다.

선행사, **who** ~
그리고[그런데, 왜냐하면] 그 사람은 ~

선행사, **whose** ~
그리고[그런데, 왜냐하면] 그것의 ~

선행사, **which** ~
그리고[그런데, 왜냐하면] 그것은 ~

720 I met *an old friend of mine*, // **who didn't recognize me at first**.
S V O
나는 나의 옛 친구를 만났다. // 그런데 그 친구는 처음에 나를 알아보지 못했다.

721 Time, whose teeth eat away at everything else, is powerless against truth.

722 Millions apparently suffer from "no mobile phobia," which has been given the name "nomophobia."

723 The solar system, to which planets like Earth and Mars belong, was formed approximately 4.5 billion years ago.

이러한 역할의 which는 (대)명사뿐만 아니라 앞에 나온 구나 절도 선행사로 취할 수 있다.

724 One of the best ways (to learn) / is *to teach others*, // **which enhances**
S V C
가장 좋은 방법 중에 하나는 (배우는) / 다른 이들을 가르치는 것이다. //
our own learning experience.
왜냐하면 그것이 우리 자신의 학습 경험을 향상시키기 때문이다.

725 Water has no calories, but it takes up a space in your stomach, which creates a feeling of fullness. - 모의

어법 직결 ▶ 다음 문장의 네모 안에서 어법상 알맞은 것을 고르시오.

726 Curing the mind is the first step to curing illness, what / which is a healing principle mentioned in the *Dongui Bogam*.
*Dongui Bogam 동의보감 ((허준이 편찬한 의서))

which, whom은 다음과 같은 형태로 선행사를 보충 설명하기도 한다.

• most[all, half, many, some, one] of which[whom]: 그중에서 대부분[모든, 절반, 많은, 몇몇, 하나]
이때 관계대명사절의 동사는 선행사의 수에 일치시킨다. (단, one of ~는 단수동사)

727 I've always had *a great many worries,* // **most of which were silly.**
S ──── V ────   O   S'   V'   C'
나는 늘 아주 많은 걱정거리를 가지고 있었다.   //   그런데 그것들 중 대부분은 어리석은 것이었다.
(= I've always had *a great many worries,* **but most of them were silly.**)

728 Approximately 25,000 people worldwide, many of whom are children, are still dying of hunger every day.

729 Carrots are full of beta carotene, some of which is converted into vitamin A.
*beta carotene 베타카로틴 ((당근 등에 들어 있는 영양물질))

730 As a rule, the panel consists of ten members, three of whom are students.
*panel 패널 ((토론 참석자))

어법 직결▶ 다음 문장에서 어법상 틀린 부분을 찾아 밑줄 긋고 바르게 고치시오.

731 The manager set out three solutions for the problem, one of them was considered the most attractive by everyone.

UNIT 7 2 선행사를 보충 설명하는 관계사절 Ⅱ

관계부사 when, where도 관계대명사처럼 선행사를 보충 설명할 수 있고 문맥에 따라 여러 접속사(and, but, because 등)의 의미를 나타낸다. why와 how는 이렇게 쓰이지 않는다.

선행사, **when** ~
그리고[그런데, 왜냐하면] 그때 ~

선행사, **where** ~
그리고[그런데, 왜냐하면] 거기서 ~

732 The last time [I went to Santorini] / was in *September*, //
마지막으로 ~한 것은　　　[내가 산토리니에 갔던]　　/　　9월이었다.　　　　//
when the weather was really beautiful.
그리고 그때는 날씨가 정말 좋았다.

733 We planned our purchases for the last day of the sale, when the prices would be really low.

734 South Africa is like a giant zoo, where elephants, lions, and even penguins wander freely.

735 I walked along the streets in Paris, where I found cafes and restaurants with pretty outdoor seating.

Further Study

보충 설명하는 관계사절의 이해

1. 보충 설명하는 관계사절의 선행사
고유명사나 유일한 것과 같이 특정한 사람, 사물인 때가 많다.
I want to visit *the Eiffel Tower*, **which** is in Paris.
나는 에펠탑을 방문하고 싶다. 그런데 그것은 파리에 있다.

2. 수식하는 관계사절 vs. 보충 설명하는 관계사절
콤마(,)의 유무에 따라 의미가 달라질 수 있다. 즉, 콤마가 없으면 수식하는 내용에 의해 비로소 선행사가 특정한 것이 되고, 콤마가 있으면 이미 특정한 선행사를 보충 설명하는 것이다.
1) 콤마가 없는 관계사절: 선행사를 수식
There were *few passengers* **who** escaped without injury.
부상 없이 탈출한 승객들은 거의 없었다.

2) 콤마가 있는 관계사절: 선행사를 보충 설명
There were *few passengers*, **who** escaped without injury.
승객들이 거의 없었다. 그리고 그들은 (모두) 부상 없이 탈출했다.

CHAPTER 13

부사절

Chapter Overview

- 부사절은 문장에서 부사 역할을 하며, '시간, 원인, 조건, 양보, 대조, 목적, 결과, 양태' 등의 여러 의미를 나타낸다.

시간	when, while, as, since, until[till], before, after 등
이유/원인	because, since, as 등
조건	if, unless 등
양보/대조	though, although, even though, (even) if 등
목적/결과	so (that), so ~ that ..., such ~ that ... 등
양태	as, as if 등

*양태: 모양이나 태도를 의미하여 '~처럼, ~이듯이, ~대로'로 해석된다.

- 부사절과 콤마(,): 부사절이 앞에 나올 때는 주절이 시작되기 전에 콤마(,)를 찍지만, 〈주절＋부사절〉의 어순에서는 부사절이 시작되기 전에 콤마(,)를 대부분 찍지 않는다.

  〈부사절＋콤마(,)＋주절〉 / 〈주절＋부사절〉

- 하나의 접속사가 마치 다의어처럼 두 가지 이상의 의미로 쓰일 수 있다. 이때는 주절과 부사절의 의미 관계를 논리적으로 판단하여 해석한다.

while	① ~하는 동안 ② ~인 반면 〈대조〉 (= whereas)
as	① ~할 때; ~하면서 ② ~이기 때문에 ③ ~처럼, ~이듯이, ~대로 〈상태〉 ④ ~함에 따라서 ⑤ 비록 ~이지만 (〈형용사 등＋as＋주어＋동사〉)
since	① ~한 이래로 ② ~이기 때문에
if	① 만약 ~라면 〈조건〉 ② 비록 ~일지라도, ~이든 아니든 (= even if) ③ ((명사절)) ~인지 아닌지 (= whether) ⟵ UNIT 17

Chapter Goals

1 부사절을 이끄는 각 접속사의 의미를 알고 알맞게 해석할 수 있다.
2 하나의 접속사가 의미할 수 있는 다양한 의미를 알고 알맞게 해석할 수 있다.

Must-know
Words &
Lexical
Phrases

UNIT 73 •

737 opportunity 기회 (= chance)

738 multiply 크게 증가하다; 곱하다

divide A with B A를 B와 나누다

739 found(-founded-founded) 설립하다, 세우다

742 replace B with A B를 A로 대체[교체]하다 (= substitute A for B, substitute B with A)

UNIT 74 •

744 approach 다가오다, 접근하다

attack 공격(하다)

destroy 박멸하다; 파괴하다

747 doubt 의심(하다)

cease to-v[v-ing] v하는 것을 멈추다

cf. **ceaseless** 끊임없는 (= constant)

748 recognize 알아보다; 인식[인정]하다

751 suffer (from) (고통 등을) 겪다; (질병 등에) 시달리다

cf. **suffering** 고난, 고통; 재해

shortage 부족, 결핍 (↔ abundance 풍부)

UNIT 75 •

754 chemical 화학적인, 화학의

property ((주로 복수형)) 속성; 재산

similar to ~와 유사한[비슷한]

755 dye(-dyed-dyed-dyeing) 염색하다

blond (모발이) 금발인

appear C C처럼 보이다

756 comfort 위로하다; 위로; 안락

757 fine dust 미세먼지

단어를 미리 알면, 구문 학습이 더 쉬워져요!

UNIT 76

760 mindset 사고방식

be likely to-v v할 가능성이 있다

762 rarely 좀처럼 ~하지 않는 (= seldom)

763 refund 환불하다; 환불(금)

be satisfied with ~에 만족하다

764 reach a goal 목표를 달성하다

765 make a difference 중요하다 (= matter); 변화를 가져오다; 차별을 두다

find O C O가 C라고 생각하다

767 of no value 가치가 없는 (= valueless)

put A into practice A를 실행에 옮기다

cf. **practice** 실행(하다); 연습(하다)

UNIT 77

768 overcome(-overcame-overcome) 극복하다

770 aim 겨누다; 목표(하다)

771 analyze 분석하다

cf. **analysis** 분석

772 acquire 얻다, 습득하다 (= gain, obtain)

774 sincere 진정한, 진심 어린

cf. **sincerely** 진심으로, 진정으로

775 coward 겁쟁이

bear(-bore-born) 참다, 견디다 (= put up with, endure)

cf. **bearable** 참을 수 있는 (↔ unbearable 참을 수 없는)

insult 모욕(하다)

776 fashionable 유행하는, 유행에 따른

UNIT 78

777 painful 고통스러운

778 vote 투표(하다); 투표권

780 proper 적절한

UNIT 79

785 arise(-arose-arisen) 발생하다, 일어나다

786 encourage 격려하다

confident 자신감 있는

capability 능력, 역량

787 repeat 반복하다, 되풀이하다

cf. **repetition** 반복, 되풀이

tragic 비극적인, 비극의

cf. **tragedy** 비극

788 fire extinguisher 소화기

cf. **extinguish** 불을 끄다 (= put out); 끝내다, 없애다

790 awake 깨어있는; 깨다[깨우다]

791 digest 소화하다[되다]; 요약문

cf. **digestion** 소화

cf. **digestive** 소화의; 소화를 촉진하는; 소화제

792 prolong 연장하다 (= extend)

UNIT 80

794 above ~위에; ~보다 많은

falsehood 거짓

795 be headed (for) (~으로) 향하다

797 dawn 새벽, 동이 틀 무렵; (하루 · 시대가) 밝다[시작되다]

spread(-spread-spread) 퍼뜨리다; 펼치다; 분산하다

799 awesome 멋진, 굉장한; 경탄할 만한

800 essential 필수적인 (= necessary); 본질적인

spirit 정신, 영혼; 기분, 마음

self-sacrifice 자기희생

cf. **sacrifice** 희생하다; 희생(물)

condition 조건; 상태; ((주로 복수형)) 상황 (= situation)

UNIT 73 시간을 나타내는 부사절 Ⅰ

- when: ~할[하는] 때
- while: ~하는 동안 *cf.* during + 명사(구)
- as: ~할 때; ~하면서
- since: ~한 이래로
- until[till]: ~할 때까지
- not A until B: B할 때까지 A하지 않다, B하고 나서야 비로소 A하다
- once: ~하자(마자); ~할 때; 일단 ~하면
- before/after: ~하기 전에/~하고 나서

---

736 **When it rains,** // look for rainbows. **When it's dark,** // look for stars.
　　　　　S′　V′　　　　　　V　　　　O　　　　　　　S′ V′ C′　　　　V　　　O
　　　비가 올 때는,　　//　　무지개를 찾아라.　　어두울 때는,　　//　별들을 찾아라.
　↘ 어려운 시기에도 우리에게 기쁨을 주는 것들을 찾을 수 있다.

---

737 While we stop to think, we often miss our opportunity. - Publilius Syrus ((고대 로마 작가))

738 Happiness adds and multiplies, as we divide it with others.

739 It has been about 50 years since our school was founded.

740 Do what you have to do until you can do what you want to do.

741 We do not know the value of health until we lose it.

742 Once you replace negative thoughts with positive ones, you'll start having positive results. - Willie Nelson ((美 음악가))

743 Man should forget his anger before he lies down to sleep. - Mahatma Gandhi

---

TIP 〈주절 + when절〉의 해석 순서

대개 〈when절 → 주절〉 순서로 해석하지만, 주절이 어떤 일이 진행 중이거나 곧 일어날 일을 나타낼 때는 〈주절 → when절〉 순서로 해석한다.
'S가 V하고 있는 중에 바로 그때 (갑자기) S′가 V′했다'로 해석한다.
이때 주절에는 주로 'be v-ing, begin[start] to-v[v-ing], be ready to-v, be about to-v'와 같은 표현이 온다.
I *was taking* a nap **when** someone rang the bell. 나는 낮잠을 자고 있었는데 바로 그때 누군가가 초인종을 눌렀다.

UNIT 74 시간을 나타내는 부사절 Ⅱ

- as soon as = no sooner ~ than ... = hardly[scarcely] ~ than[when/before] ...: ~하자마자, ~하자 곧
- the moment[minute/instant]: ~하는 순간에
- by the time: ~할 때까지(는), ~할 무렵에는
- every[each] time: ~할 때마다 (= whenever)
- as[so] long as: ~하는 동안 (= while)
- it will not be long before ~: 머지않아 ~할 것이다

---

744 **As soon as** the fear approaches near, // attack and destroy it.
　　　　　　S′　　　　　　V′　　　　M′　　　　V₁　　　　V₂　　　O

- Chanakya ((인도 철학자))

두려움이 가까이 다가오면 바로,　　　//　　그것을 공격하여 없애버려라.

---

745 No sooner had I gone to bed than I received a text message.

746 Scarcely had the words left my mouth when I realized what a stupid thing I had said.

747 The moment you doubt whether you can fly, you cease forever to be able to do it. *- Peter Pan* 中

748 By the time they are three months old, babies will be able to recognize their mother.

749 Every time you smile at someone, it is a gift to that person.

750 I'll remember this experience as long as I live.

751 I think it will not be long before we suffer from a shortage of water.

영작 직결 다음 우리말과 일치하도록 괄호 안에 주어진 어구를 순서대로 배열하시오.

우리가 해변에 도착하자마자 비가 내리기 시작했다.

(it, we, at the beach, began, had, to rain, when, arrived)

752 Hardly _____.

UNIT 7 5 이유/원인을 나타내는 부사절

주절은 부사절 내용이 '원인'이 되어 일어나는 '결과'를 나타낸다.

- because/since/as: ~이기 때문에 *cf.* because of+명사(구)
- now (that): (지금) ~이므로, ~이기 때문에
- seeing (that): ~이므로, ~인 것으로 보아
- that ~: ~하다니, ~이므로, ~ 때문에

---

753 <u>A bad plan</u> <u>is</u> <u>better</u> than no plan // **because** <u>it</u> <u>can be improved</u>.
     S   V   C   S'   V'

- Arthur D. Rosenberg ((美 작가))

좋지 않은 계획이 무계획보다 낫다   //   그것은 개선될 수 있기 때문에.

---

754 Since life began in the oceans, most life has chemical properties similar to the ocean. - 모의응용

755 Dyeing hair blond was common among Roman men, as they believed it made them appear younger. - 모의응용

756 My life has meaning, now that I can comfort and give hope to people in more difficult situations.

757 Seeing that the level of fine dust is high, you'd better wear a mask.

758 I tried something new. I am sorry that I wasn't good at it, but I am proud that I tried.

<u>어법 직결</u> 다음 빈칸에서 Because[because]가 들어갈 자리로 가장 적절한 것을 고르시오.

759 (①) Humans[humans] don't require high level of carbohydrates (②) our bodies can convert proteins into carbohydrates.

*carbohydrate 탄수화물 **protein 단백질

> **TIP** 해석에 주의해야 할 〈not ~ because ...〉
- …이기 때문에 ~하지 않다 (주절의 내용을 부정. 보통 because 앞에 콤마(,)가 있음.)
  I did**n't** have dinner, **because** I had a stomachache. 나는 배가 아팠기 때문에 저녁을 먹지 않았다.
- …이기 때문에 ~한 것은 아니다
  I did**n't** have dinner just **because** I had a stomachache. I had nothing to eat.
  나는 단지 배가 아팠기 때문에 저녁을 먹지 않은 것은 아니다. 먹을 것이 아무것도 없었다.

UNIT 76 조건을 나타내는 부사절

주절은 부사절 내용을 '조건'으로 하는 '결과, 결말'을 나타낸다.

- if: 만약 ~라면 *cf.* only if: ~해야만, ~일 경우에만
- unless: 만약 ~이 아니라면, ~하지 않는 한 (= if ~ not)
- in case (that): 만약 ~인 경우에는 (= if)
- suppose (that), supposing (that), provided (that), providing (that): 만일 ~하면 (= if)
- as[so] long as: ~하는 한, ~하기만 하면 (= if)

---

760 **If a person starts the day / with a positive mindset, //**
　　　　　S'　　V'　　　O'　　　　　　　　　　M'
　만약 어떤 사람이 하루를 시작한다면　　　/　　　긍정적인 사고방식으로,　　　　　//
that person is more likely to have a positive day. - 모의
　　　　S　　　V　　　C　　　　　　　M
　그 사람은 긍정적인 하루를 보낼 가능성이 더 높다.

---

761 Good things happen only if you believe they will.

762 People rarely succeed unless they have fun in what they are doing.
- Dale Carnegie ((美 작가))

763 We will refund your money in case you're not satisfied with your purchase.

764 There are always millions of ways to reach your goal, supposing you really want to do it.

765 It does not make a big difference what your hobby is, provided you find it interesting.

766 It does not matter how slowly you go as long as you do not stop.
- Confucius ((공자))

어법 직결 ● 다음 문장의 네모 안에서 어법상 알맞은 것을 고르시오.

767 Knowledge is of no value if / unless you put it into practice.
- Anton Chekhov ((러 소설가))

양보/대조를 나타내는 부사절 I

주절과 부사절이 역접의 의미 관계로서, 서로 반대되거나 일치하지 않는 것을 서술한다.

- (even) though, although: 비록 ~이지만, ~에도 불구하고 *cf.* despite[in spite of]+명사(구)
- (even) if: 비록 ~일지라도, ~이든 아니든 ≪ Further Study p.169
- while: ~인 반면에 (= whereas)
- whether A or B: A이든 B이든
- 형용사[부사/명사]+as+S′+V′: 비록 ~이지만 (= though+S′+V′+형용사[부사/a(n)+명사])

---

768 **Although the world is full of suffering,** // **it is full also of the**
　　　　　　　　S′　　　　　 V′　　　　C′　　　　　　　　S　V　　 C
　　　비록 세상은 고난으로 가득하지만,　　　　　//　그것(=세상)은 그것(=고난)의 극복으로도 가득하다.

overcoming of it. - Helen Keller

---

769 Even if it's a little thing, do something for those who have need of a man's help. - Albert Schweitzer

770 Aim for the moon. If you miss, you may hit a star. - W. Clement Stone ((美 사업가))

771 The left brain analyzes the parts while the right looks at the whole.

772 Whereas knowledge can be acquired from books, skills must be learned through practice.

773 Playing a game with others teaches kids how to be a good team player whether they win or lose. - 모의응용

774 Rich as you may be, you can't buy sincere friends.

775 Coward as he was, John couldn't bear such an insult.

어법 직결 ▶ 다음 문장의 네모 안에서 어법상 알맞은 것을 고르시오.

776 [Even though / Despite] we wear fashionable clothes, we can't be truly beautiful without good manners. - 모의

Further Study

even though vs. even if

even though(비록 ~이지만)와 even if(비록 ~일지라도)는 흔히 같은 의미로 설명되지만, 정확히 말하자면 다음과 같은 의미 차이가 있다.

· even though + 사실: (~이 사실)임에도 불구하고 (= despite the fact that)
· even if + 가정: ~이든 아니든 (= whether or not)

You should visit Vienna **even though** it is expensive.
비록 물가가 비싸지만(= 비싼 물가에도 불구하고) 너는 비엔나를 방문해봐야 한다.
→ 비엔나 물가가 비싼 것은 사실

You should visit Vienna **even if** it is expensive.
비록 물가가 비싸더라도(= 비싸든 싸든) 너는 비엔나를 방문해봐야 한다.
→ 비엔나 물가가 싼지 비싼지는 모르는 상황

그러므로 다음과 같은 문장에는 even if가 알맞다.
Even if he wins ten million dollars, he won't be happy.
천만 달러를 얻는다 할지라도, 그는 행복하지 않을 것이다.

UNIT 78 양보/대조를 나타내는 부사절 II

* whoever, whichever, whatever = no matter who[which, what]:
누가[어느 쪽이, 무엇이] ~하더라도; 누구를[어느 쪽을, 무엇을] ~하더라도
이들은 부사절을 이끄는 접속사이면서 부사절 내에서 주어, 목적어, 보어 역할도 하는 복합관계대명사이다.
whichever, whatever는 명사 앞에서 형용사적으로도 쓰인다.

* whenever, wherever, however = no matter when[where, how]: 언제[어디서, 아무리] ~하더라도
이들은 부사절을 이끄는 접속사이면서 부사절 내에서 부사 역할도 하는 복합관계부사이다.
however는 〈however + 형용사[부사] + S′ + V′〉의 어순으로 쓰이는 경우가 많다.

---

777 Be honest with your friends, // however painful the truth is. - 모의응용

V   C   M   형용사   S′   V′

친구들에게 정직해라,   //   진실이 아무리 고통스러울지라도.

(= ~, **no matter how painful the truth is.**)

---

778 Whoever you are, whatever you do, do vote if you can.

---

779 The game will be very exciting, whichever side wins.

---

780 Whatever happens — good or bad — the proper attitude makes the difference. -모의

781 Whenever you start, it is important that you do not stop after starting.

782 Wherever you go in life or however old you get, there's always something new to learn about.

영작 직결 ▸ 다음 우리말과 일치하도록 괄호 안에 주어진 어구를 순서대로 배열하시오.

여러분의 엔진이 아무리 강력하더라도, 바퀴가 하나도 없다면 여러분은 아주 멀리 가지 못할 것입니다.

(engine, powerful, however, is, your)

783 _____, you won't get very far if you don't have any wheels. -모의

 TIP '양보' 외의 또 다른 의미 ← UNIT 70

· who(m)ever: anyone who ~하는 누구든지
  e.g. I'll take **whoever** wants to go.
    = I'll take **anyone who** wants to go. 나는 가고 싶어 하는 **누구든지** 데려갈 것이다.
· whichever: any(thing) that ~하는 어느 쪽이든지
· whatever: any(thing) that ~하는 것은 무엇이든지
· whenever: at any time when ~하는 언제든지
· wherever: at any place where ~하는 어느 곳이든지

UNIT (중요)
79

목적 / 결과를 나타내는 부사절

· so (that): ~하기 위해서, ~하도록 (= in order that)
· lest+S′(+should)+V′: ~하지 않기 위해서, ~하지 않도록 ((문어체))
  lest 대신 for fear (that)을 쓸 수 있다.
· in case (that): ~하면 안 되니까, ~할 경우에 대비하여

784 We have two ears and one mouth // so that we can listen /
      S   V   O   S′   V′
   우리는 두 개의 귀와 한 개의 입을 가지고 있다   //   우리가 들을 수 있도록   /
twice as much as we speak. - Epictetus ((고대 철학자))
   우리가 말하는 것보다 두 배만큼.
   ↳ 우리는 말을 많이 하기보다 다른 사람의 말을 경청해야 한다.

785 Review what happened so the same problem does not arise again.

786 You need people in life who encourage you in order that you can feel confident in your capabilities.

787 We must learn from history, lest we (should) repeat its tragic lessons.

788 Keep a fire extinguisher near the kitchen in case there is a fire.

- so+형용사[부사](+a/an 명사) ~ (that) …: 아주 ~해서 …하다
- such (a/an)(+형용사)+명사 ~ that …: 아주 ~해서 …하다; ~할 정도로 …한 (= such ~ as to …)
- ~(,) so (that): 그래서, ~하여

789 Corn was |so| valuable // |that| it was used as money / in America.
　　　　S　V　　C　　　　//　　　S'　　V'　　M'　　　M'
　　　옥수수가 아주 귀해서　　//　　그것이 돈으로 쓰였다　　/　　미국에서.

790 It was such a boring movie that I couldn't stay awake until the end.

791 Chewier foods take more energy to digest, so the number of calories that our body receives is less. - 모의

*chewier 더 질긴

어법 직결 ▶ 다음 밑줄 친 부분이 어법상 옳으면 ○, 틀리면 ✕로 표시하고 바르게 고치시오.

792 We were having <u>so</u> a good time that we decided to prolong our stay by another week.

양태를 나타내는 부사절

- as: ~처럼, ~이듯이, ~대로 〈상태〉
- as if: 마치 ~인 것처럼 (= as though) ⟵ UNIT 49
- (just) as ~, so ...: (꼭) ~인 것처럼 …하다
- the way: ~처럼

793 <u>Treat</u> <u>others</u> // <u>as</u> <u>you</u> <u>wanted to be treated</u>.
　　　　V　　O　　　　　S'　　V'　　　　　O'
　　다른 사람들을 대하라 //　　네가 대우받고 싶던 대로.

794 Truth cannot be broken, and always gets above falsehood, as does oil above water. - Miguel de Cervantes ((《돈키호테》 작가))

795 She is walking as if she doesn't know where she is headed.

796 Look at everything, as though you are seeing it for the first time.
- Betty Smith ((美 작가))

797 Just as darkness comes at the end of each day, so also comes the dawn to spread light across the land. - 모의

798 As a well-spent day brings happy sleep, so life well used brings happy death. - Leonardo da Vinci

799 You are awesome just the way you are. - Nick Vujicic ((오스트레일리아 전도사))

영작 직결 ✔ 다음 우리말과 일치하도록 위의 접속사 중 하나를 고른 후, 괄호 안에 주어진 어구와 함께 순서대로 배열하시오.
<u>음식과 물이 생명에 필수적인 것처럼</u>, 자기희생의 정신은 사랑의 필수 조건이다.
(essential, food, life, to, water, are, and)

800 ＿＿＿＿＿＿＿＿＿＿＿＿＿＿＿＿＿＿＿＿＿＿＿＿ ,
so the spirit of self-sacrifice is a necessary condition of love.

as의 다양한 의미와 접속사로 쓰이는 〈전치사＋명사＋that〉

1. as의 다양한 의미

as 뒤에 명사(구)가 오면 전치사로, 〈S′+V′〉 형태의 절이 오면 접속사로 쓰인 것이다. as에는 다양한 뜻이 있으므로 문맥을 잘 살펴 적절한 의미로 해석해야 한다.

01 He is famous **as** an English lecturer.	〈전치사: ~로서〉
02 **As** we were having dinner, the doorbell rang.	〈접속사: ~할 때; 하면서〉
03 **As** it's snowing, you should carry tire chains in your car.	〈접속사: ~이기 때문에〉
04 Life has its sorrows **as** every rose has its thorns.	〈접속사: ~처럼, ~이듯이, ~대로〉
05 She becomes wiser **as** she gets older.	〈접속사: ~함에 따라서〉
06 Strange **as** it may sound, I never play sports.	〈접속사: 비록 ~이지만〉
07 He has as much money **as** I do.	〈접속사: ~만큼〉

01 그는 영어 강사로서 유명하다. 02 우리가 저녁 식사를 하고 있을 때, 초인종이 울렸다. 03 눈이 내리고 있기 때문에, 타이어체인을 차에 챙겨놔야 해.
04 모든 장미에 가시가 있듯이 인생에도 슬픔이 있다. 05 그녀는 더 나이가 들면서 더 현명해진다. 06 비록 이상하게 들릴지 몰라도, 나는 결코 스포츠를 하지
않는다. 07 그는 나만큼 돈이 많다.

2. 접속사 역할을 하는 〈전치사＋명사＋that〉

· for the reason that …: …라는 이유로 (= because)

The game was delayed **for the reason that** there was heavy rain.

그 경기는 폭우가 내린**다는 이유로** 연기되었다.

· on the ground(s) that …: …라는 이유로 (= because)

The suspect was arrested **on the grounds that** he stole $60,000.

그 용의자는 6만 달러를 훔쳤**다는 이유로** 체포되었다.

· on condition that …: …라는 조건으로, 만약 …라면 (= if = as[so] long as)

My parents allowed me to travel **on the condition that** I would go with my sister.

부모님께서는 언니와 함께 간**다는 조건으로** 내가 여행 가는 것을 허락하셨다.

· with the result that …: 그래서[그 결과로] …하다 (= so (that))

I studied hard, **with the result that** I got good grades.

나는 열심히 공부했고, **그 결과로** 좋은 점수를 받았다.

5

12345

주요 구문

지금까지 문장을 구성하는 주요 요소들과 문장의 확장에 대해서 학습하였다.
이번 마지막 파트에서는 여러 특수성이 있는 다양한 구문들을 학습할 것이다.

전명구를 동반하는 동사구문

Chapter Overview

● 어떤 동사들은 목적어 뒤에 특정한 〈전치사+명사〉구를 짝으로 취하는 경우가 많다.
문장의 구조를 한눈에 파악하기 위해 이런 동사들을 숙어처럼 익혀 두는 것이 좋다.

prevent A **from** v-ing	A가 v하지 못하게 하다
blame A **for** B	A를 B의 이유로 비난하다
think of A **as** B	A를 B로 여기다
rob A **of** B	A에게서 B를 빼앗다
prefer A **to** B	A를 B보다 선호하다
provide A **with** B	A에게 B를 제공하다

위 구문을 수동태로 표현하면 〈A be p.p. 전치사+B〉의 형태가 되는 것도 알아두자. ◁ UNIT 41

Giant pandas were thought of as magical creatures in ancient China.

고대 중국에서 자이언트 판다는 마력을 가진 생명체**로 여겨졌다.**

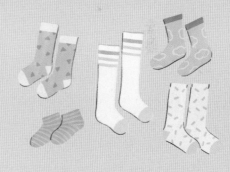

Chapter Goals

1 동사구문을 이루는 동사를 보고 뒤에 어떤 전치사가 있는 구가 와야 할지를 알 수 있다.
2 동사구문의 의미를 알고 알맞게 해석할 수 있다.

Must-know
Words &
Lexical
Phrases

UNIT 81

801 conservation 보존, 보호 (= preservation)

cf. **conserve** 보존하다; 아껴 쓰다

endangered 멸종 위기에 처한

species 종(種)

extinct 멸종된; 활동을 멈춘

802 exhausted 지친, 기진맥진한; 고갈된

803 let O v O가 v하게 하다

insecurity 불안(감); 확신이 없음

cf. **insecure** 불안정한; 자신이 없는

804 self-doubt 자기 의심, 자기 회의

move forward 앞으로 나아가다, 전진하다

807 instinctively 본능적으로

cf. **instinctive** 본능적인

cf. **instinct** 본능; 직감 (= intuition)

808 prioritize 우선순위를 정하다; 우선시하다

cf. **priority** 우선순위; 우선권

cf. **prior to** ~보다 우선하는, ~에 앞서

UNIT 82

809 failure 실패; 실패작

812 for one's age 나이에 비해서는

813 industry (특정 분야의) 산업, 공업

fee 요금

814 half (경기 등의) 전반[후반]; 반, 절반

UNIT 83

816 leisure 여가

vital 매우 중요한; 필수적인 (= essential, necessary)

recharge one's batteries 재충전하다; 휴식을 취하다

817 trustworthy 신뢰할 수 있는

source ((주로 복수형)) (뉴스의) 소식통; (자료의) 출처

818 access 접근(권); 접속하다

health care 의료 (서비스), 보건

human right 인권

단어를 미리 알면, 구문 학습이 더 쉬워져요!

UNIT 84

819 posture 자세; 태도

　　height [hait] 키; 높이; 높음

821 sidewalk 보도, 인도

　　public access (어떤 장소로의) 일반 대중의 이용[출입]

822 treatment 치료(법); 취급, 대우

　　cf. **treat** 치료하다; 대하다; 대접하다

　　illness 병, 아픔

823 tension 긴장; 팽팽함; 장력

　　cf. **tense** 긴장한, 신경이 날카로운; 긴박한

825 regular 정기적인, 규칙적인

　　assessment 평가; 과세, 부과

　　progress 진행 (상황); 진보

826 fail to-v v하는 것을 실패하다

　　jury 배심원단, 심사위원단

　　innocence 무죄 (↔ guilt 유죄)

　　cf. **innocent** 무죄인 (↔ guilty 죄가 있는)

828 lack O O가 부족하다

　　deal with ~을 다루다 (= handle, cope with)

　　economic 경제의; 경제적인

　　cf. **economical** 절약하는; 경제적인

　　crisis 위기

UNIT 85

829 directly 곧장, 똑바로 (↔ indirectly)

　　cf. **direct** 직행의; 직접적인

830 utilize 활용하다, 이용하다 (= make use of, take advantage of)

　　to the fullest 최대한으로; 완전하게

832 formula (수학 · 화학) 공식, 식

833 creator 창작[창조]자

　　cf. **create** 창작[창조]하다

　　cf. **creation** 창조(물), 창작(품)

834 a number of 여러 가지, 다수의 (= many)

　　① **the number of** ~의 수

　　factor 요인, 요소

835 introvert 내성[내향]적인 (사람) (↔ extrovert 외향적인 (사람))

　　cf. **introverted** 내성[내향]적인 (↔ extroverted 외향적인)

　　in-person 직접적인; 생생한

836 beat O O를 이기다

　　recovery 회복; 되찾음

　　cf. **recover** 회복되다; 되찾다

　　determination 투지; (공식적인) 결정

　　cf. **determine** 확정[결정]하다; 결심하다

UNIT 86

837 proverb 속담, 격언

　　① **maxim** 격언, 금언

　　timeless 시간을 초월한, 세월이 흘러도 변치 않는; 끝없는

　　wisdom 지혜, 현명함

838 witness 목격자; 목격하다

　　criminal 범인, 범죄자; 범죄의; 형사상의

　　description 인상착의; 묘사, 서술

　　cf. **describe** 묘사하다; 말하다

841 aim to-v v하는 것을 목표로 하다

842 organization 단체, 기구, 조직

　　closure 폐쇄; 종료

844 voyage 항해(하다), 여행(하다)

845 defeat 패배(시키다)

847 disturbance 소란; 방해; 장애

　　cf. **disturb** 방해하다; 어지럽히다

848 broaden 넓히다; 넓어지다

UNIT 81 동사 A from B

'막다, 금지하다'의 의미를 가진 동사는 주로 from이 이끄는 어구와 같이 짝을 이룬다.

· prevent A from v-ing · keep A from v-ing · stop A from v-ing · discourage A from v-ing	A가 v하지 못하게 하다, A가 v하는 것을 막다

---

801 Conservation (of biodiversity) / is important / to **prevent** endangered
　　　S　　　　　　　　　　　V　　C　　　　　　　　M
　　보존은　　　(생물 다양성의)　　/　　중요하다　　/

species **from** becoming extinct.　　　　　　　　　*biodiversity 생물 다양성
멸종 위기에 처한 종들이 멸종되는 것을 막기 위해.

---

802 Exercising gives you more energy and keeps you from feeling exhausted.
- 모의

803 Don't let fear or insecurity stop you from trying new things.
- Stacy London ((美 패션전문가))

804 Self-doubt can discourage us from moving forward.

---

from은 원래 출발점(~로부터)을 뜻하는데, 의미가 확대되어 A가 B로부터 떨어져나와 멀어진 것을 의미할 수 있다.
즉, A가 B로부터 분리되는 것, A를 B와 다른 것으로 구별하는 것을 나타낼 수 있다.

· distinguish A from B · tell A from B · know A from B	A를 B와 구별하다
· separate A from B	A를 B로부터 분리하다

---

805 It's not easy / to **distinguish** natural honey **from** fake honey /
　　　S(가주어) V　　C　　　　　　　　　　　　　　S'(진주어)
　　　(~은) 쉽지 않다　　　　천연 꿀을 가짜 꿀과 구별하는 것은　　　　　/

just by taste.
단지 맛으로만.

---

806 All the puppies looked the same, so I couldn't tell one from another.

807 Most human beings instinctively know right from wrong.

808 Prioritizing is separating what's important from what's not important.
- 모의응용

UNIT 82 동사 A for B

for는 '이유'나 '대체'되는 것 등을 이끌 수 있다.

· blame A for B	A를 B의 이유로 비난하다; B를 A의 탓으로 돌리다
· criticize A for B	A를 B의 이유로 비판하다
· scold A for B	A를 B의 이유로 꾸짖다
· thank A for B	A에게 B에 대해 감사하다
· substitute A for B	B 대신 A를 쓰다 (= substitute B with A = replace B with A)
· take A for B	(특히 잘못 생각하여) A를 B라고 여기다

809 Do not **blame** anybody / **for** your mistakes and failures. - Bernard Baruch ((美 기업인))
                 V   O

누구든 (~의 이유로) 비난하지 마라   /   당신의 실수와 실패의 이유로.
↳ 당신의 실수와 실패를 남의 탓으로 돌리지 마라.

810 Thank you for everything you have ever done for me. - 모의

811 For a vegetarian diet, substitute beans for meat in your recipes.

    = For a vegetarian diet, substitute meat with beans in your recipes.

812 Because he was big for his age, people often took my younger brother for an adult.

<u>어휘 직결</u>▸ 다음 문장의 네모 안에서 문맥상 알맞은 것을 고르시오.

813 Lots of people criticize / thank the airline industry for poor customer service and increased fees.

<u>영작 직결</u>▸ 다음 우리말과 일치하도록 괄호 안에 주어진 어구를 순서대로 배열하시오.
<u>감독은</u> 후반전에서 케인을 라멜라로 교체했다. (with, Kane, substituted, Lamela, the coach)
814 _____ in the second half.

UNIT 8 3
동사 A as B

다음 동사들과 함께 쓰여 as 뒤의 B는 A를 보충 설명한다. 즉, A=B의 의미 관계이다.

· think of A as B · look upon A as B · regard A as B · view A as B · see A as B	A를 B로 여기다[간주하다]

cf. consider A (to be) B: A를 B로 여기다[간주하다]

---

815 I **think of** myself / **as** a positive person [who doesn't complain much].

나는 나 자신을 (~로) 여긴다   긍정적인 사람으로   [불평을 많이 하지 않는].

---

816 We look upon leisure as a vital time for recharging our batteries.

817 Many people don't regard social media as trustworthy sources of news.

818 The WHO views access to health care as a basic human right.

*WHO(World Health Organization) 세계보건기구

UNIT 8 4
동사 A of B

of는 다음 동사들과 함께 쓰여 목적어인 A에게서 '떼어내는, 없애는' 것을 나타낼 수 있다.

· rob A of B	A에게서 B를 빼앗다[훔치다]
· deprive A of B	A에게서 B를 빼앗다
· relieve A of B	A에게서 B(불쾌감 · 고통 등)를 덜어주다[없애다]
· clear A of B	A에게서 B를 제거하다[치우다] (= clear B from[off] A)
· cure A of B	A의 B(병 · 상처 등)를 치료하다[낫게 하다]

---

819 Researchers have found // that poor posture can **rob** us /

연구원들은 발견했다   // 좋지 않은 자세는 우리에게서 (~을) 빼앗을 수도 있다는 것을 /

of a few inches of height.

몇 인치의 키를.

↳ 연구원들은 자세가 좋지 않으면 키가 어느 정도 작아질 수도 있다는 것을 발견했다.

---

820 Too much screen time before bedtime can deprive people of their sleep.

*screen time 스크린 시간 ((화면을 응시하는 시간))

821 Building owners should clear the sidewalk of snow for public access.

822 After using the new treatment, many patients were cured of the illness.

영작 직결 ▶ 다음 우리말과 일치하도록 괄호 안의 어구를 활용하여 영작하시오. (단어 하나를 추가할 것)

저녁 운동은 당신에게서 하루의 모든 긴장을 덜어줄 것이다.

(all the tension, evening exercise, of the day, relieve, will, you)

823 _____

A가 알게 되는 대상인 B 앞에 of가 많이 쓰인다. accuse의 경우는 of B가 이유를 나타낸다.

· remind A of B	A에게 B를 상기시키다
· inform A of B	A에게 B를 알리다
· notify A of B	A에게 B를 알리다
· convince[assure] A of B	A에게 B를 확신시키다
· accuse A of B	A를 B의 이유로 비난하다, A를 B의 혐의로 고소[고발]하다

824 You **reminded** me **of** my childhood // when you sang that song.
　　　S　　V　　　O　　　　　　　　　　　　　　　S'　　V'　　O'
　　　너는 나에게 내 어린 시절을 상기시켜 주었다　　　//　　　네가 그 노래를 불렀을 때.

825 Regular assessment informs students of their progress and areas for development.

826 He failed to convince the jury of his innocence.

827 She assured parents of improvement in the quality of basic education.

828 Many accused the government of lacking a plan to deal with the economic crisis.

동사 A to B

to는 원래 이동 방향을 나타내어 '~로, ~쪽으로'를 의미한다.

| · take A to B | A를 B로 데려가다 | · lead A to B | A를 B로 이끌다 |
| · add A to B | A를 B에 더하다 | · apply A to B | A를 B에 적용하다[사용하다] |

---

829 For $13, / the airport shuttle bus **takes** you / directly **to** your hotel.
　　　　　M　　　　　　　　S　　　　　　　　V　　O　　　　　M
　　　　13달러면. /　　　공항 셔틀 버스는 당신을 (~로) 데려간다 /　　곧장 당신의 호텔로.

---

830 You cannot add more minutes to the day, but you can utilize each one to the fullest. - M. Schneerson ((러 교사))

831 Finding the cause of the disease will lead you to the best treatment.

832 I don't know how to apply the formula to this problem.

A의 결과(성공, 실패 등)를 낳은 '이유, 원인'에 해당하는 B 앞에 to가 쓰일 수 있다. prefer A to B처럼 '비교'하는 A, B 중 B 앞에 쓰이기도 한다.

· owe A to B	A는 B의 덕분이다
· attribute A to B	A를 B의 덕분으로 돌리다; A를 B의 탓[책임]으로 돌리다
· ascribe A to B	A를 B의 덕분으로 돌리다; A를 B의 탓[책임]으로 돌리다
· prefer A to B	A를 B보다 선호하다[더 좋아하다]

---

833 Any creator **owes** their creations / **to** past creations.
　　　　　S　　　　　V　　　　　　O
　　어떤 창작자라도 그들의 창조물은 (~의) 덕분이다 /　　과거의 창조물의.
　↘ 창조는 과거에 있던 것의 모방에서 만들어진다.

---

834 We can attribute the failure to a number of factors, not only one.

835 An introvert may prefer online to in-person communication. - 모의응용

영작 직결 ▶ 다음 우리말과 일치하도록 괄호 안의 어구를 활용하여 영작하시오. (단어 하나를 추가할 것)

의사들은 그의 빠른 회복을 병을 이기겠다는 그의 강한 투지 덕분으로 돌렸다.

(to beat, his quick recovery, the illness, doctors, ascribed, his strong determination)

836 _____

UNIT 86 동사 A with B

'A에게 B를 주다'라는 의미로 give 같은 동사는 give A B의 형태로 쓸 수 있지만, 다음과 같은 동사는 B 앞에 with를 써야 한다.

· provide A with B	A에게 B를 제공[공급]하다 (= provide B for A)
· supply A with B	A에게 B를 제공[공급]하다 (= supply B to A)
· present A with B	A에게 B를 주다[수여하다] (= present B to A)
· furnish A with B	A에게 B를 제공[공급]하다
· equip A with B	A에게 B(장비, 지식, 기능 등)를 갖추어 주다

837 Proverbs **provide** us / **with** timeless wisdom. - 모의응용
　　　　　　S　　　V　　O
　　　속담은 우리에게 (~을) 제공한다 　/　　　　시간을 초월한 지혜를.
(= Proverbs **provide** timeless wisdom **for** us.)

838 A witness supplied the police with the criminal's description.

839 The jury presented the team with the winning trophy and medals.

840 Books furnish children with knowledge by encouraging them to think.

841 The program aims to equip people with the skills necessary for a job.

영작 직결 ▶ 다음 우리말과 일치하도록 괄호 안에 주어진 어구를 순서대로 배열하시오.
그 단체는 학교 폐쇄 기간에 모든 어린이에게 무료 식사를 제공할 것이다.
(during, all children, the school closure, for, will, free meals, provide)

842 The organization ＿＿＿＿＿＿＿＿＿＿＿＿＿＿＿＿＿

＿＿＿＿＿＿＿＿＿＿＿＿＿＿＿＿＿＿＿＿ .

with는 비교 대상이나, 혼동, 원인, 내용물 등의 앞에 쓰일 수도 있다.

· compare A with B	A를 B와 비교하다 *cf.* compare A to B: A를 B에 비교[비유]하다
· confuse A with B	A를 B와 혼동하다 (= mix A up with B)
· charge A with B	A를 B로 기소하다[고발하다]; A를 B의 이유로 비난하다
· fill A with B	A를 B로 (가득) 채우다[메우다]

843 Don't **compare** what you have / **with** what others have.

당신이 가진 것을 (~와) 비교하지 말라 / 다른 사람들이 가진 것과.

844 Life **is** often **compared to** a voyage.

인생은 종종 항해에 비유된다.

(← People often **compare** life **to** a voyage.)

845 Never confuse a single defeat with a final defeat since you have more chances to win.

846 There are some words that are frequently mixed up with others.

847 The police charged two young men with causing a disturbance.

848 Travel opens your heart, broadens your mind and fills your life with stories to tell. -Paula Bendfeldt ((여행 블로거))

CHAPTER 15

비교구문

Chapter Overview

● 비교구문이란?

A, B의 성질이나 상태 등을 비교하여 그 정도의 차이를 표현하는 것으로, 형용사나 부사의 원급, 비교급을 사용한다. 셋 이상 중에서 가장 정도가 심한 것을 나타낼 때는 최상급을 사용한다.

1. A as+원급+as B (A는 B만큼 ~한[하게])

   He is **as tall as** I. 그는 나만큼 키가 크다.

2. A -er(비교급)+than B (A는 B보다 더 ~한[하게])

   He is **taller than** I. 그는 나보다 더 키가 크다.

3. A the+-est(최상급)+in[of] ~ (A는 ~ (중)에서 가장 …한[하게])

   He is **the tallest** boy *in his class*. 그는 반에서 가장 키가 크다.

대부분의 형용사나 부사는 tall, strong, fast, easily 등과 같이 단순히 '키가 큰, 강한, 빠른, 쉽게'를 의미하므로 다소 애매하다. 이때 비교구문을 사용하면 비교 대상이 있으므로 어느 정도 그러한지를 좀 더 명확히 알 수 있다.

Human teeth are **strong**. 사람의 이는 강하다.

Human teeth are **as strong as** shark teeth! 사람의 이는 상어 이빨만큼 강하다!

Chapter Goals

1 원급, 비교급, 최상급이 쓰인 구문을 올바로 해석할 수 있다.

2 no 또는 not이 들어간 비교급 문장을 올바로 해석할 수 있다.

Must-know
Words &
Lexical
Phrases

UNIT 87 •

853 recognition 인정; 인식
    cf. **recognize** 인정하다; 인식하다, 알아보다
    financial 금융[재정]의
    reward 보상(하다)
854 let O v O가 v하도록 하다
    get into A A에 들어가다; A를 시작하다; A를 입다
    germ 세균, 미생물
855 contribution 공헌; 기부(금)
    amateur 아마추어; 비전문적인 (↔ professional 전문가, 프로; 전문적인)
    astronomy 천문학
    cf. **astronomical** 천문의; 천문학적인, 방대한
    significant 중요한 (↔ insignificant 하찮은); (양이나 크기가) 상당한
    cf. **significance** 중요성, 의미
    cf. **significantly** 중요하게; 상당히
857 off-season 비수기
    peak season 성수기

UNIT 88 •

860 perceive A to be B A를 B로 인식[생각]하다
861 national defense 국방
863 duty 임무, 직무; 의무
    fully 충분히, 완전히
865 head 가다, 향하다

UNIT 89 •

867 discipline 교과, 학과[학문]; 훈육(하다)
    enter into A A를 시작하다; A에 적극적으로 참여하다
    cf. **enter O** O에 들어가다
    mere 단순한; 겨우 ~에 불과한
    abstract 추상적인 (↔ concrete 구체적인)
868 feel down 기분이 울적하다
    declare 선언[선포]하다
    cf. **declaration** 선언, 선포
870 hunger 갈망; 배고픔; 굶주림
871 permit 허용[허락]하다

872 **flood** 쇄도, 폭주; 홍수; 침수하다

applicant 지원자

cf. application 지원(서); 적용

process 과정, 절차; 가공[처리]하다

UNIT 90

874 **discover** 깨닫다, 발견하다

ignorance 무지, 무식

cf. ignore 무시하다; 모르는 체하다

876 **moisture** 수분, 습기, 축축함

harmful 해로운 (↔ harmless 해가 없는)

878 **problem solving** 문제 해결

individual 개별의, 각각의; 개인

879 **pollution** 오염, 공해

cf. pollute 오염시키다

880 **iceberg** 빙산

surface 수면, 표면

881 **excuse** 변명, 핑계; 이유; 용서하다

convincing 설득력 있는 (= persuasive)

cf. convince 확신시키다; 설득하다

UNIT 91

883 **length** 기간; 길이

breadth 폭넓음; 폭, 너비

885 **step onto** ~에 발을 디디다, ~에 올라서다

brand-new 아주 새로운

886 **intelligent** 똑똑한; 지능이 있는

cf. intelligence 지능

informed 많이[잘] 아는

887 **desirable** 바람직한 (↔ undesirable 바람직하지 않은)

888 **nourishment** 음식물, 영양(분)

cf. nourish 영양분을 공급하다; 키우다

889 **hold A steady** A를 붙잡다

890 **value** ((복수형)) 가치(관); 소중하게 생각하다

cf. valued 귀중한, 소중한; 값이 매겨진, 평가된

crucial 중대한, 결정적인

UNIT 92

891 **occasionally** 가끔, 때때로 (= sometimes)

892 **candidate** (선거의) 입후보자; (일자리의) 지원자

mayor 시장(市長)

signature 서명

ⓘ **autograph** (유명인의) 사인, 서명

registration 등록

cf. register 등록하다

894 **suggest v-ing** v할 것을 권장하다

897 **understanding** 이해심 있는 (= sympathetic); 이해

UNIT 93

899 **wasted** 헛된

cf. waste 낭비(하다); 쓰레기

laughter 웃음 (소리)

900 **astonishing** 놀라운 (= surprising)

cf. astonish 놀라게 하다

costume 의상, 복장

stage setting 무대 장치

lighting 조명

903 **precious** 귀중한, 소중한 (= valuable)

904 **optimistic** 낙관적인 (↔ pessimistic 비관적인)

905 **identify** 확인하다; 동일시하다

passion 열정, 격정; 울화, 격분

cf. passionate 열정적인, 열렬한

908 **fraud** 사기(꾼); 가짜, 엉터리

crime 범죄 (행위)

909 **monument** 기념물, 기념비

910 **stream** 개울, 시내; 흐름의 방향

downhill 아래쪽으로; 내리막(의) (↔ uphill 위를 향하여; 오르막(의))

UNIT
8 7 원급 구문 Ⅰ

A, B 두 대상을 비교하여 차이가 없으면 〈A as 원급 as B: A는 B만큼 ~한[하게]〉으로 표현한다.

A is six-feet tall. + B is six-feet tall.

→ A is **as** tall **as** B (is) ~~tall~~. *두 번째 as 뒤의 반복되는 어구는 생략하거나 (조)동사로 대체한다.
　　부사 원급 접속사/전치사

또한, 비교 대상인 A와 B는 문법적으로나 의미적으로 서로 대등한 것이어야 한다.

- v-ing → **v-ing**　　　　　- to-v → **to-v**　　　- your attitude → **mine** (= my attitude)
- population of London → **that** of Seoul　　　- the symptoms of malaria → **those** of measles

---

849 The ability (to express an idea) / is **as** *important* / **as** the idea itself.
　　　　 S　　　　　　　　　　　　　　　　V　　　　C
　　　 능력은　　　　(생각을 표현하는)　 /　　중요하다　 /　 그 생각 자체(가 중요한 것)만큼.

850 I have friends [who love music **as** *much* // **as** I do].
　　　 S　 V　　　 O　　　　　　　　　　　　　　　
　　　 나는 친구들이 있다　　 [음악을 아주 좋아하는 // 내가 그런(아주 좋아하는) 만큼].

851 Surround yourself / with people [whose dreams are **as** *big* / **as** yours].
　　　　 V　　　 O　　　　　　 M
　　　 항상 자기 주변에 두어라　 /　 사람들을　　　　 [그들의 꿈이 큰 / 너의 것(=꿈)만큼].

---

852 We ought to do good to others as simply as a horse runs, or a bee makes honey. - Marcus Aurelius ((고대 로마 황제))

853 Public recognition is almost as essential as financial reward.

854 Letting a bad thought get into your mind is as dangerous as letting a germ get into your body.

855 The contribution of amateurs to astronomy is often as significant and valuable as that of professionals.

856 There are as many opinions as there are people. - Terence ((고대 로마 극작가))

어법 직결 ▶ 다음 문장의 밑줄 친 부분이 어법상 옳으면 ○, 틀리면 ✕로 표시하고 바르게 고치시오.

857 During the off-season, tours start as <u>regular</u> as they do during the peak season.

원급 구문 Ⅱ

다음과 같은 원급 표현은 A, B 두 대상을 비교하여 정도의 차이가 있음을 나타낸다.

- A not as[so] ~ as B: A는 B만큼 ~하지는 않은 (A < B)
- A 배수/분수 as ~ as B: A는 B의 …배만큼 ~한
  └ twice, three times(세 배), half, a third(3분의 1), two thirds(3분의 2) 등

---

858 Reading ten thousand books / is ***not*** as *useful* / **as** traveling
　　　　S　　　　　　　　　　　　　　V　　　　　　　　　C
　　만 권의 책을 읽는 것은　　　　/ 　　유용하지 않다　　/ 만 마일을 여행하는 것만큼.

ten thousand miles. - Proverb
↳ 책을 읽는 것보다는 직접 여행하는 것이 더 유용하다.

---

859 Being recognized for what we do is not so important as being loved for who we are.

860 Products that are black are perceived to be twice as heavy as those that are white. - 모의응용

861 The government spent three times as much money on national defense as it did last year.

〈as[so] ~ as〉는 다음과 같은 구문으로도 자주 쓰인다. 각 의미를 잘 알아두자.

- as many/much as ~: 무려 ~나 되는 수의[양의] (수나 양이 많다는 느낌을 전달하는 표현)
- as ~ as possible = as ~ as +주어+can/could: 가능한 한 ~한[하게]
- not so much A as B: A라기보다는 오히려 B (= B rather than A, rather B than A, more B than A)

862 When the season changes, temperatures can fluctuate by as much as 10 degrees in a day.
　　　　　　　　　　　　　　　　　　　　　　　　　　　*fluctuate 계속 변동하다

863 You only get one life. It's actually your duty to live it as fully as possible.
　　　　　　　　　　　　　　　　　　　　　　　　　　　- 영화 *Me Before You* 中

864 Laugh every day as much as you can. - Roseanne Barr ((美 배우 겸 작가))

865 What's important is not so much the path you're on as the direction you're headed. - 모의응용

비교급 구문 I

A, B 두 대상을 비교하여 차이가 날 때 〈A 비교급 than B: A는 B보다 더 ~한[하게]〉으로 표현한다.

 A is six-feet tall. + B is five-feet tall.
→ A is **taller than** B (is) ~~tall~~.
　　　　比較級

〈as ~ as〉 구문처럼 접속사 than 뒤에 반복되는 어구는 모두 생략하거나 (조)동사로 대체하며, 비교 대상인 A와 B는 문법적으로나 의미적으로 서로 대등한 것이어야 한다.
much, (by) far, a lot, still, even(훨씬) / a little, a bit(조금) 등의 수식어를 비교급 앞에 붙여 차이가 크고 작음을 표현하는 경우가 많다. very는 사용하지 않는다.

---

866 Imagination is **more important** / **than** knowledge. - Albert Einstein
　　　　　S　　　V　　　　　　C
　　　　상상력이 더 중요하다　　　　　　/　　　지식보다.

---

867 Many disciplines are better learned by entering into the doing than by mere abstract study. - 수능

868 When feeling down, saying "I am really sad" is more helpful than declaring "I am happy." - 모의응용

869 The population of South Korea is larger than that of New Zealand.

870 The hunger for love is much more difficult to remove than the hunger for bread. - Mother Teresa

871 Despite the laws, the air in many places is still worse than it is permitted to be.

872 Because of the flood of applicants, the application process is taking a little longer than we expected.

어법 직결▶ 다음 문장의 밑줄 친 부분이 어법상 옳으면 ○, 틀리면 ✕로 표시하고 바르게 고치시오.

873 It is better to have loved and lost than never <u>has</u> loved at all.
- Alfred Tennyson ((英 시인))

UNIT 90 비교급 구문 II

- the+비교급 ~, the+비교급 ...: ~하면 할수록 더욱 …하다
- 비교급+and+비교급: 점점 더 ~
- superior[senior, preferable] to+명사: ~보다 더 우수한[손위의, 좋아하는]
- A 배수/분수 비교급 than B: A는 B보다 …배만큼 ~한
- A less 원급 than B: A는 B보다 덜 ~한 (*거의 쓰이지 않으며 대부분 not as ~ as를 사용한다.)

874 **The more** we study, // **the more** we discover our ignorance.
M₁   S₁   V₁   M₂   S₂   V₂   O₂
우리가 더 많이 공부할수록,   //   우리는 더 많이 우리의 무지를 깨닫는다.   - P. B. Shelley ((英 시인))

875 The harder you work for something, the greater you'll feel when you achieve it.

876 The more moisture a food has, the more likely it is to grow harmful bacteria.

877 The modern world makes us live faster and faster without care for others.

878 Group performance in problem solving is superior to the individual work of the most expert group members. - 모의응용

879 The air pollution level today is at least three times higher than the World Health Organization's "safe" level.   *World Health Organization(WHO) 세계보건기구

880 The part of an iceberg that is below the surface of the ocean is about nine times larger than the part that is above the water.

881 Several excuses are always less convincing than one. - Aldous Huxley ((英 문학인))

영작 직결 ▶ 다음 우리말과 일치하도록 괄호 안에 주어진 어구를 순서대로 배열하시오.

당신이 더 강해질수록, 당신은 더 큰 장애물을 극복할 수 있다.

(the bigger, can, you, become, overcome, obstacles, the stronger, you)

882 _____

혼동하기 쉬운 비교급 구문 I

비교급 앞의 **not**은 문장의 동사를 **부정한다**고 생각하면 이해가 쉽다.
A **is not** *more* funny than B. = A가 B보다 더 재밌는 것은 **아니다**. → A는 B만큼 재밌거나 B보다 덜 재미있다.

- A not more ~ than B: A와 B 모두 ~하나, A가 B보다 덜 ~하다 (A ≤ B)
- A not less ~ than B: A는 B(보다 나을지언정) 못지않게 ~하다 (A ≥ B)

---

883 The length (of your education) / is **not more** important / **than** its breadth.
　　　　　S　　　　　　　　　　　　　　　V　　　　　C
　　　기간은　　　　　(교육의)　　　　　/　　　더 중요하지는 않다　　　/　　　그것의 폭넓음보다.
　↳ 교육의 기간도 중요하나 교육의 폭넓음보다는 덜 중요하다.

884 Cultural development is **not less** significant / **than** economic development.
　　　　　　　S　　　　　　　　V　　　　　C
　　　문화적인 발전은 (더 중요하면 중요하지) 덜 중요하지 않다　　/　　경제적인 발전보다.
　↳ 문화적인 발전은 경제적인 발전 못지않게 중요하다.

---

885 Stepping onto a brand-new path is not more difficult than remaining in a tough reality.

886 Children are not less intelligent than adults; they are just less informed.

비교급 앞의 **no**는 비교 자체를 강하게 **부정한다**고 생각하면 된다. 즉, A, B가 서로 차이가 있다는 것 자체를 부정하는 것이 되어 〈A=B〉의 의미가 된다. 단, than 앞뒤를 모두 부정하거나 모두 긍정하는 의미가 되는 것에 주의해야 한다.

- A no more ~ than B: A는 B와 마찬가지로 ~ 아니다 (A = B) ((than 앞뒤를 모두 부정))
- A no less ~ than B: A는 꼭 B만큼 ~하다 (A = B) ((than 앞뒤를 모두 긍정))

---

887 Too much is **no more** desirable // **than** too little is.
　　　　　S　　V　　　　C
　　너무 많은 것이 바람직하지 않음은　　//　　너무 적은 것이 그렇지(=바람직하지) 않음과 같다.
　↳ 정도를 지나침은 미치지 못함과 같다. (과유불급[過猶不及])

888 Exercise is **no less** important / to our health / **than** nourishment.
　　　　S　　V　　　　C　　　　　　M
　　운동은 (꼭 ~만큼) 중요하다　/　우리의 건강에　/　꼭 음식(이 중요한)만큼.

---

889 We can no more hold time steady than we can turn it back.

890 We must recognize others' values are no less crucial than our own.

혼동하기 쉬운 비교급 구문 Ⅱ

다음과 같은 구문에서 not에 비해 no는 차이를 더 강하게 부정한다.

There **was not** / **more than** an hour of free time.

여가는 한 시간보다 많지는 않았다. (많아봤자 한 시간이었다는 의미: 여가 ≤ 한 시간)

There was / **no more than** an hour of free time.

여가는 한 시간보다 절대로 더 많지 않았다. (겨우 한 시간에 불과했다는 의미)

- not more than ~: ~보다 많지 않은 → 많아야, 기껏해야 (= at (the) most)
- not less than ~: ~보다 적지 않은 → 적어도 (= at (the) least)

---

891 Occasionally I have fast food, / but **not more than** once a month.
M   S   V   O
가끔 나는 패스트푸드를 먹는다.   /   하지만 많아야 한 달에 한 번이다.

892 The candidates (for mayor of this city) / must collect / **not less than**
S   V   O
후보자들은   (이 도시의 시장(市長)을 위한)   /   모아야 한다   /

40,000 signatures / for registration.
M
적어도 4만 명의 서명을   /   등록을 위해서.

---

893 Please use not less than four letters and not more than fifteen letters for your password.

- no more than ~: ((수량이 적음을 강조)) ~보다 절대로 더 많지 않은 → 겨우 ~인 (= as few/little as = only)
- no less than ~: ((수량이 많음을 강조)) ~보다 절대로 더 적지 않은 → ~나 되는 (= as many/much as)

---

894 The WHO suggests / taking **no more than** 5 grams of salt per day.
S   V   V   O   M'
세계보건기구(WHO)는 권장한다 /   하루당 겨우 5그램의 소금만 섭취하는 것을.

895 For a butterfly to fly / it must have a body temperature (of **no less than**
M   S   V   O
나비가 날기 위해서는   /   체온을 갖고 있어야 한다   (섭씨 30도나 되는).
30 degrees Celsius).   *Celsius 섭씨의

---

896 My father is 54 years old and he still looks no more than 40.

---

897 A friend with an understanding heart is worth no less than a brother.

- Homer's *The Odyssey* 中

UNIT 93 최상급 구문

최상급은 셋 이상을 비교하여 하나가 다른 것들보다 정도가 가장 심하다는 뜻을 나타낸다.
최상급 뒤에는 주로 다음과 같은 어구가 온다.

- **the + 최상급 +** ┌ in + 단수명사 (~에서)
  (가장 …한[하게]) ├ of + 복수명사 (~들 중에서)
  └ (that) + (S'+) have ever p.p. (지금까지 ~한 것 중에)

---

898 Music is **the most powerful** form of communication / in the world.
　　　S　V　　　　　　　　　　　　　　C　　　　　　　　　　　　　M
　　　　　　　　　　　　　　　　　　　　　　　　　　　　　- Sean Combs ((美 래퍼))
　　　　　　　음악은 가장 강력한 의사소통 형태이다　　　　　/　　세상에서.

---

899 The most wasted of all days is one without laughter. - E. E. Cummings ((美 작가))

900 The musical performance contains the most astonishing costumes, stage
setting, and lighting that have ever been used.

다음 원급, 비교급 표현은 최상급의 의미를 나타낸다.

- no (other) … as[so] 원급 as ~
- no (other) … 비교급 than ~
- 비교급 than any other ~

- nothing … as[so] 원급 as ~
- nothing … 비교급 than ~
- 비교급 than anything else

---

901 **No (other) painting** is **as popular** / **as** the *Mona Lisa* / in the world. - EBS 응용
　　　　　　　S　　　　　　V　　　C
　　　어떠한 그림도 유명하지 않다　　　　　/　　'모나리자'만큼　　/　　세상에서.
　↳ '모나리자'는 세상에서 가장 유명한 그림이다.
　= The *Mona Lisa* is **the most popular painting** in the world.
　= **No (other) painting** is **more popular than** the *Mona Lisa* in the world.
　= The *Mona Lisa* is **more popular than any other painting** in the world.

---

902 Nothing is so strong as parents' love for their children.

903 Nothing is more precious than time, but nothing is less valued.

904 The beginning is perhaps more difficult than anything else, but keep
an optimistic view.

문장 전환 다음 문장의 의미가 모두 일치하도록 괄호 안에 주어진 어구를 활용하여 문장을 완성하시오.

905 Identifying your passion is the most essential step for your future.

→ No other step is _____

for your future. (as)

→ No other step is _____

for your future. (more)

최상급이 포함되는 다른 구문들도 잘 알아두자.

- one of the 최상급+복수명사: 가장 ~한 것들 중 하나
- the least+원급+(of[in] ~): (~중에서) 가장 …이 아닌
- much[by far]+the+최상급 / the very+최상급: 단연 가장 ~한 ((최상급 강조))
- the+서수+최상급: ~번째로 가장 …인
- 양보의 의미를 나타내는 최상급: 가장 ~한 …조차 ((주어 부분과 술어 부분의 내용이 모순되는 경우))
  e.g. **The most beautiful** city has its problems. 가장 아름다운 도시조차 문제를 가지고 있다.

906 **One of the greatest** feelings / is making special memories /
S   V   C
가장 좋은 감정들 중 하나는   /   특별한 기억들을 만드는 것이다   /

with your family.
M
당신의 가족들과 함께.

907 How others see me is the least important of my worries.

908 Cyber-related fraud is by far the most common form of crime nowadays.

– 모의응용

909 Barcelona is the second largest city in Spain and is famous for its many historic monuments.

910 By the laws of nature the stream runs downhill, and the strongest man cannot stop it.

영작 직결 다음 우리말과 일치하도록 괄호 안의 어구를 활용하여 영작하시오. (필요하면 어형 변화 및 단어 추가 가능)

2004년 구글에 의해 도입되어, Gmail은 세계에서 가장 인기 있는 이메일 서비스 중의 하나이다.

(e-mail service, of, be, popular, one)

911 Introduced by Google in 2004, Gmail _____

_____ in the world.

원급/비교급/최상급이 쓰인 관용적 표현

- as many/much (앞서 나온 수량과) 같은 수의/양의
- as good as ～이나 다름없는[마찬가지인] (= almost)
- know better than to-v v할 정도로 어리석지는 않다 (= be not so foolish as to-v)
- 부정문, much[still, even] less 더더구나 ～아니다 (= let alone)
- all the＋비교급＋because[for] ～이니까[때문에] 더욱더[오히려] …한
- at one's best 가장 좋은 상태에서, 한창때인
- at (the) best 잘해야, 기껏해야 (↔ at (the) worst 아무리 나빠도, 최악의 상황에도)

01 We visited five cities in **as many** days.
02 The matter is **as good as** settled.
03 You should **know better than to drive** after drinking.
04 I cannot afford to buy a used car, **much less** a new one.
05 We respect him **all the more for** his honesty.
06 His achievement is **all the more impressive because** he had no help at all.
07 I don't really feel **at my best** today.
08 **At best**, about five people will come to the meeting.

01 우리는 5일간 다섯 개 도시를 방문했다. 02 그 일은 해결된 것이나 다름없다. 03 너는 음주 후 운전을 할 정도로 어리석어서는 안 된다. 04 나는 중고차를 살 여유가 없고, 새 차는 더더구나 아니다. 05 우리는 그의 정직함 때문에 그를 더욱 존경한다. 06 그의 업적은 그가 도움을 전혀 받지 않았기 때문에 더욱 인상적이다. 07 오늘은 정말로 내 몸의 상태가 최상이 아닌 것 같다. 08 기껏해야, 다섯 명 정도가 모임에 나올 것이다.

CHAPTER 16

특수구문

Chapter Overview

● 특수구문이란?

내용을 더 효과적으로 전달하기 위해 문장의 기본 형태에 각종 변형을 가한 구문들이다.

● 특수구문의 종류

도치	강조 등의 이유로 특정 어구를 문장 앞에 둘 때 주어와 동사의 위치가 바뀐다. **Down** *came the shower*. 소나기가 내렸다.
강조	문장에서 강조하고 싶은 어구에 다른 어구를 덧붙인다. I **did** <u>see</u> a UFO yesterday. 〈동사 강조〉 나는 어제 UFO를 정말 봤다.
생략	앞에 나온 어구와 반복되는 것을 생략하여 문장을 보다 간결하게 한다. They were good friends when (**they were**) young. 그들은 (그들이) 어렸을 때 좋은 친구였다.
공통	등위접속사 and, but, or 뒤에서 반복되는 어구를 생략한 결과로 나타난다. **You should** ⌐ buy ⌐ **and** ⌐ **the book**. 너는 그 책을 사서 읽어야 한다. └ read ┘
삽입	설명을 덧붙이거나 의미를 보충하기 위해 어구나 절을 문장 중간에 끼워 넣은 것이다. Your dream, (**I believe**), will soon come true. 네 꿈은, 내 생각에, 곧 실현될 것이다.
동격	명사에 대한 구체적인 설명에 해당하는 명사구[절]를 뒤에 덧붙인다. **James**, <u>your friend</u>, has just called. 네 친구 제임스가 방금 전화했어. └──=──┘

Chapter Goals

1 특정어구를 문장 앞으로 보낼 때 도치가 일어난 문장의 주어, 동사를 판별할 수 있다.

2 강조어구가 덧붙은 문장에서 강조되고 있는 어구가 무엇인지를 알고 해석할 수 있다.

3 생략이 일어난 문장에서 생략이 일어난 곳과 생략된 어구를 말할 수 있다.

4 and, but, or의 앞이나 뒤에서 생략된 어구를 감안하여 알맞게 해석할 수 있다.

5 삽입된 어구[절]가 있어 복잡해 보이는 문장의 구조를 파악하고 해석할 수 있다.

6 명사와 이를 설명하는 명사구[절]가 나열될 때 동격 관계인 것을 알고 해석할 수 있다.

7 '부정'을 뜻하는 어구를 알고 해석할 수 있다.

8 주어가 무생물인 구문을 부사구[절]로 적절히 바꿔 해석할 수 있다.

Must-know
Words &
Lexical
Phrases

UNIT 94 •

913 **in the middle of** ~의 한가운데에; ~하는 도중에

914 **childlike** 어린아이와 같은; 귀여운

ⓘ **childish** 유치한; 어리석은; 어린

915 **unplanned** 계획되지 않은; 예기치 않은

impact 영향을 미치다 (= affect); 영향; 충돌

in a negative way 부정적으로, 부정적인 방식으로

916 **reach O** O에 도달하다[닿다]

awareness 인지, 의식, 관심

917 **acquire** 습득하다, 얻다; 획득하다

cf. **acquirement** 습득; 획득

cf. **acquisition** 습득; 획득

919 **burst into tears** 울음을 터뜨리다

922 **meaningful** 유의미한 (↔ meaningless 무의미한; 무익한)

923 **diligent** 부지런한, 성실한

924 **sweat** 땀(을 흘리다)

925 **belong to A** A의 것이다; A에 속하다

926 **appearance** 외모, (겉)모습

quality 질 좋은, 양질의; 품질

928 **outstanding** 뛰어난, 두드러진

clap 박수치다; 박수 (소리)

UNIT 95 •

930 **confidence** 자신감; 신뢰, 신용

allow O to-v O가 v하게 허락하다

unlimited 무한정의, 무제한의 (↔ limited 제한된, 한정된)

932 **differentiate A from B** A와 B를 구별[구분]하다

934 **play a significant role in** ~하는 데 중요한 역할을 하다

cf. **significant** 중요한, 의미 있는; (양이나 크기가) 상당한

935 **rightly** 바르게, 정확히

invisible to the (naked) eye 육안으로는 보이지 않는

cf. **invisible** 눈에 보이지 않는 (↔ visible 눈에 보이는, 알아볼 수 있는)

937 **industry** 근면 (= diligence); 산업, 공업

cf. **industrious** 근면한, 부지런한

cf. **industrial** 산업의, 공업의

940 **routine** 일상; 관례

941 **fairy tale** 동화

UNIT 96

947 **regain** 되찾다, 회복하다; 되돌아오다

948 **spend A (in) v-ing** v하는 데 A를 보내다[쓰다]
   sacrifice 희생하다; 단념하다; 희생(물)

949 **mass** 대중의; 대량의; 덩어리
   lay[put, place] stress on ~을 강조하다, ~에 중점을 두다

950 **drown in** ~에 압도당하다; ~에 빠지다
   starve (for) ~을 갈망하다

951 **parrot** 앵무새
   adversely 부정적으로; 반대로; 불리하게
   cf. **adverse** 부정적인; 불리한

952 **ensure (that)** ~을 확실하게 하다[보장하다]
   convey (생각 등을) 전달하다; (짐을) 나르다, 수송하다
   intend O to-v O가 v하기를 의도하다

953 **fuel** 연료를 공급하다; 연료

UNIT 97

956 **turn into A** A로 변하다

957 **perish** 사라지다, 소멸하다; 죽다

958 **weaken** 약화되다[시키다] (↔ strengthen 강화되다[시키다])
   with age 나이가 들어감에 따라

960 **technological** 과학기술적인, 과학기술의
   cf. **technology** 과학기술
   be based on ~에 기반[기초]를 두다
   tradition 전통

961 **effort** 노력, 수고
   bring about A A를 가져오다[야기하다]

UNIT 98

963 **bullet** 총알, 탄환
   fire 발사하다; 해고하다

964 **violently** 맹렬히, 거칠게; 폭력적으로
   execute 실행[수행]하다 (= carry out); 처형하다

965 **famine** 기근, 굶주림

966 **interpersonal** 대인관계의; 인간 사이에 존재하는
   establish 확립하다; 설립하다 (= found)

maintain 유지하다; 지속[계속]하다
cf. **maintenance** 유지; 지속; (건물 등의) 보수

968 **decisive** 결정적인 (= crucial); 단호한

974 **persistence** 끈기, 고집; 지속성, 끊임없음
   cf. **persist** (의견 등을) 고집하다; 지속하다 (= last)
   go beyond ~을 능가하다; ~을 넘어가다

UNIT 99

976 **phobia** 공포증

979 **description** 기술, 설명, 묘사

980 **occur to A** A에게 생각이 떠오르다

982 **possess** 가지고 있다, 소유하다; 사로잡다

UNIT 100

991 **thrift** 절약
   cf. **thrifty** 절약하는, 검소한

992 **believe in A** A를 신뢰하다; A의 존재를 믿다

993 **generate** 만들어내다, 발생시키다
   cf. **generation** 발생; 세대

UNIT 101

994 **accomplishment** 성취
   cf. **accomplish** 성취하다
   pride 자부심, 자랑스러움

995 **take A to B** A를 B로 데려가다

997 **force O to-v** O가 v하게 만들다, 강요하다
   make a living 생계를 유지하다, 생활비를 벌다
   at an early age 어린 나이에

998 **dedicated** 헌신적인, 전념하는
   cf. **dedicate** 헌신하다, 바치다
   cf. **dedicate oneself to A** A에 전념하다, 헌신하다

1000 **keep A from v-ing** A가 v하지 못하게 하다

1001 **no amount of** 아무리 많은 ~도

강조 등을 이유로 특정 어구를 문장 앞에 둘 때 〈(조)동사+주어〉의 어순이 되는 것을 '도치'라 한다.

- 〈부정어(구)+**조동사**+**주어**+**동사** ~〉, 〈부정어(구)+**be동사**+**주어** ~〉, 〈부정어(구)+**have/has/had**+**주어**+**p.p.** ~〉
- 〈방향·장소 부사(구)+**동사**+**주어**〉
- 〈보어+**동사**+**주어**〉

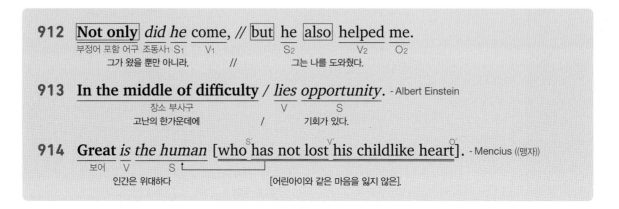

912 Not only *did he* come, // but he also helped me.
부정어 포함 어구 조동사1 S1 V1 S2 V2 O2
그가 왔을 뿐만 아니라. // 그는 나를 도와줬다.

913 In the middle of difficulty / *lies opportunity*. - Albert Einstein
장소 부사구 V S
고난의 한가운데에 / 기회가 있다.

914 Great *is the human* [who has not lost his childlike heart]. - Mencius ((맹자))
보어 V S
인간은 위대하다 [어린아이와 같은 마음을 잃지 않은].

915 Little did the students know that the unplanned vacation would impact them in a negative way.

916 Seldom does a new brand that doesn't appear on TV reach high levels of public awareness quickly. - EBS 응용

917 Only through practice can language skills be acquired. - 모의응용

918 Not until just before dawn do people sleep best; not until people get old do they become wise. - Proverb

919 No sooner had he met his family than he burst into tears.

920 Hardly had it stopped raining than a double rainbow appeared.

921 On no account should your child be left at home alone.

922 Only when we realize the reasons behind failure, can the causes of success be more meaningful.

923 Better than a thousand days of diligent study is one day with a great teacher. - Proverb

어법 직결 다음 밑줄 친 부분이 어법상 옳으면 ○, 틀리면 ×로 표시하고 바르게 고치시오.

924 Behind every success <u>is</u> many hours of sweat and pain.

그 외 도치구문이 쓰이는 표현들을 잘 알아두자.

- so/neither[nor]+V+S: S도 역시 그렇다/그렇지 않다
- so/such ~ V+S that ...: 아주 ~해서 …하다 (so/such ~ that ... 구문의 변형 ← UNIT 79)
- there+V+S

925 The future belongs to all of us, // and so does the responsibility (to make
　　　　　S₁　　　　V₁　　　　O₁　　　　　　　　V₂　　S₂ └─＝─┘
　　　　미래는 우리 모두의 것이다.　　　　//　　　그리고 책임도 그러하다
a good future).
(좋은 미래를 만들).

926 A good appearance doesn't make you beautiful inside, and neither do quality clothes.

927 In life, love is never planned nor does it happen for a reason.

928 So outstanding was the performance that we could not stop clapping.

929 If there exists no possibility of failure, then victory is meaningless.
- Robert H. Schuller ((美 선교사))

TIP 부정어(구) ← UNIT 100

1) (준)부정어: no / not / never / little / seldom, rarely 좀처럼 ~ 않는(not often) / hardly, scarcely 거의 ~아닌 / only
2) (준)부정어 포함 어구: not only / not until ~후에야 비로소 / no sooner ~ than … ~하자마자 …하다(=hardly[scarcely] ~ than[when/before] …)
　 / under no circumstances, on no account, for no reason 무슨 일이 있어도 결코 ~않는 / at no time 한 번도 ~하지 않는 /
　 only+when[before, after, by] ~ 등

TIP 방향 · 장소 부사(구)나 보어가 문장 앞으로 나가도 주어가 대명사이면 도치가 일어나지 않는다.
Into the room **he walked**. 방안으로 그가 걸어 들어왔다.
Very happy **he was**. 그는 매우 행복했다.

UNIT 95 강조구문

강조하기 위해 어구를 문장 앞으로 보낼 때도 있지만, 대부분은 다른 어구를 덧붙여 강조한다.

〈It is[was] A that ~〉: ~하는 것은 바로 A이다[였다]
'A'를 강조하는 것으로 A에는 주어, 목적어, 부사(구, 절) 등이 온다.
구어에서는 that이 생략되기도 하며, A가 사람이면 that 대신 who(m), 사물이면 which를 쓰기도 한다.

> **930** **It is** *confidence* // **that** allows us to have unlimited success.
> 바로 자신감이다 // 우리가 무한한 성공을 가지게 하는 것은. 〈명사(주어) 강조〉

931 It is your parents who love you most.

932 It is the power of speech which most clearly differentiates man from the animals.

933 It is the things I've never tried that I regret, not the things I've failed at.

934 It is what kind of food people eat that plays a significant role in improving their health. -모의응용

935 It is only with the heart that one can see rightly; what is essential is invisible to the eye. - *The Little Prince* 中

936 It wasn't until 1840, when Queen Victoria got married, that the white wedding dress was made popular.

937 It is while we are young that the habit of industry is formed.
- Thomas Jefferson ((美 정치가·교육자·철학자))

TIP 〈가주어-진주어〉 구문(◀◀ UNIT 11)과 〈It is[was] A that ~〉 강조구문의 구별

1. It is[was]+형용사+that ~: 〈가주어-진주어〉 구문
   It is *obvious* **that** we made a big difference. 우리가 큰 차이를 만들었다는 것은 명백하다.
2. It is[was]+부사(구, 절)+that ~: 강조구문
3. It is[was]+명사(구, 절)+that: that이 이끄는 절의 구조가 완전하면 〈가주어-진주어〉 구문, 불완전하면 강조구문이다.
   It is *a wonder* **that** more people weren't hurt. 더 많은 사람들이 다치지 않은 것이 놀랍다.
   〈완전한 구조〉 → 〈가주어-진주어〉 구문
   It is *this movie* **that** ● made me cry. 나를 울게 한 것은 바로 이 영화이다.
   〈주어가 빠진 불완전한 구조〉 → 강조구문

- 동사 강조: do[does, did]+동사원형
- 명사 강조: the very+명사, 또는 재귀대명사
- 부정어 강조: not ~ at all[in the least, a bit, by any means] 등
- 의문문 강조: 의문사+on earth[in the world, ever]

938 Experience really **does** *make* you a better man. - Alan Vega ((美 아티스트))
　　　　S　　　　　　V　　　O　　　　C
경험은 정말 당신을 더 나은 사람으로 만들어 준다. 〈동사 강조〉

939 Childhood growing pains do pass and cause no damage to bones or muscles.

940 Sometimes, a break from your routine is the very thing you need.

941 Life itself is the most wonderful fairy tale. - H. Andersen ((덴마크 동화작가))

942 I don't understand in the least what she's trying to say.

943 You're wet through. What on earth have you been doing?

TIP 재귀대명사의 쓰임 구별

1. 목적어 역할
동사나 전치사의 목적어와 문장의 주어가 일치할 때 목적어 자리에 사용한다. ◁ UNIT 18
재귀대명사를 생략하면 목적어를 없애버리는 것이므로 문장의 구조가 완전하지 않다.
He looked at **himself** in the mirror. 그는 거울 속에 있는 **자신**을 바라보았다.
　　　　　전치사의 목적어(생략 불가)

2. 명사 강조
명사를 강조하기 위해 재귀대명사를 덧붙일 때는 생략해도 문장의 구조가 완전하다.
He **himself** has done it lots of times! 그는 그것을 **직접** 여러 번 해 왔다!
　　강조(생략 가능)

생략구문

반복되는 어구를 없애는 것을 '생략'이라 한다.

- 앞에 나온 어구와 반복되는 어구를 생략
- 부사절과 주절의 주어가 같을 때, 부사절의 〈S′+be〉를 생략
- to-v의 v(이하)가 반복되는 경우, to만 남긴다.

---

944 He said he would *fail*, // but he didn't **(fail)**.
S₁ V₁   O₁   S₂   V₂
그는 자신이 실패할 것이라고 했다. // 하지만 그는 (실패하지) 않았다.

945 When **(you are)** in Rome, // do as the Romans do. - Proverb
S′ V′   A′   V   S′   V′
로마에 있을 때는,   // 로마인들이 하는 대로 해라.
↳ 로마에서는 로마법을 따르라.

946 Don't *take pictures* // if they tell you not to **(take pictures)**.
V   O   S′ V′ O′   C′
사진을 찍지 마라   //   만약 그들이 너에게 (사진을 찍지) 말라고 하면.

---

947 Lost wealth can be regained, but lost time never.

948 The first half of our lives is spent sacrificing our health to achieve wealth and the second half sacrificing our wealth to achieve health.

949 Under the system of mass education too much stress is laid on teaching and too little on active learning.

950 We are drowning in information, while starving for wisdom.
- E. O. Wilson ((美 생물학자))

951 Highly social animals, such as parrots, seem to be adversely affected if kept alone.

952 Ensure that your e-mails convey the meaning you intend them to.

어법 직결 ▶ 다음 문장에서 생략된 부분을 찾아 ∨로 표시하고, 생략된 어구를 쓰시오.

953 We fuel our bodies with food, our minds with education and our hearts with love.

공통구문

and/but/or 등이 절과 절을 연결할 때 반복을 피하기 위한 생략이 일어나면 공통어구가 생긴다.
공통구문 문장에서 접속사 앞뒤는 병렬구조를 이룬다. ← UNIT 61

There are so many places (to enjoy there). And (There are so many) events to enjoy there.

→ There are so many [places / and / events] to enjoy there. 그곳에는 즐길 장소와 이벤트가 아주 많이 있다.
　　　　　　　　공통어구　　　　　　　　　　　　　공통어구

---

954 I *have loved* / and *will love* / **only you.**
S　　 V₁　　　　　　 V₂　　　　　 O
나는 사랑해왔다 / 그리고 사랑할 것이다 / 당신만을.
(← I have loved **only you** and I will love **only you**.)

955 **Education means development**, / not only *of the brain*, /
S　　　 V　　　　　O
교육은 발달을 의미한다. / 　두뇌뿐만 아니라, 　/
but also *of the whole person.*
그 사람 전체의.
(← **Education means** not only **development** of the brain, but **education** also **means development** of the whole person.)

---

956 Water turns into ice at 0°C and into steam at 100°C.

957 Government of the people, by the people, and for the people shall not perish from the earth. - Abraham Lincoln ((게티즈버그 연설 中))

958 Passions weaken but habits strengthen with age.

959 Your opinion seems similar to but is different from mine.

960 Even in this most technological age, the greater part of our activity is, and must be, based on tradition.

961 Efforts are as valuable as, and maybe more valuable than, the results they bring about.

UNIT 98 삽입구문

설명을 덧붙이거나 의미를 보충하기 위한 어구나 절을 문장 중간에 끼워 넣은 것을 말한다. 대부분 삽입어구의 앞뒤로 콤마(,)나 대시(—)가 있으므로 쉽게 파악할 수 있다. 삽입어구를 ( )로 묶고 나머지 부분을 보면 문장 구조가 더 쉽게 파악된다. 다음과 같이 if가 들어간 관용표현이 삽입되기도 한다.

- if any ~가 있다 하더라도
- if ever ~한다 할지라도, 비록 ~하지만

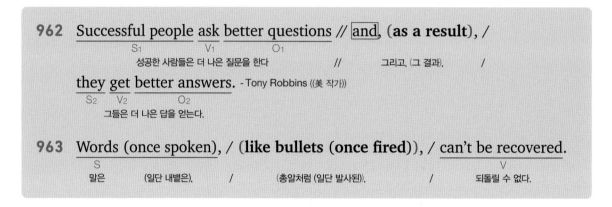

962 Successful people ask better questions // and, (as a result), /
　　　　S₁　　　　　V₁　　　　O₁
　　　　성공한 사람들은 더 나은 질문을 한다　　　　//　　　그리고, (그 결과),　　/
they get better answers. - Tony Robbins ((美 작가))
　S₂　V₂　　O₂
　그들은 더 나은 답을 얻는다.

963 Words (once spoken), / (like bullets (once fired)), / can't be recovered.
　　S　　　　　　　　　　　　　　　　　　　　　　　　　　　　V
　말은　(일단 내뱉은),　/　(총알처럼 (일단 발사된)),　/　되돌릴 수 없다.

964 A good plan, violently executed now, is better than a perfect plan next week. - George S. Patton ((美 장군))

965 'Time famine' —the feeling of having too much to do and not enough time to do it— is the cause of unnecessary stress. - 모의응용

966 Interpersonal skills, which are used when we communicate with others, help us establish and maintain relationships. - 모의

967 Competition, we have learned, is neither good nor evil in itself.

968 A man's friends can have a great, if not decisive, influence on his life.

969 There are few, if any, mistakes in his English.

970 Shy people seldom, if ever, speak unless they are spoken to.

관계대명사와 동사 사이에 다음과 같은 절이 콤마 없이 삽입되는 경우에 유의하자.
이 역시 ( )로 묶으면 문장 구조를 더 쉽게 파악할 수 있다.
• I think[believe], people say, they feel[say], it seems (to me), I'm sure[certain] 등

원래 위의 절들은 뒤에 that절을 목적어로 취하는 '주절'에 해당한다.
　I met John. + I think (that) John is very handsome.
　→ I met John, who **I think** is very handsome.

---

971 The greatest pleasure (in life) / is doing // what (**people say**) you cannot
　　　　S　　　　　　　　　　　　　　　　　　V　　　　　　　　　　　　　　　　C
　　　　가장 큰 즐거움은　　　　(인생에서) /　하는 것이다　//　(사람들이 말하기에) 당신이 할 수 없다는 것을.
do. - Walter Bagehot ((英 경제학자·문학평론가))
　↳ 다른 이들이 네가 할 수 없다고 생각하는 것을 할 때 가장 큰 즐거움을 느낀다.

---

972 I recommend a self-help book which I believe may change your life.

973 When brainstorming, write down your ideas, and then select which idea you feel is best.

974 With persistence, you can go beyond what you thought was possible for you to achieve.

UNIT 99 동격구문

명사 A에 대한 구체적인 설명에 해당하는 명사구[절]를 뒤에 덧붙인 구문이다.

- A+콤마(,)+명사(구): A, ~ (명사(구)+콤마(,)+A의 순서가 되기도 한다.)
- A+콤마(,)+or+명사(구): A, 즉 ~ (or = that is (to say) = namely = in other words)
- A+of+명사(구): ~인 A
- A+that[whether] ~: ~라는 A (A는 news, fact, belief, idea, question 등)
- A+to-v: v하는[하려는, 하라는] A 등 (A는 ability, advice, attempt, choice, decision, desire 등)

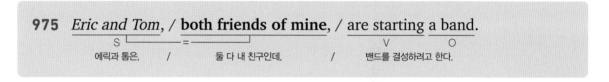

975 *Eric and Tom,* / **both friends of mine**, / are starting a band.
　　　S　　　　　=　　　　　　　　　　　　V　　　O
에릭과 톰은, / 둘 다 내 친구인데, / 밴드를 결성하려고 한다.

976 Acrophobia, or a fear of heights, is a well-known phobia.　*acrophobia 고소공포증

977 We are planning a trip to the windy city of Chicago next month.

978 The idea of waiting for something makes it more exciting. - Andy Warhol (((美 예술가))

979 Scientism is the view that the scientific description of reality is the only truth. - 수능응용　　　　　　　*scientism 과학만능주의

980 The idea occurred to me that I should start my own business.

981 The question whether life exists beyond Earth is interesting.

982 The chess player possesses an ability to recall the position of chess pieces at any point from a game.

983 Human beings are driven by a natural desire to form and maintain interpersonal relationships. - 모의

UNIT 100 부정구문

'부정'을 뜻하는 어구를 모르거나 빠뜨리고 읽으면 정반대로 이해하게 되므로 각별히 유의해야 한다.

- 모두 부정: no, nothing, not ~ any, nobody, none 아무(것)도 ~ 않다 / neither 어느 쪽도 ~ 않다
- 일부 부정 = 일부 긍정: not all[every, both, always, necessarily, entirely, fully]
  모두[모두, 둘 다, 항상, 반드시, 전적으로, 완전히] ~한 것은 아니다
- 부정+부정 → 강한 긍정: 부정어 A without B A하려면 반드시 B한다 등

---

984 To do two things at once / is to do **neither**. - Publilius Syrus ((고대 로마 작가))

두 가지 일을 한 번에 하는 것은 / 어느 것도 하지 않는 것이다. 〈모두 부정〉

985 You can**not** satisfy / **everybody** (around you).

당신은 만족시킬 수는 없다 / 모든 사람을 (당신 주변의). 〈일부 부정〉

986 Efforts and courage are **not** enough / **without** purpose and direction.

- John F. Kennedy

노력과 용기는 충분하지 않다 / 목적과 방향 없이는. 〈부정+부정〉

↳ 노력과 용기가 있어도 목적과 방향이 있어야 한다.

---

987 No area of life is stupid to someone who takes it seriously. - 모의

988 Not all of us can do great things, but we can do small things with great love. - Mother Teresa

989 Action may not always bring happiness, but there is no happiness without action. - Benjamin Disraeli ((英 정치가))

990 Search engines find the information, not necessarily the truth.
- Amit Kalantri ((인도 IT 공학자))

991 Without diligence and thrift nothing will happen, and with them everything.
- 수능

992 Nobody will believe in you unless you believe in yourself.

993 It's impossible to generate good ideas without also generating bad ideas.
- 모의

no, not, never 이외에 '부정'의 의미를 나타내는 어구와 표현들에 유의해서 해석해야 한다.

1. 부정의 뜻을 포함하는 어구들

- few ((수)) / little ((양)) 거의 없는 *cf.* a few / a little 조금 있는
- seldom, rarely ((빈도)) 좀처럼 ~않는 / hardly, scarcely ((정도)) 거의 ~않는
- beyond ~할 수 없는, ~에 미치지 못하는 / above ~하지 않는, ~을 초월한
- anything but, far from, by no means 결코 ~않는
- free from ~이 없는
- have yet to-v 아직 v하고 있지 않다 (← 아직 v해야 한다)
- the last + 명사 결코 ~하지 않을 (← 가장 마지막으로 ~할)
- fail to-v v하지 못하다 (never fail to-v 반드시 v하다)

01 **Few** writers have avoided making mistakes in English grammar.
02 There is **little** water left in the bottle.
03 I could **hardly** follow the voice on the recording.
04 The view is beautiful **beyond** description.
05 His explanation is **beyond** question.
06 She is **above** lying.
07 His first movie was **anything but** successful.
   cf. He does **nothing but** complain. (nothing but = only)
08 **Far from** taking my advice, he did exactly what I warned him against.
09 This candy is **free from** artificial colors and sweeteners.
10 We **have yet to discover** an effectual remedy for cancer.
11 He was **the last person** I would have expected to see in such a place.
12 Never give up; **never fail to try**. - Debasish Mridha ((美 의사 · 작가))

2. 수사의문문

의문문 형태지만 상대방의 답을 구하는 것이 아니라, 반대의 의미를 강하게 나타내는 것이다.
긍정의 수사의문문이 '부정'의 뜻을 나타낸다. *cf.* 부정의 수사의문문은 '긍정'의 뜻을 나타낸다.
13 Who knows? (= Nobody knows.)
14 What difference does it make? (= It makes no difference.)
   cf. Who doesn't love his own country? (= Everyone loves his own country.)

01 영문법에서 실수하지 않는 작가는 거의 없다. 02 병에 물이 거의 남아있지 않다. 03 나는 그 녹음물의 목소리를 거의 알아들을 수 없었다. 04 그 경치는 말로 다 표현할 수 없을 만큼 아름답다. 05 그의 설명은 의심할 여지가 없다. 06 그녀는 거짓말을 할 사람이 아니다. 07 그의 첫 번째 영화는 결코 성공적이지 않았다. *cf.* 그는 불평만 한다. 08 나의 충고를 받아들이기는커녕, 그는 내가 그에게 하지 말라고 경고한 바로 그것을 했다. 09 이 사탕에는 인공 색소와 감미료가 들어있지 않다. 10 우리는 암에 대한 효과적인 치료법을 아직 발견하지 못했다. 11 그는 내가 그런 곳에서 만나리라고는 결코 예상하지 못한 사람이었다. 12 절대 포기하지 마라. 반드시 노력하라. 13 누가 알겠니? (= 아무도 몰라.) 14 그게 무슨 차이가 있니? (= 그것은 마찬가지야.) *cf.* 누가 자신의 나라를 사랑하지 않겠는가? (= 모두가 자신의 나라를 사랑한다.)

주어를 부사로 해석해야 하는 구문

우리말과 달리 영어는 타동사의 주어가 무생물인 문장이 많이 쓰인다. 무생물 주어는 아래와 같이 '때, 원인, 수단, 조건, 양보' 등의 부사구나 부사절로 해석하면 자연스럽다.

- 전치사: because of, due to, thanks to / after / according to / by (방법: ~로)
- 접속사: because / when / after / if / even if[though], however (아무리 ~해도) / and, so (결과: 그래서)

---

994 <u>**Accomplishment**</u> gives <u>you</u> a feeling of pride.
　　　　　　 S　　　　　 V　 IO　　　 DO
　　　　　 성취는 당신에게 자부심을 준다.
　　　 ↘ 무언가를 성취할 때, 당신은 자부심을 느낀다.
　(= **When** you accomplish something, you have a feeling of pride.)

[995-1001] 다음 문장의 네모 안에서 의미상 알맞은 것을 고르시오.

995 An hour's walk up the hill took me to the top.

→ Even if / After I walked an hour up the hill, I got to the top.

996 Studies show that sharing your personal experience makes others like you more.

→ According to / Due to studies, sharing your personal experience ~.

997 His father's death forced him to make a living at an early age.

→ Because / Before his father died, he had to make a living at an early age.

998 Your dedicated work has made it possible for us to maintain the high quality of papers published.

→ According to / Thanks to your dedicated work, we can maintain ~.

999 Traveling allows us to relax, explore new places, and have fun.

→ For traveling / By traveling , we can relax, explore new places, and have fun.

1000 Focusing on the trees keeps you from seeing the forest.

→ If / Unless you focus on the trees, you cannot see the forest.

1001 No amount of money matters if we are not healthy.

→ Owing to / However much money we have, it doesn't matter if we are not healthy.

1001 SENTENCES
BASIC

MUST-KNOW
Terms & Concepts

반드시 알아야 할 용어와 개념

〈천일문〉은 어렵고 복잡한 용어를 피하고 최대한 쉬운 일상어로 대체하여 설명하였지만, 용어 사용을 완전히 없애기란 사실상 불가능하다. 마치 '사과'를 '사과'라 하지 않고 '겉은 대개 빨갛고 속은 희며 크기는 어른 주먹 정도인데 맛은 새콤달콤하고 식감은 아삭한 동그란 과일'이라 하는 것과 똑같기 때문이다. 즉 간단하고 명확한 설명과 해설을 위해 반드시 필요한 용어들이 있으며 이들을 모르면 실력은 결코 발전할 수 없다.

문법에서 사용되는 용어는 많으나, 구문학습에서 반드시 알아야 할 것들은 그리 많지 않으며, 관련 설명과 예문을 연결하여 학습하다 보면 어렵지 않게 익힐 수 있다.

지금부터 소개되는 용어는 구문 학습이 제대로 이뤄지기 위해 반드시 알아야 할 것들이며 본문에서 이미 다뤄진 것들이다. 용어뿐 아니라 자주 사용되는 개념들도 포함하여 설명하였고, 본책에 자세히 다뤄진 것들은 일일이 참고 페이지를 표시하였으므로 색인 기능도 더하고 있다.

예복습할 때 적극적으로 활용하여 학습에 많은 도움이 되길 바란다.

*용어의 정의나 범위는 언어학자마다 다른 것들도 있고 우리나라 학교 문법과 영어권에서 통용되는 것이 서로 다른 것들도 있다. 여기서는 우리 학습자들의 편의를 위해, 우리나라의 학교 문법과 대부분의 교재에서 정의되는 대로 설명하고 영어권에서 통용되는 것들은 참고할 수 있도록 추가 설명을 덧붙였음을 미리 알려둔다.

의미를 상대방에게 온전히 전달하려면 주어와 함께 동사가 필요하므로 SV가 문장의 최소 단위가 된다. (물론 All right!, Good!, Ah!와 같이 의미를 전달할 수 있는 어구들도 있지만, 주어나 동사가 생략된 형태(← It's all right!, It's good!) 이거나 감탄사 등으로서 이런 어구들 자체를 진정한 의미의 문장으로 보기는 어렵다.) 자연히, 영어 문장은 우선 SV가 나오고 나서 더 구체적인 정보들(목적어, 보어 등)이 뒤따르는 것이 기본 순서가 된다.

ㄱ

가목적어의 '가'는 '가짜 가(假)'의 의미로 '참 진(眞)'과 대조되는 의미이다. SVOC문형에서 목적어가 to부정사나 명사 절처럼 길고 복잡할 경우 목적어 자리에 가목적어인 it을 두고 진(眞)목적어인 to부정사나 명사절은 문장 뒤로 보낸다. 〈S+V+**it**+C+to-v ~〉 / 〈S+V+**it**+C+that ~〉
길고 복잡한 목적어 뒤에 목적격보어가 바로 이어지는 구조보다 문장 형식을 더 이해하기 쉬워진다. 문장 형식상 SVOC 구조를 완전하게 만들기 위해 목적어 자리를 채우는 것이므로 '형식 목적어'라고도 한다.

직설법과는 다른 시제를 사용하여, 말하는 내용이 가정, 상상 또는 소망임을 나타낸다.

가주어의 '가'는 '가짜 가(假)'의 의미로 '참 진(眞)'과 대조되는 의미이다. 영어는 상대적으로 길이가 길거나 복잡한 요소는 문장 뒤에 두려는 특성이 있기 때문에 to부정사나 명사절이 주어일 때 주어 자리에 가주어 it을 두고 진(眞)주어는 문장 뒤로 보낸다. 〈**It**+V+to-v ~〉 / 〈**It**+V+that ~〉
문장 형식상 SV구조를 완전하게 만들기 위해 주어 자리를 채우는 것이므로 '형식 주어'라고도 한다.

간접목적어(Indirect Object, 줄여서 IO) (*cf.* 직접목적어) • ———————————————————————— • **U05** U38

SVOO문형에서 '~에게'로 해석되는 목적어. 직접목적어(~을[를]. 주로 사물)는 동사의 동작이 직접적으로 가해지지만, 간접목적어는 직접목적어를 받는 대상이므로 동사의 동작이 간접적으로 가해진다고 볼 수 있다. 간접목적어로는 주로 '사람'이 온다.

Joey gave **me** this present. 조이가 내게 이 선물을 주었다.
　　　　　IO　　DO

감각동사(sensory verb) (*cf.* 지각동사) • ——————————————————————————————— • **U03**

사람의 감각(시각, 청각, 후각, 미각, 촉각)을 나타내는 동사. 대표적으로 look, sound, smell, taste, feel이 있으며 주로 SVC문형을 취하는데, 보어로는 형용사(구)가 온다는 것을 기억하는 것이 중요하다. 즉, 보어로 명사 보어를 쓸 수 없으며 부사(구)도 물론 쓰지 못한다.

It looks strange. (○) / It looks like a bird. (○)
It looks strangely. (×) / It looks a bird. (×)

강조(emphasis) • ——————————————————————————————————————— • p.197 **U95**

문장 중에 특별히 주목해야 하거나 중요한 어구에 힘을 주는 것. 대표적으로는 it ~ that 강조구문이나 동사 앞에 조동사 do를 덧붙여 나타내는 등의 식으로 주로 강조하려는 어구에 특정한 어구를 덧붙인다. 글에서는 강조하려는 어구를 이탤릭으로 표현하여 나타내기도 한다.

격(case)

문장에서 (대)명사가 하는 역할을 나타내는 말. 주격, 소유격, 목적격이 있다.
1. 주격: 주어 역할 *e.g.* I, you, he, she, writer, someone
2. 소유격: 뒤의 명사를 소유 *e.g.* my, your, his, her, writer's, someone's
   *영어권에서 소유격은 소유대명사 (*e.g.* mine, yours, his, hers)를 포함하는 개념이다.
3. 목적격: 동사, 전치사의 목적어 역할 *e.g.* me, him, her, writer, someone

계속적 용법(non-restrictive) • ——————————————————————————————— • **U71~U72**

관계사절이 선행사를 보충 설명하는 역할을 하는 것. 즉 선행사를 이해하기에 필수적이지는 않은 정보를 추가적으로 덧붙이는 것이다. 주로 콤마(,)나 대시(—)를 두어 주절과 구분시킨다.
cf. 제한적[한정적] 용법: 선행사를 이해하는 데 필수적인 정보인 관계사절 앞에 콤마(,) 등을 두지 않으며, 선행사의 의미를 제한[한정]한다.

고유명사(proper noun) (*cf.* 주격/소유격/목적격 관계대명사) • ——————————————— • p.160

특정한 사람이나 장소 이름, 사물 등의 '이름'. 문장 어디에서든 항상 첫글자가 대문자로 시작하는 명사
e.g. Susan, Seoul, Eiffel Tower
cf. 보통명사(common noun): tree, boy처럼 특정한 사람이나 사물이 아닌 명사

공통 • ——————————————————————————————————————— • p.197 **U97**

관계대명사(relative pronoun) (*cf.* 주격/소유격/목적격 관계대명사) • ——————— • p.147 **U64~U65 U67~U71**

'접속사+대명사' 역할을 하여 앞의 선행사를 수식하거나 보충설명하는 절을 이끈다. 주격, 소유격, 목적격 관계대명사가 있다.
1. 주격 관계대명사: 관계대명사가 관계대명사절 내에서 주어 역할
2. 소유격 관계대명사: 관계대명사 뒤에 나오는 명사가 선행사의 '소유'를 나타냄
3. 목적격 관계대명사: 관계대명사가 관계대명사절 내에서 목적어 역할

관계부사(relative adverb) • —————————————————————————————— • p.147 **U66 U67 U72**

'접속사+부사' 역할을 하여 앞의 선행사를 수식하거나 보충 설명하는 절을 이끈다.

관계사(relative) •——— **p.135**
관계대명사와 관계부사를 합친 말.

관용표현(idiomatic expression) •——————————————————— U11 U18 U20 U39 U55 U59 U69 U93
오랫동안 써서 굳어진 대로 습관적으로 늘 쓰는 표현. 흔히 개별단어의 의미와는 다른 의미를 나타내는 표현들을 포함
한다. 그러므로 단어 의미나 문법적으로 풀이하기보다는 숙어처럼 표현을 통째로 외우는 것이 권장된다.

구(句, phrase) (*cf.* 절(節/clause)) •——————————————————————— **p.33 p.43** p.113
두 단어 이상이 모여 문장에서 명사, 형용사, 부사 역할을 하는 것. 주어와 동사는 포함하지 않는다. 형태에 따라 to부정사구,
동명사구 등으로 불리기도 하고, 문장에서의 역할에 따라 다음과 같이 나누기도 한다.
1. 명사구: 문장에서 주어, 목적어, 보어가 된다. to부정사구, 동명사구
2. 형용사구: 명사를 수식한다. to부정사구, 분사구, 전명구
3. 부사구: 부사 역할을 한다. to부정사구, 분사구문, 전명구
*전명구(또는 전치사구): 〈전치사+명사〉구. 문장에서 형용사나 부사 역할을 한다.
*영어권에서는 명사구, 형용사구, 부사구와 함께 〈조동사+본동사〉의 동사구(verb phrase), 〈전치사+명사〉구를 모두
합하여 총 다섯 가지로 '구'를 설명하기도 한다.

구동사(句動詞, phrasal verb) •——————————————————————————— **p.14** U01 U04 U41
〈동사+전치사[부사]〉, 〈동사+부사+전치사〉 등의 동사. '군동사'라고도 한다.
e.g. look after 돌보다 / put off 연기하다 / look up to 존경하다 등

구어(체)(spoken[colloquial] language) (*cf.* 문어(체)) •———————————— U13 U38 U60 U95
일상적인 대화에서 주로 사용하는 표현. 간단히 말하기 위해 생략이나 축약이(I'm, don't 등) 많이 일어나기도 한다.

ㄴ~ㄷ

능동(能動, active) (*cf.* 수동) •——————————————————————— U21~U24 U52~U53 U59
(의미상의) 주어가 동작을 하는 것. 원래 '능동'의 의미는 스스로 내켜서 움직이거나 작용함을 뜻한다.

능동태(能動態, active voice) ≪ 태 •————————————————————————————— **p.91**
주어가 동작을 하는 것을 표현하는 동사 형태.

단수(單手, singular) ≪ 수 (*cf.* 복수) •————————————————————————————— U08

대과거(大過去) •———————————————————————————————————— **U30** U48~U49
과거 특정한 때보다 더 과거

도치(倒置, inversion) •———————————————————————————— p.197 U47 U60 **U94**
주어-(조)동사의 정상적인 어순이 아니라 (조)동사-주어의 어순을 말한다. 도치가 일어나는 경우로는, 의문문, if가정법
에서의 if 생략, 부정어가 문장 앞으로 나간 때 등이 있는데, 〈조동사-주어-동사〉의 어순이 되는 것과 〈동사-주어〉의
어순이 되는 것에 주의해야 한다.
Seldom **did he visit** there. (Seldom visited he there. (×))
Down **came the rain**. (Down did the rain come. (×))

동격(同格, appositive) •——————————————————————————————— p.197 **U99**
주로 명사 뒤에서 그 명사를 다른 말로 풀어서 설명하는 명사(구).
e.g. Edison, **the inventor of the light bulb**, is called the father of motion pictures.

명령문의 부정문. 명령문 앞에 Do not이나 Don't를 붙인다.
e.g. Don't go now.

'아니, 안, 못' 등의 '부정'하는 뜻을 가진 말.

문형에 따라 반드시 있어야 할 요소가 없는 구조. 예를 들어 SVO문형에 S나 V, O가 하나라도 없으면 불완전한 구조
이다.

형용사나 부사에 '-er'을 붙이거나 앞에 more를 두어 만들어진 형태. 두 가지 것(세 가지 이상에는 안 씀)을 비교하여
그 차이를 나타낸다.
e.g. warmer, more beautiful

시간, 날씨, 거리, 명암, 요일, 막연한 상황 등을 나타내는 문장은 주어로 쓸 것이 마땅치 않으므로 it을 사용한다. 이때의
it은 '사람'을 대신하는 것이 아니므로 '비인칭' 대명사이고, 비인칭 주어라 한다.

주로 SVOC문형에서 'O가 ~하게 하다'란 의미(즉, 주어가 하지 않고 다른 누군가에게 하도록 시킴)를 가지고 있으면서
보어로 원형부정사를 취하는 동사 make, have, let을 말한다. '사역'의 의미이면서 보어로 to부정사를 취하는 동사들
(get, ask, allow, enable 등)을 준사역동사라 하기도 한다.
*영어권에서는 사역동사의 범위에 위의 준사역동사(help, get)들까지 모두 포함한다.

'either ~ or'나 'not only ~ but also'와 같이 짝을 이뤄 쓰이는 접속사.

대명사가 대신하는 것. 대개 대명사 앞에 온다.
Emily is nice. She brings me some snacks. 에밀리는 착하다. 그녀는 내게 간식을 준다.
선행사　　　　대명사
주로, 관계사절에서 관계사가 대신하는 어, 구, 절을 뜻한다.
Where is **the fish** which Jim caught? 짐이 잡은 물고기는 어디에 있니?
　　　　　선행사　관계대명사

218

수(數, number)
단수와 복수, 두 가지가 있다. (대)명사, 동사, 지시어, 명사 앞에 붙는 말의 형태에 영향을 준다.
단수: He likes that cake.
복수: They like those cakes.

(의미상의) 주어가 동작을 당하거나 받는 것.

주어가 동작을 당하거나 받는 것을 표현하는 동사 형태.

의문문 형태지만 답을 구하는 것이 아니라 긍정이나 부정의 의미를 가진 문장이다.
e.g. Who doesn't love pizza? (= I love pizza.)
　　　Does it look like I'm nervous? (= I'm not nervous.)

무언가를 설명하거나 의미를 좀 더 분명하게 해준다.
1. 형용사적 수식어: 명사를 좀 더 설명해주거나 의미를 좀 더 분명히 해준다. 형용사 외에도 전명구, to부정사, 분사,
　 관계사절 등이 이에 해당한다.
2. 부사적 수식어: 명사 이외의 모든 것, 즉 동사, 형용사, 부사, 어구, 절, 문장 전체를 좀 더 설명해주거나 의미를 좀 더
　 분명히 해준다. 부사 외에도 전명구, to부정사, 분사구문, 부사절 등이 이에 해당한다.

상장이나 훈장을 줄 때 '수여하다'란 말을 쓰는데, 영어 문법에서도 이와 비슷하게 '～을 (해)주다'란 의미를 포함하면
서 간접목적어와 직접목적어 두 개를 가지는 SVOO 문형의 동사를 뜻한다. 대표적으로 give, show, teach, bring,
buy 등이 있다.

문장[절]에서 주어 이외의 부분, 즉 주어나 주어가 하는 일을 설명[서술]하는 부분을 의미한다. 술어를 이루는 동사는
'술어동사'라 하기도 한다.

주어/주부(主部) '～은[는, 이, 가]'	(서)술어/술부(述部) '～이다, ～하다'
My brother The woman wearing a black dress	**is a doctor.** **helped me a lot.**

동사의 시제는 동사의 동작이나 상태가 일어난 때(시)에 대한 정보를 제공한다. 아주 좁은 의미로는 동사형태가 변형
되는 현재형과 과거형을 뜻하지만 대부분의 문법책에서는 좀 더 넓은 의미로 쓰여서 〈will+동사원형〉으로 표현되는
미래도 미래시제로 시제에 포함시킨다. 이 기본이 되는 세 개의 시제에 각각의 진행형, 완료형, 완료진행형을 더하여 설명
하는 것이 대부분이다. 시제는 이러한 동사 형태들의 이름일 뿐 실제 나타내는 때는 다를 수 있음을 아는 것이 중요하다.

양보(concessive)

p.161 U57 **U77~U78** U93

although, even though, despite, in spite of 등이 이끄는 내용. '비록 ~이지만, ~에도 불구하고'로 해석된다. 문장에 언급된 다른 내용과 반대되는 내용을 이끈다.

e.g. **Although** it was raining, he walked to school.

Despite the noise, they slept deeply.

원래 '양보(concessive)'는 영어권에서 사용되는 문법 용어인데, 동사인 concede(마지못해 인정하다)에서 나온 것이다. 즉, '비록 비가 오지만'과 같이 어떤 사실을 인정하긴 하지만, 문장의 주된 내용은 그와 반대, 모순, 대립되는 것임을 뜻한다.

양태(樣態, manner)

p.161 **U80**

주로 '~처럼, ~같이, ~듯이, ~대로'로 해석되는 부사절을 의미한다. manner라는 의미에서 알 수 있듯이, '방법[방식], 모양, 형태'를 의미하며, 양태 접속사는 '~방법[방식]으로, ~모양으로, ~형태로'라는 속뜻을 가진다.

어순(語順, word order)

U17 U47 U78 U94

문장이나 어구에서 단어들이 나열되는 순서. 영어는 순서가 매우 중요한 언어이므로 구문 학습에서 어순이 언급되는 부분은 특히 잘 알아두어야 한다. '조사'가 있는 우리말과 달리, 어순이 달라지면 의미가 달라지거나 아예 의미가 통하지 않는 경우도 있기 때문이다.

The teacher visited **the students**.

선생님이 학생을 찾아왔다. (○) **학생을 선생님이** 찾아왔다. (○)

학생이 선생님을 찾아왔다. (×)

학교 시험에서도 배열 영작 문제가 많이 출제되는 이유가 바로 어순이 중요한 언어이기 때문인 것도 있다.

역접(adversative)

U77~U78

어, 구, 절이 반대되거나 대조됨을 뜻한다. 대표적으로 but, although 등은 역접의 내용을 이끈다.

완전한 구조 (*cf.* 불완전한 구조)

U66 U69 U95

문형에 따라 반드시 있어야 할 요소가 다 갖춰진 구조. 예를 들어 SV문형에서는 S, V가 다 있고, SVO문형에서는 S, V, O가 다 있을 경우 완전한 구조이다.

원급(positive degree)

p.185 **U87~U88**

형용사나 부사의 원래 그대로의 형태.

원형부정사(原形不定詞, bare infinitive)

U23 U39

to부정사에서 to가 없는 형태의 부정사. 부정사이므로 보어로 쓰일 수 있다. 주로 SVOC문형에서 사역동사, 지각동사 등의 목적격보어로 쓰인다.

의문대명사 (*cf.* 의문사)

U10 U17

의문문을 만드는 대명사. *e.g.* who, what, which 등

의문부사 (*cf.* 의문사)

U09

의문사(疑問詞, interrogative)

U15 U17 U21 U42 U95

의문문을 만드는 데 쓰이는 말. WH-word라고도 하며 종류는 다음과 같다.

1. 의문대명사: what, which, who, whom, whose
2. 의문부사: when, where, why, how
3. 의문형용사: what, which, whose

의미 단위(sense group) •• U12~U13 U64

문장에서 다른 어구에 비해 상대적으로 의미가 긴밀한 어구. 글을 읽을 때는 단어 하나하나가 아니라 단어가 모여 이루는
의미 덩어리를 하나의 단위로 묶어서 이해해야 한다.

의미상의 주어 •• p.33 U12~U13 U18 U43 U59

준동사인 to부정사, 동명사, 분사의 동작을 행하거나 상태에 있는 주체.

일반동사

be동사를 제외한 나머지 동사들. 말 그대로 동사의 대부분을 차지하는 일반적인 동사들을 의미한다.
e.g. go, eat, work 등

일반인 •• U13 U59

we, you, they, one 등이 특정한 사람들이 아니라 막연한 의미로 사람들을 의미하는 경우가 있다. 해석을 아예 하지
않거나 '사람들은'으로 해석한다.
e.g. We[You, One] should respect other people's opinions. 다른 사람들의 의견을 존중해야 한다.
    They speak Spanish in Mexico. 멕시코에서는 스페인어를 쓴다.

일치(agreement, concord) •• U08 U62 U68 U71 U87 U89

수, 인칭, 격, 시제 등의 문법 사항에 따라 문장의 단어들의 형태를 서로 맞추는 것.
e.g. this book — these books
    I agree — He agrees

자동사(自動詞, intransitive verb) (*cf.* 타동사) •• U01~U03

SV, SVA, SVC문형을 이루는 동사로서 완전한 의미의 문장을 만들기 위해 '목적어'가 필요 없는 동사.

재귀대명사(再歸代名詞, reflexive pronoun) •• U18 U95

myself, yourself, herself, himself, itself, ourselves, yourselves, themselves는 문장에서 두 가지 역할로
쓰인다.
1. (의미상의) 주어가 하는 동작이 그 자신에게 행해질 때 목적어 자리에 사용하는 대명사.
  She did not trust **herself**. 그녀는 그녀 자신을 믿지 않았다.
2. 문장의 다른 (대)명사를 강조하는 대명사.
  Paul can do it **himself**. (주어 Paul을 강조)
  *영어권에서 reflexive pronoun은 1.의 역할일 때 사용되고, 2.의 역할일 때는 emphatic pronoun(강조대명사)
  이라 한다.

전명구 = 〈전치사+명사〉구 = 전치사구 •• p.43 p.163 U03 U06 U81~U86

문장에서 형용사나 부사 역할을 하는 구.

전치사의 목적어 •• p.43 U19

전명구를 이루는 어구에서 전치사 뒤에 나오는 명사.

절(clause) (*cf.* 구) •• p.17 p.161 U09~U10 U17 U44 U73~U77

단어가 모여서 문장의 일부를 구성함과 동시에, '주어+동사'의 관계가 있는 것
1. 등위절: 문장을 구성하는 두 절이 문법상 대등한 관계로 결합되어 있는 절
2. 종속절: 하나의 절이 다른 절과의 관계에 있어서 명사, 형용사, 부사의 역할을 하는 절. 명사절, 형용사절, 부사절이
  있다.
3. 주절: 종속절을 취하는 다른 절

can, could, may, might, must, shall, should, will, would 등으로서 능력, 의무, 필요, 가능 등의 의미를 나타내며
시제, 수, 인칭 등에 따라 형태를 바꾸지 않는다. 조동사 be, have, do와 구별하여 '법조동사'라 하기도 한다.
cf. 조동사(helping verb, auxiliary verb) be, have, do는 시제나 의문문, 수동태를 만드는 것을 돕는다.

would, could, might, should
cf. 조동사의 현재형 will, can, may, shall

주격 ⟨⟨ 격

SVC문형의 C

주부(主部) ⟨⟨ 술어

주어+술어의 관계. 문장에서 단어들이 의미적으로 주어와 술어의 역할을 하는 것을 말한다. 대표적으로 to부정사와 그
의미상 주어, 또는 SVOC문형에서 목적어와 목적격보어의 관계가 주술관계이다.

주어 ⟨⟨ S

to부정사, 동명사, 분사를 통틀어 하는 말. 동사의 특성을 가지고 있으면서 문장에서 명사, 형용사, 부사의 역할을 한다.

see, watch, notice, observe, look at, hear, listen to, smell, taste, feel 등. (look, sound는 감각동사로만 쓰
인다.)
SVC문형으로 형용사 보어를 취하는 감각동사와 구별되며, 지각동사는 주로 SVOC문형이나 SVO문형을 취하므로 뒤
에는 명사가 바로 올 수 있다.

사실을 사실 그대로 표현하는 것으로 '시제'에서 배우는 내용은 모두 직설법이다.

SVOO문형에서 '~을[를]'로 해석되는 목적어. 동사의 동작이 직접적으로 가해진다.
Joey gave me **this present**. 조이가 내게 **이 선물을** 주었다.
　　　　　　 IO　　 DO

진목적어 ⟸ 가목적어 •⋯⋯⋯⋯⋯⋯⋯⋯⋯⋯⋯⋯⋯⋯⋯⋯⋯⋯⋯⋯⋯⋯⋯⋯⋯⋯⋯⋯⋯⋯⋯⋯⋯⋯⋯⋯⋯• **U20**

진주어 ⟸ 가주어 •⋯⋯⋯⋯⋯⋯⋯⋯⋯⋯⋯⋯⋯⋯⋯⋯⋯⋯⋯⋯⋯⋯⋯⋯⋯⋯⋯⋯⋯⋯⋯⋯⋯⋯• **U11** U41

🈂️ 최상급(superlative) •⋯⋯⋯⋯⋯⋯⋯⋯⋯⋯⋯⋯⋯⋯⋯⋯⋯⋯⋯⋯⋯⋯⋯⋯⋯⋯⋯⋯⋯⋯⋯⋯• p.185 **U93**
형용사나 부사에 -est를 붙이거나 앞에 most를 두어 만들어진 형태. 셋 이상의 것들 중에서 가장 정도가 심한 것을 나
타낸다.
e.g. fastest, most beautiful

ㅋ~ㅎ

타동사(他動詞, transitive verb) (*cf.* 자동사) •⋯⋯⋯⋯⋯⋯⋯⋯⋯⋯⋯⋯⋯⋯⋯⋯⋯⋯⋯⋯• U04~07
SVO, SVOA, SVOO, SVOC문형을 이루는 동사로서 완전한 의미의 문장을 만들기 위해 '목적어'가 필요한 동사.

태(態, voice) •⋯⋯⋯⋯⋯⋯⋯⋯⋯⋯⋯⋯⋯⋯⋯⋯⋯⋯⋯⋯⋯⋯⋯⋯⋯⋯⋯⋯⋯⋯⋯⋯⋯⋯• **p.91**
주어가 동사의 동작을 스스로 하는지 아니면 받는지를 나타내는 동사 형태. 능동태와 수동태, 두 가지 태가 있다.
1. 능동태: 주어가 동사의 행위를 하는 것이다.
   The dog **ate** our meat. 그 개가 우리 고기를 **먹었다**.
2. 수동태: 주어가 동사의 행위를 받는 것이다.
   Our meat **was eaten** by the dog. 우리 고기가 그 개에 의해 **먹혔다**.

형용사구(adjectival phrase) ⟸ 구 •⋯⋯⋯⋯⋯⋯⋯⋯⋯⋯⋯⋯⋯⋯⋯⋯⋯• p.16 p.43 **p.101** U51~U53

형용사절(adjectival clause) ⟸ 절 •⋯⋯⋯⋯⋯⋯⋯⋯⋯⋯⋯⋯⋯⋯⋯⋯⋯⋯⋯⋯• **p.147** U64~U68
앞에 콤마(,)가 없이 선행사를 수식하는 관계사절.

혼합가정법 •⋯⋯⋯⋯⋯⋯⋯⋯⋯⋯⋯⋯⋯⋯⋯⋯⋯⋯⋯⋯⋯⋯⋯⋯⋯⋯⋯⋯⋯⋯⋯⋯⋯⋯⋯• **U46**
가정법 문장으로서 if절과 주절이 가리키는 때가 서로 다른 경우.

천일문 기본 문제집 BASIC
Training Book

Practice Makes Perfect!

실력은 하루아침에 이루어지지 않죠.
노력만이 완벽을 만듭니다.
〈천일문 기본 문제집 Training Book〉은
〈천일문 기본〉의 별책 문제집으로
〈천일문 기본〉과 동일한 순서로 구성되어 있어
학습 내용을 편하게 확인하고 적용해볼 수 있습니다.
기본편 학습과 병행하세요.

| 별도 판매 | 정가 13,000원

Overall Inside Preview

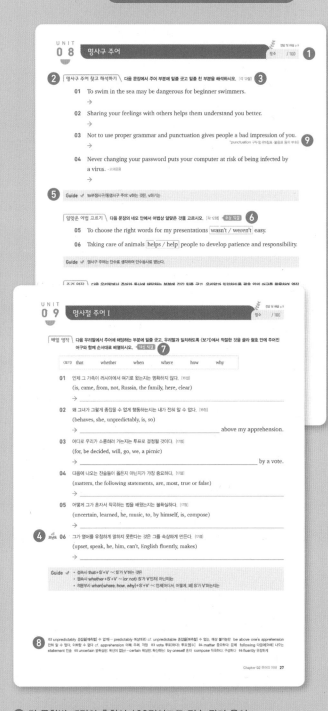

❶ 각 문항별 배점의 총합이 100점이므로 점수 관리 용이
   (정답 및 해설에 부분점수 표 수록)
❷ 문제 유형 및 포인트
❸ 각 문항별 배점 표시
❹ 고난도 문항 표시
❺ 문제 풀이의 착안점 또는 정리 사항
❻ 수능·모의 기출 빈출 포인트 문제화
❼ 내신 기출 빈출 포인트 문제화
❽ 문제 풀이에 걸림돌이 되지 않도록 보기 편한 위치에 어휘 제시
❾ 학습 범위를 벗어나는 고난도 어휘 및 문제 풀이에 꼭 필요한 어휘는
   별도 제시

1 구문 이해 확인에 특화된 다양한 문제

문장구조 파악하기 \ 다음 문장에서 주어(수식어 포함), 동사에 밑줄 긋고 각각 S, V로 표시한

01 The K-pop stars appeared together on the stage.
→

02 A full moon will rise in the eastern sky around midnigh
→

동사 의미 파악하기 \ 다음 문장의 밑줄 친 단어의 의미로 적절한 것을 고르시오. [각 10점]

04 A ham sandwich will do for a snack.
ⓐ (~을) 하다   ⓑ 충분하다

05 Experience counts a lot in performing a surgery.
ⓐ (수를) 세다   ⓑ 중요하다

06 Chris can count up to ten in English.

*구문 통합 문제

UNIT **01-04**   **OVERALL TEST**   점수   / 100

문장구조 파악하기 \ 다음 문장이 SV(A), SVC 중 어느 것인지 ✔ 표시하시오. [각 9점] 내신 직결

01 ⓐ You can get to the post office by bus.   ☐ SV(A) ☐ SVC
   ⓑ My eyes got tired from long hours of driving.   ☐ SV(A) ☐ SVC

02 ⓐ Everything will come right for both of us in the end.   ☐ SV(A) ☐ SVC
   ⓑ He will come home to see me this afternoon.   ☐ SV(A) ☐ SVC

03 ⓐ The plant's leaves turned toward the sun.   ☐ SV(A) ☐ SVC
   ⓑ She turned pale at the sight of a fierce-looking dog.   ☐ SV(A) ☐ SVC

04 ⓐ Fortunately, my ankle injury doesn't appear serious.   ☐ SV(A) ☐ SVC
   ⓑ A brightly colored bug appeared over Jamie's seat.   ☐ SV(A) ☐ SVC

2 해석(부분 해석/전체 해석)

해석하기 \ 다음 문장의 밑줄 친 부분을 조동사의 의미에 유의하여 알맞게 해석하시오. [각

01 I may have seen the movie. Some scenes are familiar
→

02 Danny must have felt disappointed when he lost the
→

원급 구문 해석하기 \ 다음 문장을 원급 구문에 유의하여 알맞게 해석하시오. [각 10점]

01 I have grown my hair as long as my mother's.
→

02 I want renting a home to be as easy as ordering food.
→

03 Yoga can be as effective as physical therapy at reducin

3 어법(네모/밑줄)

알맞은 어법 고르기 \ 다음 문장의 네모 안에서 어법상 알맞은 것을 고르시오. [각 12.5점]

01 How / What the universe began cannot be explained

02 When / What ultimately killed King Tut is still a sour

03 Who / Whose business was most affected by the new

어법 오류 찾기 \ 다음 밑줄 친 부분이 어법상 옳으면 ○, 틀리면 ✕로 표시하고 바르게 고?

04 The dog kept silently for a while.

고난도 05 The students looked so lovely on the stage.

06 On graduation day, some students appeared sadly.

07 The work will soon come easy with a little practice.

4 영작(배열/조건)

배열 영작 \ 다음 우리말과 일치하도록 괄호 안에 주어진 어구를 순서대로 배열하시오. [각

17 당신은 1층에서 계산원에게 돈을 내셔도 됩니다. (you, the money, pay
→

18 아이리스는 자신의 딸에게 새 학기를 위한 몇 권의 책을 주문해주었다.
(her daughter, ordered, some books)

조건 영작 \ 다음 우리말과 일치하도록 괄호 안의 어구를 활용하여 영작하시오. (필요하면 어

17 그 식당의 상한 음식은 손님들을 일주일 동안 아프게 했다. (a week, mak
→ Spoiled food at the restaurant _____

18 몇몇 사람들은 흰쌀과 설탕이 건강에 좋지 않다고 느낀다. (sugar, unheal
→ Some people _____

고난도 19 한국인들은 추석을 일 년의 가장 중요한 공휴일들 중 하나로 여긴다.

5 문장전환/문장쓰기

문장 전환 \ 다음 두 문장이 같은 뜻이 되도록 문장을 완성하시오. [각 6점]

01 To find a solution for this problem is difficult.
= It is _____

02 That failure can be a great learning tool for success i
= It is _____

문장 완성하기 \ 다음 주어진 상황을 〈if + 가정법 과거〉 구문을 사용하여 현재 사실과 반대로 c

01 I'm not bored in this countryside as I have a playful litt
→ I _____ bored in this countryside
a playful little sister.

02 As Emma has enough money, she can rent a nice room
→ If Emma _____ enough money, s

MEMO

MEMO

쎄듀 본영어

① 구문 　판매 1위 '천일문' 콘텐츠를 활용하여 정확하고 다양한 구문 학습

(끊어읽기) (해석하기) (문장 구조 분석) (해설·해석 제공) (단어 스크램블링) (영작하기)

② 문법·서술형 　쎄듀의 모든 문법 문항을 활용하여 내신까지 해결하는 정교한 문법 유형 제공

(객관식과 주관식의 결합) (문법 포인트별 학습) (보기를 활용한 집합 문항) (내신대비 서술형) (어법+서술형 문제)

③ 어휘 　초·중·고·공무원까지 방대한 어휘량을 제공하며 오프라인 TEST 인쇄도 가능

(영단어 카드 학습) (단어 ↔ 뜻 유형) (예문 활용 유형) (단어 매칭 게임)

④ 선생님 보유 문항 이용

(Online Test) (OMR Test)

cafe.naver.com/cedulearnteacher

쎄듀런 학습 정보가 궁금하다면?

쎄듀런 Cafe

· 쎄듀런 사용법 안내 & 학습법 공유
· 공지 및 문의사항 QA
· 할인 쿠폰 증정 등 이벤트 진행

대한민국 영어 구문의 바이블!

천일문
New Edition
시리즈

천일문 시리즈
누적 판매량
600만 부

개정에 도움을 준 선생님들께서
마음을 담아, 추천사를 남겨주셨습니다.

전에도 이미 완벽했었지만, 거기에서 더 고민하여 선정한 문장의 선택과 배치는 가장 효율적인 학습환경을 제공합니다. 양질의 문장을 얼마나 많이 접해봤는지는 영어 학습에서 가장 중요한 요소 중 하나이며, 그 문장들을 찾아다니며 시간을 낭비할 필요 없이 천일문 한 권으로 해결하시기 바랍니다.

김명열 | 대치명인학원

굳이 개정하지 않아도 좋은 교재이지만 늘 노력하는 쎄듀의 모습답게 더 알찬 내용을 담았네요. 아이들에게 십여 년이 넘는 시간 동안 영어를 가르치면서도 영어의 본질은 무시한 채 어법에만 치우친 수업을 하던 제게 천일문은 새로운 이정표가 되어주었습니다. 빨라진 시대의 흐름에 따라가지 못하는 한국의 영어교육에 조금이라도 이 책이 도움이 될 것 같아 기대감이 큽니다.

김지나 | 킴스영어

독해는 되지만 글에서 의미하는 바를 찾지 못하고 결국 내용을 어림짐작하여 '감'으로 풀게 되는 학생들에게는 더더욱 필요한 능력이 문해력입니다. '감'으로 푸는 영어가 아닌 '문해력'에 기초하여 문제를 풀기 위한 첫 번째 단계는 정확한 문장 구조분석과 정확한 해석입니다. 많은 학생들이 천일문 시리즈를 통해 1등급 성취의 열쇠를 손에 넣을 수 있기를 바랍니다.

박고은 | 스테듀입시학원

책의 가장 큰 장점은 수험생을 위해 단계별로 정리가 되어 있다는 점입니다. 고3으로 갈수록 추상적인 문장이 많아지며 읽고 문장을 바로 이해하는 능력을 키우는 것이 중요한데, '천일문 완성'의 경우 특히 추상적 문장을 많이 포함하고 있어, 문장을 읽으면서 해당 문장이 무슨 내용을 나타내는지, 포함한 글이 어떤 내용으로 전개될 것인지 유추하면서 읽는다면 수험생들에게 큰 도움이 되리라 생각합니다.

이민지 | 세종 마스터영어학원

수능 및 모의평가에서 자주 출제되는 핵심 구문들을 챕터별로 정리할 수 있어서 체계적입니다. 이 교재는 막연한 영어 구문 학습을 구체화해 배치해두었기 때문에, 학습자 입장에서는 등장할 가능성이 큰 문형들을 범주화하여 학습할 수 있습니다. 저 또한 학생 때 천일문 교재로 공부했지만 지금 다시 봐도 감동은 여전합니다.

안상현 | 수원시 권선구

천일문 교재가 처음 출간되었을 때 이 책으로 영어 구문 수업을 하는 것은 교사로서 모험이었습니다. 선생님 설명이 필요 없을 정도로 완벽한 교재였기 때문입니다. 영원히 현재진행형인 천일문 교재로 영어 읽는 법을 제대로 반복 학습한다면 모든 학생들은 영어가 주력 과목이 될 수 있을 겁니다.

조시후 | SI어학원

영문법 학습의 올바른 시작과 완성은 문법이 제대로 표현된 문장을 통해서만 얻어질 수 있다고 생각합니다. 심혈을 기울여 엄선한 문장으로 각 문법의 실제 쓰임새를 정확히 보여주는 천일문은 마치 어두운 동굴을 비추는 밝은 햇불과 같습니다. 만약 제가 다시 학생으로 돌아간다면, 주저하지 않고 선택할 첫 번째 교재입니다. '학습에는 왕도가 없다'라는 말이 있지요. 천일문은 그럴싸해 보이는 왕도나 허울만 좋은 지름길 대신, 멀리 돌아가지 않는 바른길을 제시합니다. 영어를 영어답게 접근하는 방법, 바로 천일문에 해답이 있습니다.

황성현 | 서문여자고등학교

변화하는 시대의 학습 트렌드에 맞춘 고급 문장들과 정성스러운 해설서 천일비급, 빵빵한 부가 학습자료들로 더욱 업그레이드되어 돌아온, 천일문 개정판의 출시를 진심으로 축하드립니다. 전체 구성뿐만 아니라 구문별로 꼼꼼하게 선별된 문장 하나하나에서 최고의 교재를 만들기 위한 연구진들의 고민 흔적이 보입니다. 내신과 수능, 공시 등 어떤 시험을 준비하더라도 흔들리지 않을 탄탄한 구문 실력을 갖추길 원하는 학습자들에게 이 교재를 강력히 추천합니다.

김지연 | 송도탑영어학원

그동안 천일문과 함께 한지도 어느새 10년이 훌쩍 넘었습니다. 천일문은 학생들의 영어교육 커리큘럼에 필수 교재로 자리매김하였고, 항상 1,000문장이 끝나면 학생들과 함께 자축 파티를 하던 때가 생각납니다. 그리고 특히 이번 천일문은 개정 작업에 참여하게 되어 개인적으로 더욱 의미가 있습니다. 교육 현장의 의견을 적극적으로 반영하고 참신한 구성과 문장으로 새롭게 변신한 천일문은 대한민국 영어교육의 한 획을 그을 교재가 될 것이라 확신합니다.

황승휘 | 에버스쿨 영어학원

문법을 자신의 것으로 만드는 방법은 어렵지 않습니다. 좋은 교재로 반복하고 연습하면 어제와 내일의 영어성적은 달라져 있을 겁니다. 저에게 진짜 좋은 책 한 권, 100권의 문법책보다 더 강력한 천일문 완성과 함께 서술형에도 강한 영어 실력자가 되길 바랍니다.

민승규 | 민승규영어학원

저는 본래 모험을 두려워하는 성향입니다. 하지만 제가 전공인 해운업계를 떠나서 영어교육에 뛰어드는 결정을 내릴 수 있었던 것은 바로 이 문장 덕분입니다.

"Life is a journey, not a guided tour." 인생은 여정이다, 안내를 받는 관광이 아니라.
- 천일문 기본편 461번 문장

이제 전 확실히 알고 있습니다. 천일문은 영어 실력만 올려주는 책이 아니라, 영어라는 도구를 넘어 수많은 지혜와 통찰을 안겨주는 책이라는 것을요. 10대 시절 영어를 싫어하던 제가 내신과 수능 영어를 모두 1등급 받을 수 있었던 것, 20대 중반 유학 경험이 없는 제가 항해사로서 오대양을 누비며 외국 해운회사를 상대로 온갖 의사전달을 할 수 있었던 것, 20대 후반 인생에 고난이 찾아온 시기 깊은 절망감을 딛고 재기할 수 있었던 것, 30대 초반 온갖 도전을 헤치며 힘차게 학원을 운영해 나가고 있는 것 모두 천일문에서 배운 것들 덕분입니다. 이 책을 학습하시는 모든 분들이, 저처럼 천일문의 막강한 위력을 경험하시면 좋겠습니다.

한재혁 | 현수학영어학원

최고의 문장과 완벽한 구성의 "본 교재"와 학생들의 자기주도 학습을 돕는 "천일비급"은 기본! 학습한 것을 꼼꼼히 점검할 수 있게 구성된 여러 단계(해석, 영작, 어법 수정, 문장구조 파악 등)의 연습문제까지! 대한민국 최고의 구문교재가 또 한 번 업그레이드를 했네요! "모든 영어 구문 학습은 천일문으로 통한다!" 라는 말을 다시 한번 실감하게 되네요! 메타인지를 통한 완벽한 학습! 새로운 천일문과 함께 하십시오.

이헌승 | 스탠다드학원

"천일문"은 단지 수능과 내신 영어를 위한 교재가 아니라, 언어의 기준이 되는 올바른 영어의 틀을 형성하고, 의미 단위의 구문들을 어떻게 다루면 좋을지를 스스로 배워 볼 수 있도록 해주는 교재라고 생각합니다. 단순히 독해를 위한 구문 및 어휘를 배우는 것 이상으로, (어디로나 뻗어나갈 수 있는) 탄탄한 기본기를 형성을 위한 매일 훈련용 문장으로 이보다 더 좋은 시리즈가 있을까요. 학생들이 어떤 목표를 정하고 그곳으로 가고자 할 때, 이 천일문 교재를 통해 탄탄하게 형성된 영어의 기반이 그 길을 더욱 수월하게 열어줄 것이라고 꼭 믿습니다.

박혜진 | 박혜진영어연구소

최근 학습에 있어 가장 핫한 키워드는 문해력이 아닌가 싶습니다. 영어 문해력을 기르기 위한 기본은 구문 분석이라 생각합니다. 다년간 천일문의 모든 버전을 가르쳐본 결과 기초가 부족한 학생들, 구문 학습이 잘 되어 있는데 심화 학습을 원하는 학생들 모두에게 적격인 교재입니다. 천일문 교재를 통한 영어 문장 구문 학습은 문장 단위에서 시작하여 더 나아가 글을 분석적으로 읽을 수 있어 영어 문해력에 도움이 되어 자신 있게 추천합니다.

아이린 | 광주광역시 서구

고등 내신에도, 수능에도 가장 기본은 정확하고 빠른 문장 파악! 문법 구조에 따라 달라지는 문장의 의미를 어려움 없이 이해할 수 있게 도와주는 구문 독해서! 추천합니다!

안미영 | 스카이플러스학원

쎄듀 초·중등 커리큘럼

초등

	예비초	초1	초2	초3	초4	초5	초6
구문		천일문 365 일력 | 초1-3 \n 교육부 지정 초등 필수 영어 문장		초등코치 천일문 SENTENCE \n 1001개 통문장 암기로 완성하는 초등 영어의 기초			
문법					초등코치 천일문 GRAMMAR \n 1001개 예문으로 배우는 초등 영문법		
			왓츠 Grammar		Start (초등 기초 영문법) / Plus (초등 영문법 마무리)		
독해				왓츠 리딩 70 / 80 / 90 / 100 A / B \n 쉽고 재미있게 완성되는 영어 독해력			
어휘			초등코치 천일문 VOCA&STORY \n 1001개의 초등 필수 어휘와 짧은 스토리				
		패턴으로 말하는 초등 필수 영단어 1 / 2 \n 문장 패턴으로 완성하는 초등 필수 영단어					
ELT	Oh! My PHONICS 1 / 2 / 3 / 4 \n 유·초등학생을 위한 첫 영어 파닉스						
	Oh! My SPEAKING 1 / 2 / 3 / 4 / 5 / 6 \n 핵심 문장 패턴으로 더욱 쉬운 영어 말하기						
	Oh! My GRAMMAR 1 / 2 / 3 \n 쓰기로 완성하는 첫 초등 영문법						

중등

	예비중	중1	중2	중3
구문	천일문 STARTER 1 / 2			중등 필수 구문 & 문법 총정리
문법	천일문 중등 GRAMMAR LEVEL 1 / 2 / 3			예문 중심 문법 기본서
	GRAMMAR Q Starter 1, 2 / Intermediate 1, 2 / Advanced 1, 2			학기별 문법 기본서
	잘 풀리는 영문법 1 / 2 / 3			문제 중심 문법 적용서
	GRAMMAR PIC 1 / 2 / 3 / 4			이해가 쉬운 도식화된 문법서
			1센치 영문법	1권으로 핵심 문법 정리
문법+어법		첫단추 BASIC 문법·어법편 1 / 2		문법·어법의 기초
문법+쓰기	EGU 영단어&품사 / 문장 형식 / 동사 써먹기 / 문법 써먹기 / 구문 써먹기			서술형 기초 세우기와 문법 다지기
				올씀 1 기본 문장 PATTERN \n 내신 서술형 기본 문장 학습
쓰기	천일문 중등 WRITING LEVEL 1 / 2 / 3 *거침없이 Writing 개정			중등 교과서 내신 기출 서술형
	중학 영어 쓰작 1 / 2 / 3			중등 교과서 패턴 드릴 서술형
어휘	천일문 VOCA 중등 스타트 / 필수 / 마스터			2800개 중등 3개년 필수 어휘
	어휘끝 중학 필수편		중학 필수어휘 1000개 / 어휘끝 중학 마스터편	고난도 중학어휘 +고등기초 어휘 1000개
독해	ReadingGraphy LEVEL 1 / 2 / 3 / 4			중등 필수 구문까지 잡는 흥미로운 소재 독해
	Reading Relay Starter 1, 2 / Challenger 1, 2 / Master 1, 2			타교과 연계 배경 지식 독해
	READING Q Starter 1, 2 / Intermediate 1, 2 / Advanced 1, 2			예측/추론/요약 사고력 독해
독해전략			리딩 플랫폼 1 / 2 / 3	논픽션 지문 독해
독해유형			Reading 16 LEVEL 1 / 2 / 3	수능 유형 맛보기 + 내신 대비
			첫단추 BASIC 독해편 1 / 2	수능 유형 독해 입문
듣기	Listening Q 유형편 / 1 / 2 / 3			유형별 듣기 전략 및 실전 대비
	쎄듀 빠르게 중학영어듣기 모의고사 1 / 2 / 3			교육청 듣기평가 대비